"十三五"普通高等教育系列教材

U0643164

高级维修电工
培训教程

主　编　秦　健　孙玉梅

编　写　乔玉新　王　玮　战金玉　孙艳波
　　　　荆　蕾　魏春光　王艳娟

主　审　左云桥

中国电力出版社
CHINA ELECTRIC POWER PRESS

内 容 提 要

《高级维修电工培训教程》是根据维修电工国家职业技能鉴定标准、以职业活动为导向、以职业技能为核心、以高级维修电工技能鉴定所考核的知识点为主线编写而成的。

本书共包括8章内容，分别为电子技术、电动机及测速发电机、电力电子技术和直流调速系统、机床电气维修与电气图测绘、可编程控制器的应用（FX2N系列）、变频器的基本运行原理、职业道德与安全文明生产、高级维修电工技能操作部分。其中前7章内容，每一章节后面都附有与之配套的测试题，以便于学校的培训、考核鉴定和读者的自测自查。

本书可作为普通高等院校电气类专业学生的教学用书，也可作为高级技校、技师学院、高等职业学校相关专业学生的教学用书，还可作为职业技能鉴定的培训教材。

图书在版编目（CIP）数据

高级维修电工培训教程/秦健，孙玉梅主编. —北京：中国电力出版社，2016.3（2024.11重印）

"十三五"普通高等教育规划教材

ISBN 978-7-5123-8922-9

Ⅰ.①高… Ⅱ.①秦…②孙… Ⅲ.①电工-维修-高等学校-教材 Ⅳ.①TM07

中国版本图书馆 CIP 数据核字（2016）第 029733 号

中国电力出版社出版、发行

（北京市东城区北京站西街 19 号 100005 http://www.cepp.sgcc.com.cn）

北京天宇星印刷厂印刷

各地新华书店经售

*

2016 年 3 月第一版 2024 年 11 月北京第六次印刷

787 毫米×1092 毫米 16 开本 14.5 印张 351 千字

定价 **29.00** 元

前　言

　　《高级维修电工培训教程》根据维修电工国家职业技能鉴定标准，按照"职业活动、职业技能、高级维修电工技能鉴定所考核的知识点"的主线编写而成。内容上紧扣技能鉴定标准，体现学以致用的原则，突出职业技能培训特色，实用性强。在行文中力求文句简练、通俗易懂，使之更具直观性；在编撰的体系结构上，采用模块结构，使读者在学习过程中体会到本书的连贯性、针对性和选择性，让读者学得进、用得上；在方法上，以吸引读者兴趣为主，灵活多变，让不同层次的读者都学有所得。

　　本书由烟台南山学院电气信息实验中心组织编写，共包括8章内容。第1章介绍电子技术，由孙玉梅、乔玉新编写；第2章介绍电动机及测速发电机，由王玮编写；第3章介绍电力电子技术和直流调速系统，由秦健、战金玉编写；第4章介绍机床电气维修与电气图测绘，由孙艳波编写；第5章介绍可编程控制器的应用（FX2N系列），由荆蕾编写；第6章介绍变频器的基本运行原理，由魏春光编写；第7章介绍职业道德与安全文明生产，由王艳娟编写；第8章为高级维修电工技能操作部分；全书由秦健、孙玉梅负责统稿和审核。前7章内容，每一章节后面都附有与之配套的测试题，以便于学校的培训、考核鉴定和读者的自测自查。本书可作为普通高等院校电气类专业学生的教学用书，也可作为高级技校、技师学院、高等职业学校相关专业学生的教学用书，还可作为职业技能鉴定的培训教材。

　　编者在编写过程中参阅了大量的相关规范、规定、图册、手册、教材及技术资料，并借用了部分图表，在此谨向以上作者致以衷心的感谢。

　　由于教材知识覆盖面较广，所涉及的标准、规范较多，加之编者水平有限，书中难免存在缺点和不足，敬请各位同行、专家和广大读者批评指正，以期再版时臻于完善。

编　者

2015年12月于烟台南山学院

目　　录

第1章 电子技术

1.1 基本放大电路及组成器件

1.1.1 半导体器件

半导体器件是指常温下导电能力介于导体和绝缘体之间的器件。本征半导体是完全纯净的、晶格完整的半导体。N 型半导体的构成是在本征半导体中加入微量的五价元素，而 P 型半导体的构成是在本征半导体中加入微量的三价元素。

1.1.2 二极管

将 PN 结加上相应的电极引线和管壳，就成为二极管。二极管按结构分为点接触型、面接触型和平面型。

（1）点接触型二极管。PN 结面积很小，一般适合于高频和小功率的工作，也用作数字电路中的开关元件。

（2）面接触型二极管。PN 结面积大，可通过较大的电流，一般用作整流元件。

（3）平面型二极管。一般用作大功率整流管和数字电路中的开关管。

二极管的伏安特性：二极管具有单相导电性。

当外加正向电压很低时，正向电流很小，当正向电压超过一定数值后，电流增长很快，这个正向电压称为死区电压或者开启电压。二极管伏安特性曲线如图 1-1 所示。

当外加反向电压时，会形成很小的反向电流，其随温度的上升增长很快。若反向电压不超过某一范围，反向电流大小基本恒定；若反向电压过高，反向电流将突然增大，导致二极管击穿。

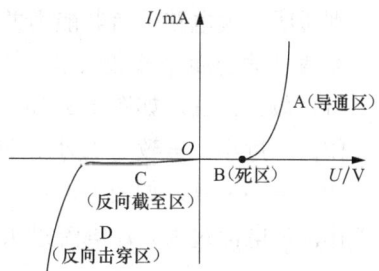

图 1-1　二极管伏安特性曲线

所以普通二极管不可加反向电压，而稳压二极管是一种特殊的面接触型半导体硅二极管，可工作于反向击穿区。

常见二极管的图形符号如图 1-2 所示。

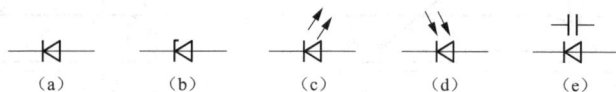

图 1-2　常见二极管的图形符号

(a) 普通二极管；(b) 稳压二极管；(c) 发光二极管；(d) 光电二极管；(e) 变容二极管

1.1.3 三极管

双极型晶体管又称三极管，分为 NPN 型和 PNP 型两类。三极管有基极 B、发射极 E 和集电极 C 三个电极，发射结、集电结两个电结。

三极管输出特性曲线分为三个工作区，也就是三种工作状态。

（1）放大区：发射结正偏，集电结反偏；对于 NPN 型管而言，$U_{BE}>0$、$U_{BC}<0$。

（2）截止区：发射结反偏，集电结反偏；对于 NPN 型管而言，$U_{BE}\leqslant0$、$U_{BC}<0$。

（3）饱和区：发射结正偏，集电结正偏。对于 NPN 型管而言，$U_{BE}>0$、$U_{BC}>0$。

三极管按功率分为小功率管、中功率管和大功率管。功率即为最大允许耗散功率 P_{CM}。大功率，小功率是通俗的说法，没有很明确的界限，一般认为，三极管的 $P_{CM}<1W$ 为小功率管；$P_{CM}>1W$ 为大功率管。

三极管按工作频率分为低频管、中频管和高频管。通常将特征频率 $f_T\leqslant3MHz$ 的三极管称为低频管，将 $f_T\geqslant30MHz$ 的三极管称为高频管；将 $3MHz<f_T<30MHz$ 的三极管称为中频管。

1.1.4　基本放大电路

1. 基本放大电路分类

（1）分压式偏置放大电路。共发射极电路特点：电压放大倍数高；输入电阻低；输出电阻高。

（2）射极输出器。共集电极电路特点：电压放大倍数接近 1；输入电阻高；输出电阻低。

2. 输入/输出电阻

（1）放大电路输入电阻。通常希望放大电路的输入电阻高一些，因为如果输入电阻较小，则可能会增加信号源负担、减小输出电压、降低前级放大电路的电压放大倍数。

（2）放大电路输出电阻。通常希望放大电路的输出电阻低一些，因为如果输出电阻较高，则说明放大电路带负载能力差。

3. 放大电路的非线性失真

（1）截止失真。如图 1-3（a）所示，静态工作点 Q_1 的位置太低，导致三极管进入截止区工作。i_b 过小，导致 i_c 过小，可以通过降低 R_b 的方法提高 i_b 电流值。

（2）饱和失真。如图 1-3（b）所示，静态工作点 Q_2 的位置太高，导致三极管进入饱和区工作。i_b 电流过大，i_c 电流过大，可以通过降低 u_b 电压值或者减小 R_c 的方法降低 i_b 电流值。

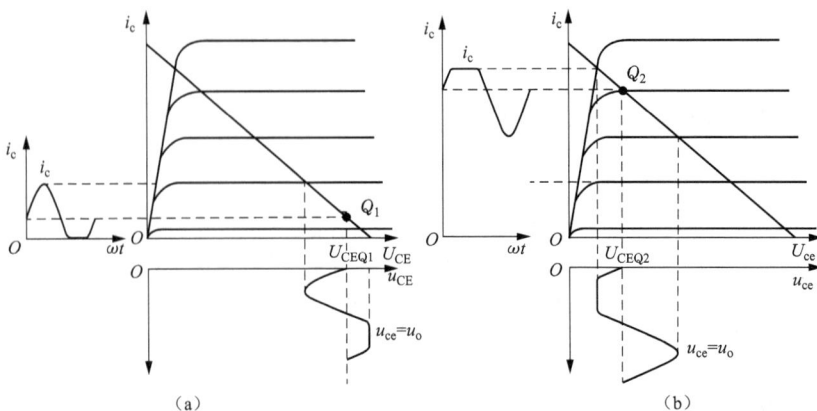

图 1-3　放大电路的非线性失真

（a）截止失真；（b）饱和失真

1.2　集成运算放大器

1.2.1　集成运算放大器的组成

集成运算放大器是一种有效放大倍数的直接耦合放大器，通常由输入级、中间级、输出级和偏置电路 4 部分构成。

（1）输入级。通常采用差分放大电路，要求其输入电阻高，静态电流小，差模放大倍数高，抑制零点漂移和共模干扰信号的能力强。

（2）中间级。通常由共发射极放大电路构成，要求其电压放大倍数高。

（3）输出级。一般由互补功率放大电路或设计输出器构成，要求其输出电阻低，带负载能力强，能输出足够大的电压和电流。

（4）偏置电路。偏置电路为上述各级电路提供稳定的、合适的偏置电流，其可决定各级的静态工作点。

1.2.2　理想集成运算放大器的分析依据

（1）理想化的主要条件。

1）开环电压放大倍数 $A_{uo} \rightarrow \infty$。

2）差模输入电阻 $r_{id} \rightarrow \infty$。

3）开环输出电阻 $r_o \rightarrow 0$。

4）共模抑制比 $K_{CMRR} \rightarrow \infty$。

（2）分析理想集成运放的两条重要法则：

1）虚断：理想集成运放两输入电流等于零，即 $i_+ = i_- \approx 0$。

2）虚短：理想集成运放两输入端电位相等，即 $u_+ \approx u_-$。

1.2.3　常用的集成运算放大电路运算方法

（1）反相比例运算放大电路如图 1-4 所示。其闭环放大倍数为

$$A_{uf} = \frac{u_o}{u_i} = -\frac{R_f}{R_1}$$

平衡电阻为

$$R_2 = R_1 \mathbin{/\mkern-5mu/} R_f$$

（2）同相比例运算放大电路如图 1-5 所示。其闭环放大倍数为

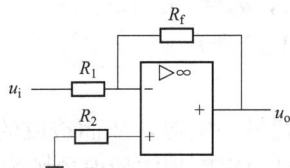

图 1-4　反相比例运算放大电路　　　　图 1-5　同相比例运算放大电路

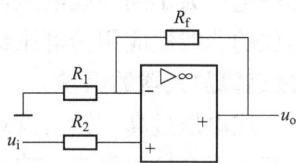

$$A_{uf} = \frac{u_o}{u_i} = 1 + \frac{R_f}{R_1}$$

平衡电阻为

$$R_2 = R_1 \mathbin{/\mkern-5mu/} R_f$$

（3）反相加法运算放大电路如图1-6所示。其输出电压为

$$u_o = -R_f\left(\frac{u_{i1}}{R_{11}} + \frac{u_{i2}}{R_{12}} + \frac{u_{i3}}{R_{13}}\right)$$

（4）减法运算放大电路如图1-7所示。其输出电压为

$$u_o = \left(1 + \frac{R_f}{R_1}\right)\frac{R_3}{R_2 + R_3}u_{i2} - \frac{R_f}{R_1}u_{i1}$$

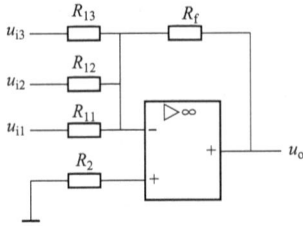
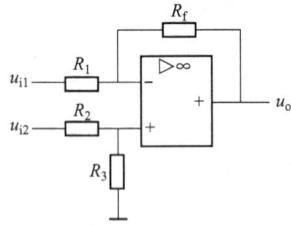

图1-6　反相加法运算放大电路　　　　图1-7　减法运算放大电路

（5）比例积分运算放大电路（PI调节器）如图1-8所示。其输出电压为

$$u_o = -\left(\frac{R_f}{R_1}u_i + \frac{1}{R_1 C_f}\int u_i \mathrm{d}t\right)$$

（6）比例微分运算放大电路（PD调节器）如图1-9所示。其输出电压为

$$u_o = -\left(\frac{R_f}{R_1}u_i + R_f C_1 \frac{\mathrm{d}u_i}{\mathrm{d}t}\right)$$

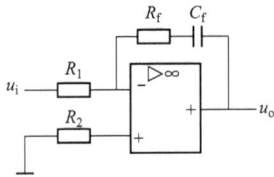
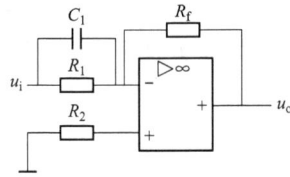

图1-8　比例积分运算放大电路　　　　图1-9　比例微分运算放大电路

1.2.4　集成运算放大器的非线性应用

当集成运放工作在开环状态或外接正反馈时，由于集成运放的放大倍数很大，只要有微小的电压信号输入，集成运放就一定工作在非线性区。其特点是：

（1）当同相端电压大于反向端电压，即 $u_+ > u_-$ 时，$u_o = +U_{om}$。

（2）当反相端电压大于同向端电压，即 $u_+ < u_-$ 时，$u_o = -U_{om}$。

常用集成运放的非线性应用为电压比较器，如图1-10所示。

1.2.5　集成运算放大器的保护

电源极性接反或电压过高，输出端对地短路或接到另一电源，从而造成的电流过大、输出信号过大等，其可能会导致集成运放的损坏，所以必须采取相应的保护措施。

（1）输入端保护。当输入端所加的差模或共模电压过高时会损坏输入级的晶体管，为此，在输入端接入反向并联的二极管，将输入电压限制在二极管的正向压降以下。

（2）输出端保护。为了防止输出电压过大，可利用稳压二极管来保护，将输出电压限制在 $U_Z + U_D$ 范围内。

（3）电源保护。为了防止正、负电源接反，可用二极管来保护。

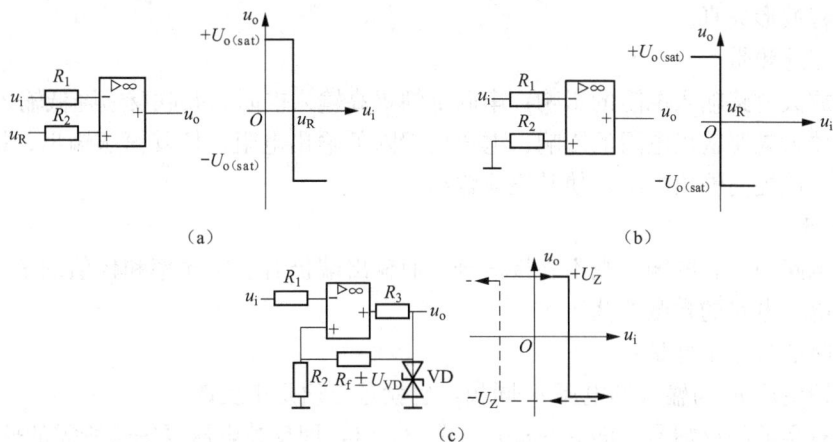

图 1-10 电压比较器

（a）单限比较器；（b）过零比较器；（c）滞回比较器

1.2.6 电子电路中的反馈

1. 反馈的判断方法

（1）反馈电路直接从输出端引出的是电压反馈；从负载电阻 R_L 靠近接地端引出的是电流反馈。

（2）输入信号和反馈信号分别加在两个输入端（同相和反相）上的是串联反馈；加在同一输入端的（同相或者反相）上的是并联反馈。

（3）反馈信号使净输入信号减小的是负反馈。

2. 负反馈的类型

负反馈类型有以下 4 种，分别如图 1-11、1-12、1-13、1-14 所示。

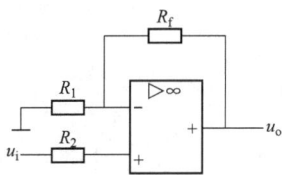

图 1-11 串联电压负反馈

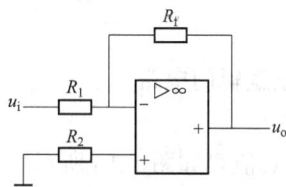

图 1-12 并联电压负反馈

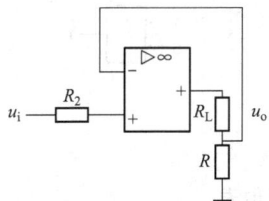

图 1-13 串联电流负反馈

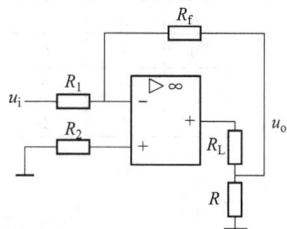

图 1-14 并联电流负反馈

3. 负反馈对放大电路工作性能的影响

（1）降低放大倍数。

（2）提高放大倍数的稳定性。

（3）改善波形失真。

（4）展宽通频带。

（5）对放大电路输入电阻的影响：串联反馈提高输入电阻、并联反馈降低输入电阻。

（6）对放大电路输出电阻的影响：电压反馈降低输出电阻，使其恒压输出，提高带负载能力；电流反馈提高输出电阻，使其恒流输出。

4. 正反馈

在振荡电路中，它的输入端不外接信号，而输出端仍有一定频率和幅值的信号输出，这种现象就是电子电路的自激振荡。

振荡电路的自激条件是：

（1）反馈电压 u_f 与输入端电压 u_i 同相，也就是必须是正反馈。

（2）要有足够的反馈量，即 $u_f = u_i$，$|A_{u_f}| = 1$，即反馈电压要等于所需的输入电压。

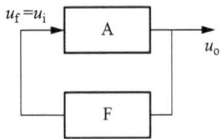

图 1-15　正弦波振荡电路的方框图

正弦波振荡电路是用来产生一定频率和幅值的交流信号的，如图 1-15 所示。常用的正弦波振荡电路有 LC 振荡电路和 RC 振荡电路两种。后者输出功率小，频率低；而前者可以输出较大功率以及较高频率。

工业上的高频炉、超声波发生器、正弦波信号发生器、半导体接近开关等都是振荡电路的应用。

1.2.7　稳压电路

当电网电压波动或者负载发生变化时，能使输出电压稳定的电路称为稳压电路。硅稳压管是三极管稳压电路的基本元件，它是一种特殊的面结合型半导体二极管，工作在反向击穿区。常用的稳压电路有：硅稳压管稳压电路、串联型稳压电路、开关型稳压电路。

1.3　组　合　逻　辑　电　路

1.3.1　集成逻辑门电路

1. 与门电路

与门电路与真值表如图 1-16 所示。

A	B	Y
0	0	0
0	1	0
1	0	0
1	1	1

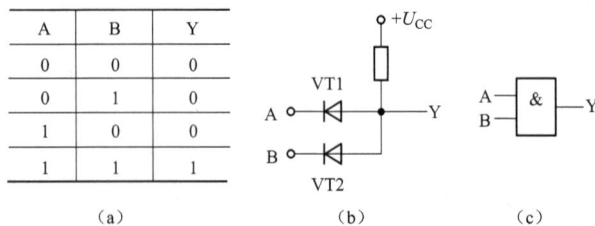

（a）　　　　　　　　　（b）　　　　　　　　　（c）

图 1-16　与门电路与真值表

（a）真值表；（b）逻辑电路；（c）图形符号

与门电路的逻辑表达式：$Y = A \cdot B$

与门电路的逻辑功能是："有 0 出 0，全 1 出 1"。

2. 或门电路

或门电路与真值表如图 1-17 所示。

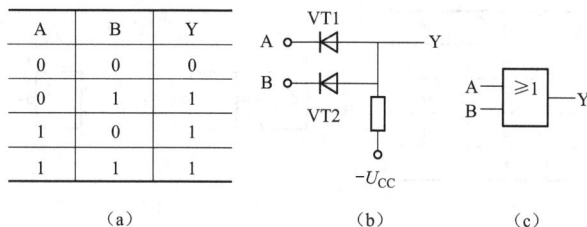

A	B	Y
0	0	0
0	1	1
1	0	1
1	1	1

（a）　　　　　　　　　　　（b）　　　　　　　　　（c）

图 1-17　或门电路与真值表

（a）真值表；（b）逻辑电路；（c）图形符号

或门电路的逻辑表达式：$Y = A + B$

或门电路的逻辑功能是："有 1 出 1，全 0 出 0"。

3. 非门电路

非门电路与真值表如图 1-18 所示。

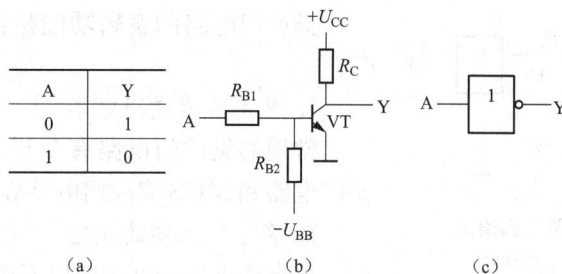

A	Y
0	1
1	0

（a）　　　　　　　　　（b）　　　　　　　　　（c）

图 1-18　非门电路与真值表

（a）真值表；（b）逻辑电路；（c）图形符号

非门电路的逻辑表达式：$Y = \bar{A}$

非门电路的逻辑功能是："有 0 出 1，有 1 出 0"。

4. 与非门电路

与非门电路与真值表如图 1-19 所示。

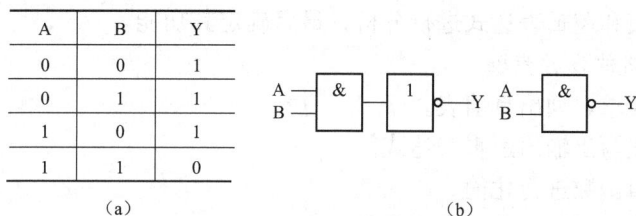

A	B	Y
0	0	1
0	1	1
1	0	1
1	1	0

（a）　　　　　　　　　　　　　　（b）

图 1-19　与非门电路与真值表

（a）真值表；（b）图形符号

与非门电路的逻辑表达式：$Y = \overline{AB}$

与非门电路的逻辑功能是："有 0 出 1，全 1 出 0"。

5. 或非门电路

或非门电路与真值表如图 1-20 所示。

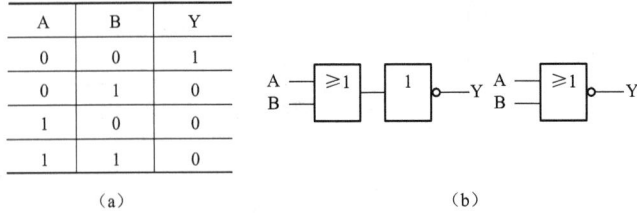

A	B	Y
0	0	1
0	1	0
1	0	0
1	1	0

(a)　　　　　　　　　　　(b)

图 1-20　或非门电路与真值表

(a) 真值表；(b) 图形符号

或非门电路的逻辑表达式：$Y=\overline{A+B}$

或非门电路的逻辑功能是："有 1 出 0，全 0 出 1"。

6. 异或门电路

异或门电路与真值表如图 1-21 所示。

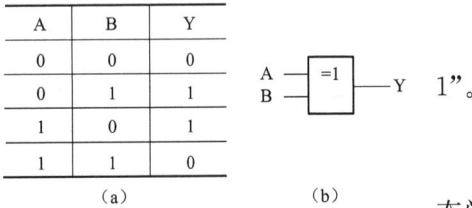

A	B	Y
0	0	0
0	1	1
1	0	1
1	1	0

(a)　　　　　　　　　　　(b)

图 1-21　异或门电路与真值表

(a) 真值表；(b) 图形符号

异或门电路的逻辑表达式：$Y=A\oplus B$

异或门电路的逻辑功能是："相同为 0，不同为 1"。

7. 常用的集成门电路

常用的集成门电路有 TTL 集成与非门电路、三态门电路和 MOS 集成门电路等。

8. 多于输入端的处理

多余输入端的处理应以不改变电路逻辑关系及稳定可靠为原则。通常采用的方法有：①对于集成与非门及与门，多余输入端应接高电平。如果与非门被封锁，则应检查其多余引脚是否接了低电平；②对于集成或非门及或门，多余输入端应接低电平，如直接接地。

1.3.2　组合逻辑电路的分析方法和设计步骤

1. 组合逻辑电路的分析方法

(1) 根据给定的逻辑电路写出输出逻辑表达式。

(2) 列出逻辑函数的真值表。

(3) 根据真值表和逻辑表达式进行分析，最后确定其功能。

2. 组合逻辑电路的设计步骤

(1) 分析设计要求，列出真值表。

(2) 根据真值表写出输出逻辑表达式。

(3) 对输出逻辑函数进行化简。

(4) 根据最简输出逻辑表达式画出逻辑图。

1.3.3　常用集成组合逻辑电路

1. 数值比较器

1 位数值比较器的功能是比较两个 1 位二进制数 A 和 B 的大小，比较结果有 A＞B、A＜B、A＝B 三种情况，其逻辑电路如图 1-22 所示。

2. 加法器

（1）半加器。完成1位二进制数相加。其加法运算只考虑了两个加数本身，不考虑由低位产生的进位影响，逻辑电路如图1-23所示。逻辑表达式为

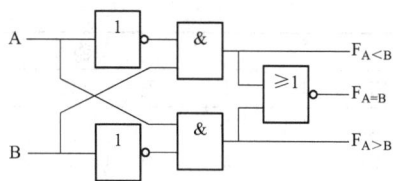

图1-22　异或门电路

$$S = \bar{A}B + A\bar{B} = A \oplus B$$
$$C = AB$$

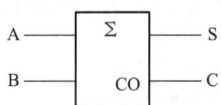

（2）全加器。能进行加数、被加数和低位来的进位信号相加，并根据求和结果给出该位的进位信号。其逻辑电路如图1-24所示。逻辑表达式为

$$S_i = A_i \oplus B_i \oplus C_{i-1}$$
$$C_i = A_i B_i + (A_i \oplus B_i)C_{i-1}$$

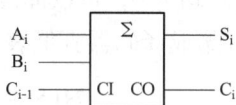

图1-23　半加器　　　　　　图1-24　全加器

3. 编码器

一般来讲，用数字或某种文字和符号来表示某一对象或信号的过程，称为编码。具有编码功能的逻辑电路称为编码器。

（1）二进制编码器。用n位二进制代码对2^n个信号进行编码的电路称为二进制编码器。3位二进制编码器有8个输入端3个输出端，常称为8线-3线编码器。

（2）优先编码器。允许同时输入两个以上的编码信号，编码器给所有的输入信号规定了优先顺序，当多个输入信号同时出现时，只对其中优先级最高的一个进行编码。

74148是一种常用的8线-3线优先编码器，其中$I_0 \sim I_7$为编码输入端，低电平有效；$A_0 \sim A_2$为编码输出端，低电平有效，即反码输出；EI为使能输入端，低电平有效；GS为编码器的工作标志，低电平有效；EO为使能输出端，高电平有效。编码器无法工作或者工作状态不正确时，应检查使能端或者控制端。表1-1所示为74LS148优先编码器真值表。

4. 译码器

译码是编码的逆过程。编码是将某种信号或十进制的十个数码（输入）编成二进制代码（输出）。译码是将二进制代码（输入）按其编码时的原意译成对应的信号或十进制编码（输出）。

表1-1　　　　　　　　　　　　74LS148 优先编码器真值表

输入									输出				
EI	I_0	I_1	I_2	I_3	I_4	I_5	I_6	I_7	A_2	A_1	A_0	GS	EO
1	×	×	×	×	×	×	×	×	1	1	1	1	1
0	1	1	1	1	1	1	1	1	1	1	1	1	0
1	×	×	×	×	×	×	×	0	0	0	0	0	1
1	×	×	×	×	×	×	0	1	0	0	1	0	1
1	×	×	×	×	×	0	1	1	0	1	0	0	1
1	×	×	×	×	0	1	1	1	0	1	1	0	1

输入								输出				
EI	I_0	I_1	I_2	I_3	I_4	I_5	I_6	I_7	A_2	A_1	A_0	GS	EO
1	×	×	×	0	1	1	1	1	1	0	0	0	1
1	×	×	0	1	1	1	1	1	1	0	1	0	1
1	×	0	1	1	1	1	1	1	1	1	0	0	1
1	0	1	1	1	1	1	1	1	1	1	1	0	1

1. 集成译码器 74LS138

集成译码器 74LS138 是一种典型的二进制译码器。它有一个使能端 S_1 和两个控制端 $\overline{S}_2$ 和 $\overline{S}_3$。S_1 高电平有效，$S_1=1$ 时，可以译码；$S_1=0$ 时，禁止译码，输出全为 1（高电平）。$\overline{S}_2$ 和 $\overline{S}_3$ 低电平有效，若均为 0，可以译码；若其中有 1 或全 1，则禁止译码，输出也全为 1。表 1-2 所示为 74LS138 集成译码器真值表。

表 1-2　　　　　　　　　　74LS138 集成译码器真值表

使能端	控制端		输入			输出							
S_1	$\overline{S}_2$	$\overline{S}_3$	A	B	C	$\overline{Y}_0$	$\overline{Y}_1$	$\overline{Y}_2$	$\overline{Y}_3$	$\overline{Y}_4$	$\overline{Y}_5$	$\overline{Y}_6$	$\overline{Y}_7$
0	×	×	×	×	×	1	1	1	1	1	1	1	1
×	1	×											
×	×	1											
1	0	0	0	0	0	0	1	1	1	1	1	1	1
1	0	0	0	0	1	1	0	1	1	1	1	1	1
1	0	0	0	1	0	1	1	0	1	1	1	1	1
1	0	0	0	1	1	1	1	1	0	1	1	1	1
1	0	0	1	0	0	1	1	1	1	0	1	1	1
1	0	0	1	0	1	1	1	1	1	1	0	1	1
1	0	0	1	1	0	1	1	1	1	1	1	0	1
1	0	0	1	1	1	1	1	1	1	1	1	1	0

2. 双 2 线-4 线译码器 74LS139

74LS139 型双 2 线-4 线译码器内部含有两个独立的 2 线-4 线译码器，图 1-25（a）中所示为其中一个译码器的功能表。A，B 是输入端，$\overline{Y}_0 \sim \overline{Y}_3$ 是输出端。$\overline{S}$ 是使能端，低电平有效，当 $\overline{S}=0$ 时，可以译码；$\overline{S}=1$ 时，无论 A 和 B 是 0 或 1，禁止译码，输出全为 1。

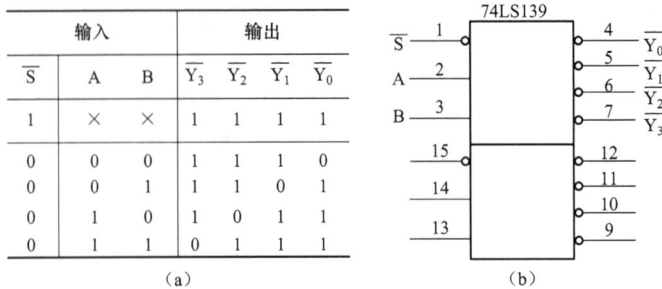

图 1-25　双 2 线-4 线译码器 74LS139

（a）74LS139 译码器的功能表；（b）图形符号

3. 半导体数码管

半导体数码管的基本发光单元是发光二极管 LED，它将十进制数码分成七个字段，每段为一个发光二极管，其字形结构如图 1-26（a）所示。半导体数码管中七个发光二极管有共阴极和共阳极两种接法，如图 1-26（b）所示。共阴极，某一字段接高电平时发光；共阳极，接低电平时发光。

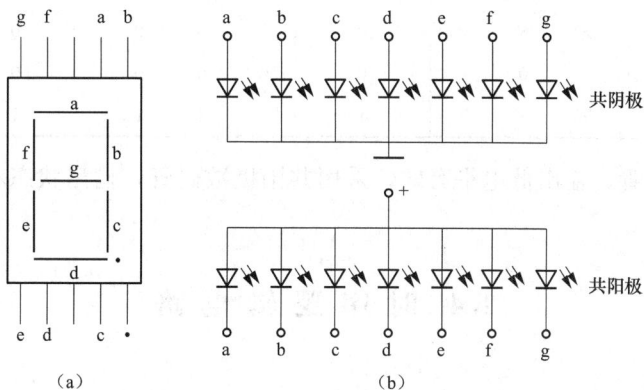

图 1-26　半导体数码管

（a）字形结构图；（b）两种接法

4. 七段显示译码器

七段显示译码器 74LS48 是一种与共阴极数字显示器配合使用的集成译码器。它的功能是将输入的 4 位二进制代码转换成显示器所需要的七个段信号 a～g。其逻辑功能见表 1-3，A_0～A_3 为输入端，a～g 为译码输出端，输出高电平有效。另外还有三个控制端：试灯输入端 LT、灭零输入端 RBI、特殊控制端 BI/RBO。

表 1-3　　　　　　　　　　　　74LS48 七段显示译码器逻辑真值表

功能输入	输入						输入/输出	输出							显示字形
	LT	RBI	A_3	A_2	A_1	A_0	BI/RBO	a	b	c	d	e	f	g	
0	1	1	0	0	0	0	1	1	1	1	1	1	1	0	
1	1	×	0	0	0	1	1	0	1	1	0	0	0	0	
2	1	×	0	0	1	0	1	1	1	0	1	1	0	1	
3	1	×	0	0	1	1	1	1	1	1	1	0	0	1	
4	1	×	0	1	0	0	1	0	1	1	0	0	1	1	
5	1	×	0	1	0	1	1	1	0	1	1	0	1	1	
6	1	×	0	1	1	0	1	0	0	1	1	1	1	1	
7	1	×	0	1	1	1	1	1	1	1	0	0	0	0	
8	1	×	1	0	0	0	1	1	1	1	1	1	1	1	
9	1	×	1	0	0	1	1	1	1	1	0	0	1	1	
10	1	×	1	0	1	0	1	0	0	0	1	1	0	1	
11	1	×	1	0	1	1	1	0	0	1	1	0	0	1	
12	1	×	1	1	0	0	1	0	1	0	0	0	1	1	

功能输入	输入						输入/输出	输出							显示字形
	LT	RBI	A_3	A_2	A_1	A_0	BI/RBO	a	b	c	d	e	f	g	
13	1	×	1	1	0	1	1	1	0	0	1	0	1	1	
14	1	×	1	1	1	0	1	0	0	0	1	1	1	1	
15	1	×	1	1	1	1	1	0	0	0	0	0	0	0	
灭灯	×	×	×	×	×	×	0	0	0	0	0	0	0	0	
灭零	1	0	0	0	0	0	0	0	0	0	0	0	0	0	
试灯	0	×	×	×	×	×	1	1	1	1	1	1	1	1	

74LS47 型译码管，输出低电平有效，采用共阳极数码管，输出状态和表 1-3 所示相反，即输出 0 和 1 对换。

1.4 时序逻辑电路

1.4.1 触发器

1. 基本 RS 触发器

由与非门组成的基本 RS 触发器有两个输入端 R、S，两个输出端 Q、$\overline{Q}$，一般情况下，Q、$\overline{Q}$ 是互补的。当 Q＝1、$\overline{Q}$＝0 时称为触发器的 1 状态；当 Q＝0、$\overline{Q}$＝1 时称为触发器的 0 状态。由与非门组成的基本 RS 触发器如图 1-27 所示。

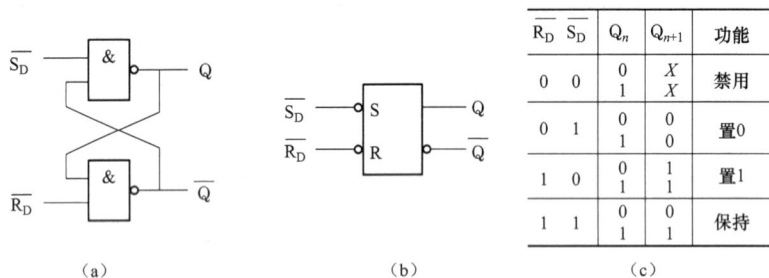

图 1-27　与非门组成的基本 RS 触发器
(a) 逻辑电路；(b) 图形符号；(c) 触发器状态表

由或非门组成的基本 RS 触发器有两个输入端 R_D、S_D，两个输出端 Q、$\overline{Q}$。一般情况下，Q、$\overline{Q}$ 是互补的。当 Q＝1、$\overline{Q}$＝0 时称为触发器的 1 状态；当 Q＝0、$\overline{Q}$＝1 时称为触发器的 0 状态。由或非门组成的基本 RS 触发器如图 1-28 所示。

2. 同步 RS 触发器（可控 RS 触发器）

在数字电路中所使用的触发器，往往用一种正脉冲来控制触发器的翻转时刻，这种正脉冲就称为时钟脉冲 CP。具有时钟脉冲控制的触发器叫做同步触发器，其图形符号和状态表如图 1-29 所示。

当时钟脉冲 CP＝0 时，不论 R 和 S 端的电平如何变化，触发器输出保持原状态不变。当 CP＝1 时，触发器才按 R、S 的输入状态来决定其输出状态。

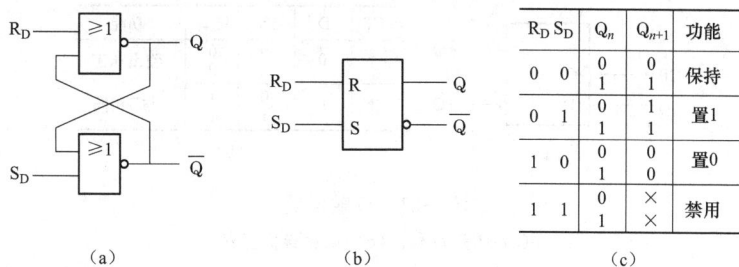

图 1-28　或非门组成的基本 RS 触发器

（a）逻辑电路；（b）图形符号；（c）触发器状态表

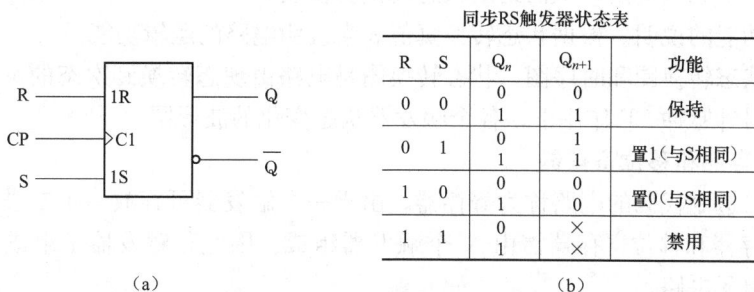

R_D S_D		Q_n	Q_{n+1}	功能
0	0	0 1	0 1	保持
0	1	0 1	1 1	置1
1	0	0 1	0 0	置0
1	1	0 1	× ×	禁用

同步RS触发器状态表

R	S	Q_n	Q_{n+1}	功能
0	0	0 1	0 1	保持
0	1	0 1	1 1	置1（与S相同）
1	0	0 1	0 0	置0（与S相同）
1	1	0 1	× ×	禁用

图 1-29　同步 RS 触发器

（a）图形符号；（b）触发器状态表

3. JK 触发器

主从型 JK 触发器是由两个可控 RS 触发器串联组成的，分别称为主触发器和从触发器。时钟脉冲先使主触发器翻转，而后使从触发器翻转。主从型触发器是当 CP 由 1 跳为 0 时翻转，即具有在时钟脉冲下降沿触发的特点。JK 触发器图形符号和状态表如图 1-30 所示。

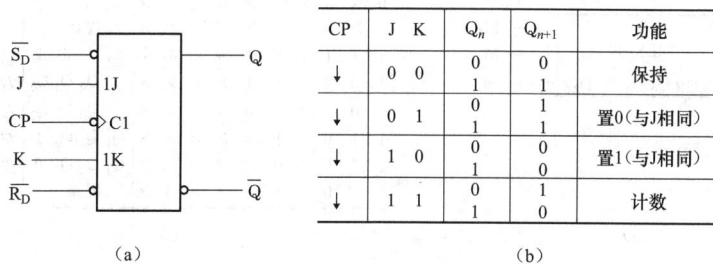

CP	J	K	Q_n	Q_{n+1}	功能
↓	0	0	0 1	0 1	保持
↓	0	1	0 1	0 0	置0（与J相同）
↓	1	0	0 1	1 1	置1（与J相同）
↓	1	1	0 1	1 0	计数

图 1-30　JK 触发器

（a）图形符号；（b）触发器状态表

4. D 触发器

D 触发器只有一个输入端 D，因此当 CP 上升沿到达时，输出 Q 的状态转换成与 D 相同。其图形符号与状态表如图 1-31 所示。

1.4.2　时序逻辑电路分析方法

（1）写方程式。

1）输出方程。时序逻辑电路的输出逻辑表达式，它通常为现态和输入变量的函数。

2）驱动方程。各触发器输入端的逻辑表达式。如 JK 触发器 J 和 K 的逻辑表达式。

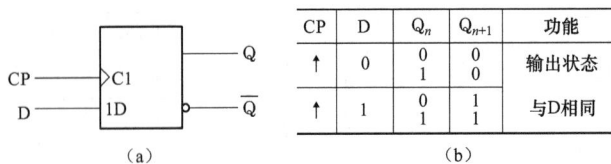

图 1-31 D 触发器

(a) 图形符号；(b) 触发器状态表

3）状态方程。将驱动方程代入相应触发器的特性方程中，得到该触发器的状态方程。

（2）列状态转换真值表。将电路现态的各种取值组合代入状态方程和输出方程进行计算，求出相应的次态和输出，从而列出状态转换真值表。

（3）逻辑功能的说明。根据状态转换真值表来说明电路的逻辑功能。

（4）画出状态转换图和时序图。状态转换图是电路由现态转换到次态的示意图。电路的时序图是指在时钟脉冲 CP 作用下，各个触发器状态变化的波形图。

1.4.3 寄存器和移位寄存器

用来存放二进制代码的电路称为寄存器。由于一个触发器可存放一个二进制代码，一个 N 位的数码寄存器和移位寄存器需由 N 个触发器组成。因此，触发器是组成寄存器和移位寄存器的基本单元电路。

具有存放数码和使数码逐位左移或右移功能的电路称为移位寄存器。移位寄存器又分为单相移位寄存器和双向移位寄存器。

1. CT74LS194 双向移位寄存器

CT74LS194 双向移位寄存器的结构和功能表如图 1-32 所示。

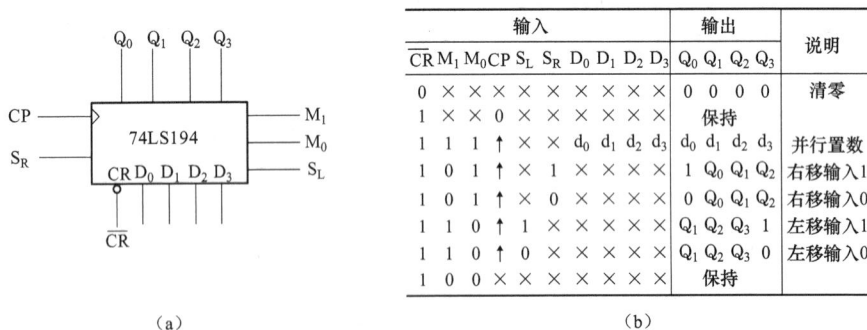

图 1-32 CT74LS194 双向移位寄存器

(a) 结构图；(b) 功能表

图 1-32 中，$\overline{\text{CR}}$ 为清零端；$D_0 \sim D_3$ 为并行数码输入端；S_R 为右移串行数码输入端；S_L 为左移串行数码输入端，M_0 和 M_1 为工作方式控制端；$Q_0 \sim Q_3$ 为并行数码输出端；CP 为移位脉冲输入端。

2. 移位寄存器的应用

（1）顺序脉冲发生器。顺序脉冲是指在每个循环周期内，在时间上按一定顺序排列的脉冲信号。产生顺序脉冲信号的电路称为顺序脉冲发生器。其逻辑电路图与工作波形如图 1-33 所示。

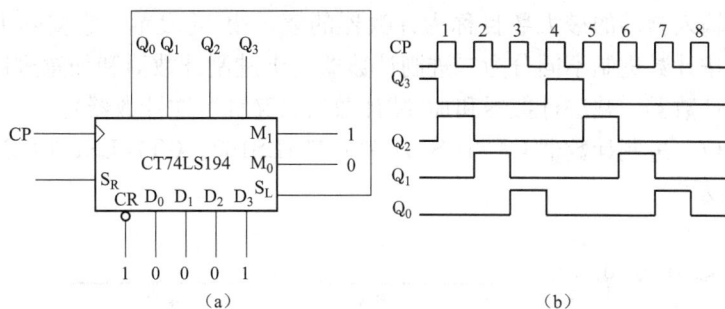

图 1-33　CT74LS194 组成顺序脉冲发生器
(a) 电路图；(b) 工作波形图

取 $D_0 D_1 D_2 D_3 = 0001$，当 $\overline{CR} = 1$，Q_0 接左移串行数码输入端 S_L，$M_1 = 1$，先使 $M_0 = 1$，输入时钟脉冲 CP 上升沿后，输入数据进入移位寄存器；$Q_0 Q_1 Q_2 Q_3 = D_0 D_1 D_2 D_3 = 0001$，然后使 $M_0 = 0$，即 $M_1 M_0 = 10$，这时随着移位脉冲 CP 的输入，电路开始左移操作，$Q_3 \sim Q_0$ 依次输出高电平的顺序脉冲。每输入四个 CP 脉冲，电路返回初始状态。

(2) 扭环形计数器（约翰逊计数器）。其逻辑电路图与状态表如图 1-34 所示。

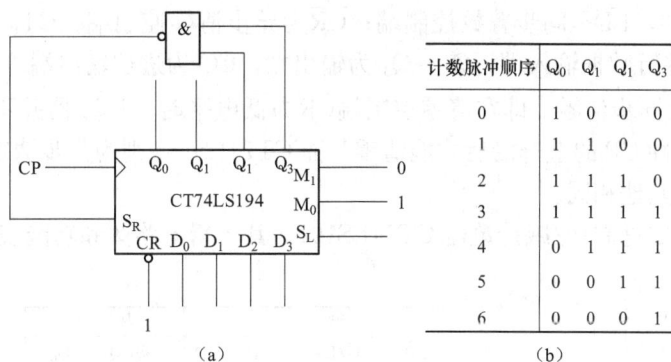

图 1-34　CT74LS194 组成扭环形计数器
(a) 电路图；(b) 计数器状态表

由图 1-34（a）可以看出：它是将输出 Q_3 和 Q_2 的信号通过与非门加在右移串行输入端 S_R 上，$S_R = \overline{Q_3 Q_2}$。在输出 Q_3、Q_2 中有 0 时，$S_R = 1$；只有 Q_3 和 Q_2 同时为 1 时，$S_R = 0$，这是 S_R 输入串行数码的根据。由图 1-34（b）状态表可以看出，当电路输入 7 个计数脉冲时，电路返回初始状态，所以为七进制扭环形计数器，也是一个七分频电路。

利用移位寄存器组成扭环形计数器有一定的规律。当由移位寄存器的第 N 位输出通过非门加到 S_R 端时，则构成 $2N$ 进制右移扭环形计数器，即偶数分频电路。若将移位寄存器的第 N 和第 $N-1$ 位的输出通过与非门加到 S_R 端时，则构成 $2N-1$ 进制右移扭环形计数器，即奇数分频电路。

1.4.4　计数器

计数器是数字系统中常用的时序逻辑电路，它主要用于纪录输入时钟脉冲的个数，还常用作分频电路和进行数字运算。

计数器累计输入脉冲的最大数目称为计数器的模，用 M 表示。它实际上是计数器的有效循环状态数。按计数进制不同分为二进制计数器、十进制计数器和任意进制计数器；按计数增减分为加法计数器、减法计数器和加/减计数器（又称可逆计数器）。

（1）集成 4 位二进制计数器 CT74LS161 和 CT74LS163。CT74LS161 的逻辑电路图和功能表如图 1-35 所示。

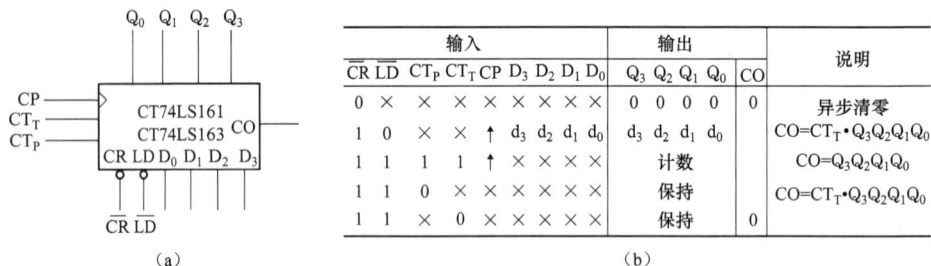

输入									输出					说明
$\overline{CR}$	$\overline{LD}$	CT_P	CT_T	CP	D_3	D_2	D_1	D_0	Q_3	Q_2	Q_1	Q_0	CO	
0	×	×	×	×	×	×	×	×	0	0	0	0	0	异步清零
1	0	×	×	↑	d_3	d_2	d_1	d_0	d_3	d_2	d_1	d_0		$CO=CT_T \cdot Q_3Q_2Q_1Q_0$
1	1	1	1	↑	×	×	×	×	计数					$CO=Q_3Q_2Q_1Q_0$
1	1	0	×	×	×	×	×	×	保持					$CO=CT_T \cdot Q_3Q_2Q_1Q_0$
1	1	×	0	×	×	×	×	×	保持				0	

（a）　　　　　　　　　　　　　　　　　（b）

图 1-35　集成 4 位二进制计数器 CT74LS161

（a）电路图；（b）功能表

图 1-35（a）中，$\overline{LD}$ 是同步置数控制端；$\overline{CR}$ 为异步清零控制端；CT_P 和 CT_T 为计数控制端；$D_0 \sim D_3$ 为并行数据输入端；$Q_0 \sim Q_3$ 为输出端；CO 为进位输出端。

CT74LS163 为同步清零，即在清零控制端 $\overline{CR}$ 为低电平时，计数器并不被清零，这需要再输入一个计数脉冲 CP 的上升沿后才能清零，而 CT74LS161 则为异步清零。这就是两个计数器的主要区别，其他相同。

（2）集成 4 位二进制加/减计数器 CT74LS191。其逻辑电路图和功能表如图 1-36 所示。

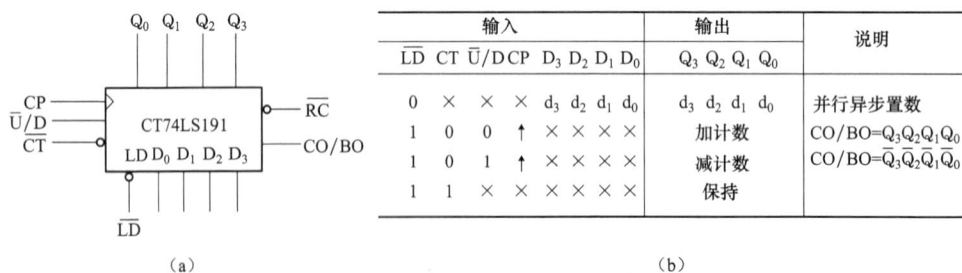

输入								输出				说明
$\overline{LD}$	$\overline{CT}$	$\overline{U}/D$	CP	D_3	D_2	D_1	D_0	Q_3	Q_2	Q_1	Q_0	
0	×	×	×	d_3	d_2	d_1	d_0	d_3	d_2	d_1	d_0	并行异步置数
1	0	0	↑	×	×	×	×	加计数				$CO/BO=Q_3Q_2Q_1Q_0$
1	0	1	↑	×	×	×	×	减计数				$CO/BO=\overline{Q_3}\overline{Q_2}\overline{Q_1}\overline{Q_0}$
1	1	×	×	×	×	×	×	保持				

（a）　　　　　　　　　　　　　　　　　（b）

图 1-36　集成 4 位二进制加/减计数器 CT74LS191

（a）电路图；（b）功能表

图 1-36（a）中，$\overline{LD}$ 是异步置数控制端，低电平有效；$\overline{CT}$ 为计数控制端；$D_0 \sim D_3$ 为并行数据输入端；$Q_0 \sim Q_3$ 为输出端；$\overline{U}/D$ 为加/减计数方式控制端；CO/BO 为进位输出/借位输出端；$\overline{RC}$ 为级间串行进位输出端。CT74LS191 没有专用的清零输入端，但可借助于 $D_0 D_1 D_2 D_3 = 0000$ 实现计数器清零。

（3）集成同步十进制计数器 CT74LS160 和 CT74LS162。图 1-37 为计数器 CT74LS160 的逻辑电路图和功能表。

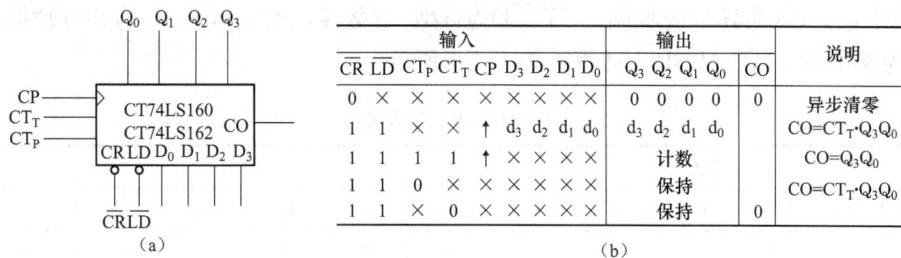

图 1-37　集成同步十进制计数器 CT74LS160

(a) 电路图；(b) 功能表

图 1-37（a）中，$\overline{\text{LD}}$是同步置数控制端；$\overline{\text{CR}}$为异步清零控制端；CT_P 和 CT_T 为计数控制端；$D_0 \sim D_3$ 为并行数据输入端；$Q_0 \sim Q_3$ 为输出端；CO 为进位输出端。

CT74LS162 为同步清零，CT74LS160 为异步清零，其他两者均相同。

（4）集成同步十进制加/减计数器 CT74LS190。其逻辑电路图和功能表如图 1-38 所示。

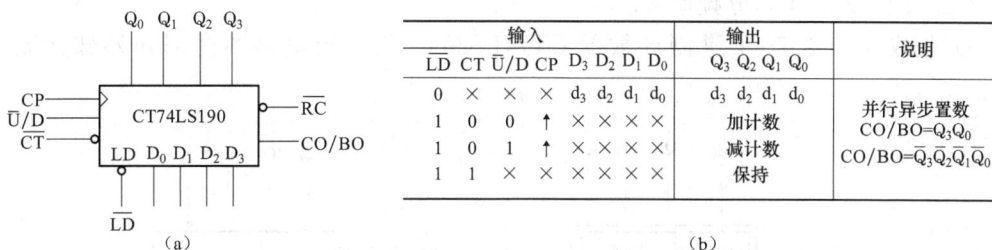

图 1-38　集成同步十进制加/减计数器 CT74LS190

(a) 电路图；(b) 功能表

图 1-38（a）中，$\overline{\text{LD}}$是异步置数控制端，低电平有效；$\overline{\text{CT}}$为计数控制端；$D_0 \sim D_3$ 为并行数据输入端；$Q_0 \sim Q_3$ 为输出端；$\overline{\text{U}}/\text{D}$ 为加/减计数方式控制端；CO/BO 为进位输出/借位输出端；$\overline{\text{RC}}$为级间串行进位输出端。CT74LS190 没有专用的清零输入端，但可借助于 $D_0 D_1 D_2 D_3 = 0000$ 实现计数器清零。

（5）集成异步二-八-十六进制计数器 CT74LS197。其逻辑电路图内部和外部如图 1-39 所示。

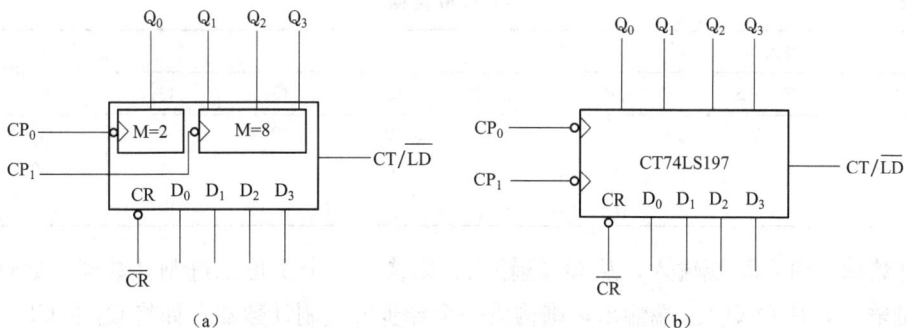

图 1-39　集成异步二-八-十六进制计数器 CT74LS197

(a) 内部电路；(b) 外部电路

图 1-39 中，$\overline{CR}$ 为异步清零端；CT/$\overline{LD}$ 为计数/置数控制端；$D_0 \sim D_3$ 为并行数据输入端；$Q_0 \sim Q_3$ 为输出端。CT74LS197 真值表如表 1-4 所示。

表 1-4　　　　　　　　　　　　　　　　CT74LS197 真值表

输入							输出				说明
$\overline{CR}$	CT/$\overline{LD}$	CP	D_3	D_2	D_1	D_0	Q_3	Q_2	Q_1	Q_0	
0	×	×	×	×	×	×	0	0	0	0	异步清零
1	0	×	d_3	d_2	d_1	d_0	d_3	d_2	d_1	d_0	并行置数
1	1	↓	×	×	×	×	计数				

计数脉冲 CP 由 CP_0 端输入并从 Q_0 端输出，则构成一个 1 位二进制计数器；若计数脉冲 CP 由 CP_1 端输入并从 $Q_3 Q_2 Q_1$ 端输出，则构成一个 3 位异步二进制计数器，即八进制计数器，Q_1、Q_2 和 Q_3 端分别输出二、四、八分频信号；如将 Q_0 和 CP_1 端相连，计数脉冲 CP 由 CP_0 端输入，则构成 4 位异步二进制计数器，即十六进制，在 Q_0、Q_1、Q_2 和 Q_3 端分别输出二、四、八、十六分频信号。

（6）集成异步二-五-十进制计数器 CT74LS290。其逻辑电路图内部和外部如图 1-40 所示。

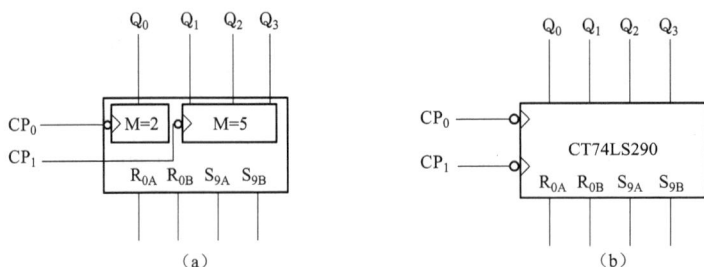

图 1-40　集成异步二-五-十进制计数器 CT74LS290
(a) 内部电路；(b) 外部电路

图 1-40 中，R_{0A} 和 R_{0B} 为异步清零输入端；S_{9A} 和 S_{9B} 为异步置 9 输入端；$Q_0 \sim Q_3$ 为输出端。CT74LS290 真值表如表 1-5 所示。

表 1-5　　　　　　　　　　　　　　　　CT74LS290 真值表

输入			输出				说明
$R_{0A} \cdot R_{0B}$	$S_{9A} \cdot S_{9B}$	CP	Q_3	Q_2	Q_1	Q_0	
1	0	×	0	0	0	0	异步清零
0	1	×	1	0	0	1	异步置 9
0	0	↓	计数				

如计数脉冲由 CP_0 端输入，从 Q_0 端输出，则构成一个 1 位二进制计数器；如计数脉冲由 CP_1 端输入，从 $Q_3 Q_2 Q_1$ 端输出，则构成一个异步五进制计数器；如将 Q_0 和 CP_1 端相连，计数脉冲由 CP_0 端输入，则构成 8421BCD 码异步十进制计数器；如将 Q_3 和 CP_0 端相连，计数脉冲由 CP_1 端输入，则构成 5421BCD 码异步十进制计数器。

1.5　555 定时器

555 定时器是一种使用灵活方便、应用十分广泛的多功能电路，利用它可方便地组成脉冲产生电路、整形电路、延时电路和定时电路。

1.5.1　555 定时器的电路结构

图 1-41 为 555 定时器的逻辑图及逻辑功能示意图。它由电阻分压器、电压比较器、基本 RS 触发器、MOS 开关管和输出缓冲组成。

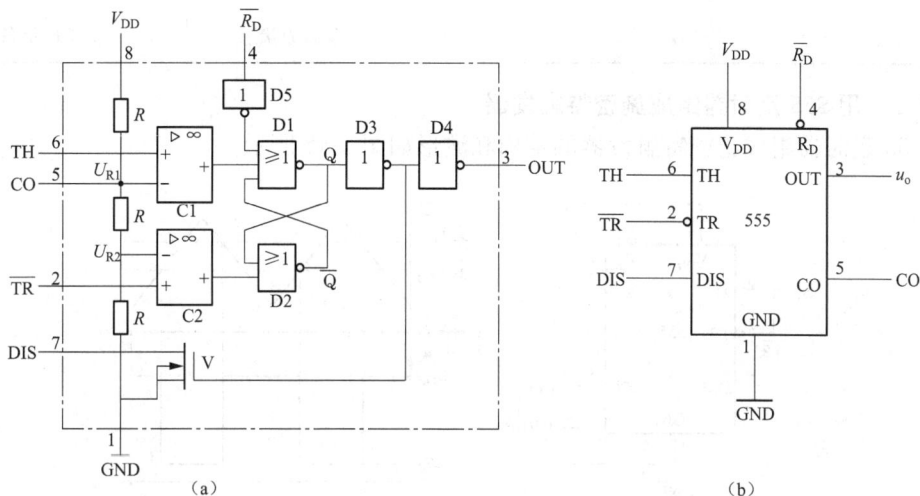

图 1-41　555 定时器逻辑图及逻辑功能示意图

(a) 逻辑图；(b) 逻辑功能示意图

电阻分压器由 3 个阻值相同的电阻 R 串联组成，为 C1 和 C2 两个电压比较器提供基准电压。C1 的基准电压 $U_{R1}=2/3V_{DD}$，C2 的基准电压 $U_{R2}=1/3V_{DD}$。CO 为控制端，当 CO 端的电压为 U_{CO} 时，可改变电压比较器的基准电压，这时 $U_{R1}=U_{CO}$，$U_{R2}=1/2U_{CO}$。CO 端不用时，通常对地接 $0.01\mu F$ 的电容，以消除高频干扰。

D1 和 D2 组成基本 RS 触发器。$\overline{R_D}$ 为直接置 0 端，当 $\overline{R_D}=0$ 时，D5 输出 1，基本 RS 触发器置 0，Q=0，输出 OUT 为低电平 0。基本 RS 触发器与阈值输入端 TH 和触发输入端 $\overline{TR}$ 有、无信号输入没有关系，正常工作时，$\overline{R_D}$ 端接高电平 1。

D3 和 D4 组成输出缓冲级。它有较强的电流驱动能力，同时，D4 还可隔离外接负载对定时器工作的影响。

1.5.2　555 定时器工作原理

(1) 当 TH 端电压大于 $U_{R1}=2/3V_{DD}$，$\overline{TR}$ 端电压大于 $U_{R2}=1/3V_{DD}$。电压比较器 C1 和 C2 分别输出 R=1，S=0，基本 RS 触发器置 0，Q=0，$\overline{Q}=1$，输出 $u_o=0$，这时 D4 导通。

(2) 当 TH 端电压小于 $U_{R1}=2/3V_{DD}$，$\overline{TR}$ 端电压小于 $U_{R2}=1/3V_{DD}$。电压比较器 C1 和 C2 分别输出 R=0、S=1，基本 RS 触发器置 1，Q=1，$\overline{Q}=0$，输出 $u_o=1$，这时 D4 截止。

(3) 当 TH 端电压小于 $U_{R1}=2/3V_{DD}$，$\overline{TR}$ 端电压大于 $U_{R2}=1/3V_{DD}$。电压比较器 C1 和

C2 分别输出 R＝0、S＝0，基本 RS 触发器保持原状态不变，输出 u_o 保持不变。

555 定时器的工作原理可概括为如表 1-6 所示的真值表。

表 1-6　　　　　　　　　　　　　　　　　555 定时器真值表

输入			输出	
TH	$\overline{TR}$	$\overline{R_D}$	OUT（u_o）	D4 状态
$\times$	0	0	0	导通
$>\frac{2}{3}V_{DD}$	$>\frac{1}{3}V_{DD}$	1	0	导通
$<\frac{2}{3}V_{DD}$	$<\frac{1}{3}V_{DD}$	1	1	截止
$<\frac{2}{3}V_{DD}$	$>\frac{1}{3}V_{DD}$	1	保持原状态	保持原状态

1.5.3　用 555 定时器组成施密特触发器

用 555 定时器组成施密特触发器的结构和波形如图 1-42 所示。

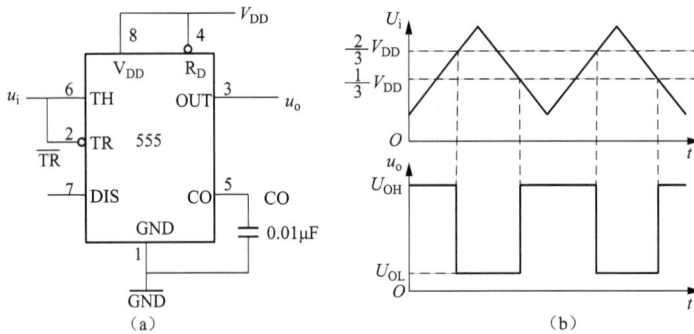

图 1-42　555 定时器组成施密特触发器

(a) 逻辑功能示意图；(b) 波形图

1. 555 定时器组成施密特触发器的工作原理

当输入电压 $U_i<1/3V_{DD}$ 时，比较器 C1 和 C2 分别输出 R＝0、S＝1，基本 RS 触发器置 1，Q＝1、输出 u_o 为高电平 U_{OH}。

当输入电压上升到 $1/3V_{DD}<U_i<2/3V_{DD}$ 时，比较器 C1 和 C2 分别输出 R＝0、S＝0，基本 RS 触发器保持 1 状态不变，Q＝1、输出 u_o 为高电平 U_{OH}，保持不变。

当输入电压 $U_i\geqslant2/3V_{DD}$ 时，比较器 C1 和 C2 分别输出 R＝1、S＝0，基本 RS 触发器置 0，Q＝0、输出 u_o 由高电平 U_{OH} 跃变为低电平 U_{OL}。

当输入电压由大于等于 $2/3V_{DD}$ 下降到 $1/3V_{DD}<U_i<2/3V_{DD}$ 时，比较器 C1 和 C2 分别输出 R＝0、S＝0，基本 RS 触发器保持 0 状态不变，Q＝0、输出 u_o 为低电平 U_{OL}，保持不变。

当输入电压下降到 $U_i\leqslant1/3V_{DD}$ 时，比较器 C1 和 C2 分别输出 R＝0、S＝1，基本 RS 触发器置 1，Q＝1、输出 u_o 由低电平 U_{OL} 跃变为高电平 U_{OH}。

2. 施密特触发器的应用

(1) 脉冲波形变换。施密特触发器常用于将三角波、正弦波及变化缓慢的波形变换成矩形脉冲波形。

(2) 脉冲整形。

(3) 脉冲幅值鉴别。

1.5.4 用 555 定时器组成单稳态触发器

单稳态触发器是常用的脉冲整形和延时电路。它有稳态和暂稳态两种状态，平时处于稳定状态，在外加触发脉冲作用下，电路从稳定状态翻转到暂稳态，经过一段时间后，又自动返回到原来的稳定状态。暂稳态维持时间的长短完全取决于电路本身的参数，而与外加脉冲没有关系。

将 555 定时器的 $\overline{\text{TR}}$ 端作为触发信号 u_i 的输入端，同时将放电端 DIS 和阈值输入端 TH 相连后和定时元件 R、C 相连，通过 R 接电源 V_{DD}，通过 C 接地，便组成了单稳态触发器，如图 1-43 所示，其中 R、C 为定时元件。

单稳态触发器应用于脉冲整形、脉冲定时、脉冲展宽。

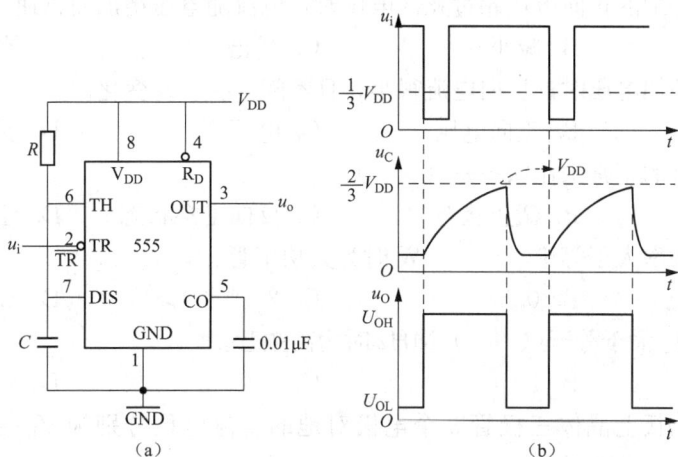

图 1-43　555 定时器组成单稳态触发器
（a）逻辑功能示意图；（b）波形图

1.5.5 用 555 定时器组成多谐振荡器

多谐振荡器是一种自激振荡器，它不需要输入触发信号，在接通电源后便可自动输出矩形脉冲，其主要用作信号源。在振荡频率稳定度要求很高的情况下，可采用石英晶体多谐振荡器。555 定时器组成多谐振荡器的逻辑功能图和波形图如 1-44 所示。

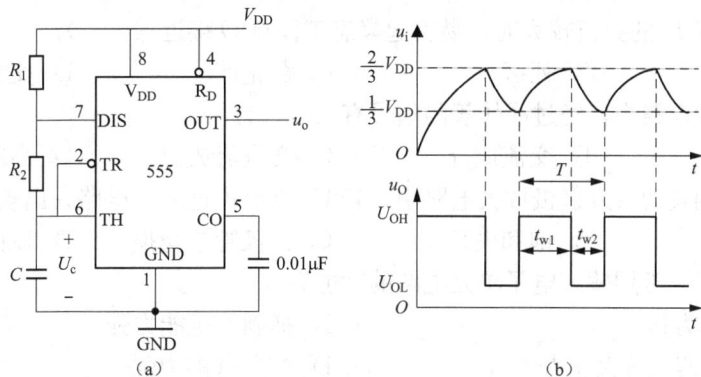

图 1-44　555 定时器组成多谐振荡器
（a）逻辑功能示意图；（b）波形图

测 试 题

1. P 型半导体是在本征半导体中加入微量的 （   ） 元素构成的。

A. 三价   B. 四价   C. 五价   D. 六价

2. 点接触型二极管可工作于 （   ） 电路。

A. 高频   B. 低频   C. 中频   D. 全频

3. 点接触型二极管可用作 （   ） 元件。

A. 开关   B. 光敏   C. 稳压   D. 整流

4. 当二极管外加的正向电压超过死区电压时，电流随电压增加而迅速 （   ）。

A. 增加   B. 减小   C. 截止   D. 饱和

5. 当二极管外加电压时，反向电流很小，且不随 （   ） 变化。

A. 正向电流   B. 正向电压   C. 电压   D. 反向电压

6. 稳压二极管的正常工作状态是 （   ）。

A. 导通状态   B. 截止状态   C. 反向击穿状态   D. 任意状态

7. 三极管的功率大于等于 （   ） W 时为大功率管。

A. 1   B. 0.5   C. 2   D. 1.5

8. 三极管的 f_α 大于等于 （   ） MHz 时为高频管。

A. 1   B. 2   C. 3   D. 4

9. 测得某电路板上晶体三极管 3 个电极对地的直流电位分别为 $V_E = 3V$，$V_B = 3.7V$，$V_C = 3.3V$，则该三极管工作在 （   ）。

A. 放大区   B. 饱和区   C. 截止区   D. 击穿区

10. 处于截止状态的三极管，其工作状态为 （   ）。

A. 发射结正偏，集电结反偏   B. 发射结反偏，集电结反偏

C. 发射结正偏，集电结正偏   D. 发射结反偏，集电结正偏

11. 射极输出器的输出电阻小，说明该电路的 （   ）。

A. 带负载能力强   B. 带负载能力差

C. 前级或信号源负荷减轻   D. 取信号能力强

12. 基极电流 I_B 的数值较大时，易引起静态工作点 Q 接近 （   ）。

A. 饱和区   B. 死区   C. 截止区   D. 交越失真

13. 基本放大电路中，经过晶体管的信号有 （   ）。

A. 直流成分   B. 交流成分   C. 交直流成分   D. 高频成分

14. 分压式偏置的共发射极放大电路中，若 V_B 点电位过高，电路易出现 （   ）。

A. 截止失真   B. 饱和失真   C. 三极管被烧损   D. 双向失真

15. 下列不属于常用输入电子单元电路的功能有 （   ）。

A. 取信号能力强   B. 抑制干扰能力强

C. 具有一定信号放大能力   D. 带负载能力强

16. 下列不属于常用中间电子单元电路的功能有 （   ）。

A. 传输信号能力强   B. 信号波形失真小   C. 电压放大能力强   D. 取信号能力强

17. 下列不属于常用输出电子单元电路的功能有（　　）。

A. 输出电流较大　　B. 功率较大　　C. 带负载能力强　　D. 取信号能力强

18. 集成运放电路非线性应用要求（　　）。

A. 开环或加正反馈　B. 负反馈　　C. 输入信号要大　　D. 输出要加限幅电路

19. 集成运放电路的（　　）可外接二极管，防止其极性接反。

A. 输入端　　　　　B. 输出端　　　　C. 电源端　　　　D. 接地端

20. 集成运放电路（　　），会损坏运算放大器。

A. 两输入端电压过高　　　　　　　　B. 输入电流过大

C. 两输入端短接　　　　　　　　　　D. 两输入端接反

21. 集成运放电路的两输入端外接（　　），防止输入信号过大而损坏器件。

A. 三极管　　　　　B. 反并联二极管　C. 场效应管　　　D. 稳压管

22. 微分集成运放电路反馈元件采用的是（　　）元件。

A. 电感　　　　　　B. 电阻　　　　　C. 电容　　　　　D. 三极管

23. JK 触发器，当 JK 为（　　）时，触发器处于置 0 状态。

A. 00　　　　　　　B. 01　　　　　　C. 10　　　　　　D. 11

24. 集成运放电路的电源端可外接（　　），防止其极性接反。

A. 三极管　　　　　B. 二极管　　　　C. 场效应管　　　D. 稳压管

25. （　　）用来提供一定波形及数值的信号。

A. 数字万用表　　　B. 电子毫伏表　　C. 示波器　　　　D. 信号发生器

26. 集成运放电路引脚如插反，即（　　），会损坏运算放大器。

A. 将电源极性接反　B. 输入接反　　　C. 输出接反　　　D. 接地接反

27. 集成运放电路（　　），会损坏运算放大器。

A. 电源数值过大　　　　　　　　　　B. 输入接反

C. 输出端开路　　　　　　　　　　　D. 输出端与输入端直接相连

28. 下列不属于集成运放电路线性应用的是（　　）。

A. 积分电路　　　　B. 过零比较器　　C. 减法运算电路　D. 加法运算电路

29. 下列不属于集成运放电路非线性应用的是（　　）。

A. 加法运算电路　　B. 滞回比较器　　C. 非过零比较器　D. 过零比较器

30. 一片集成二-十进制计数器 74LS90 可构成（　　）进制计数器。

A. 二　　　　　　　B. 五　　　　　　C. 十　　　　　　D. 二至十间的任意

31. 过零比较器可将输入正弦波变换为（　　）。

A. 尖顶脉冲波　　　B. 锯齿波　　　　C. 方波　　　　　D. 三角波

32. 滞回比较器的比较电压（　　）。

A. 固定　　　　　　　　　　　　　　B. 随输出电压而变化

C. 其输出电压可正可负　　　　　　　D. 与输出电压无关

33. 如图 1-45 所示，该电路的反馈类型为（　　）。

A. 电流并联负反馈　B. 电流串联负反馈　C. 电压并联负反馈　D. 电压串联负反馈

34. 如图 1-46 所示，该电路的反馈类型为（　　）。

A. 电流并联负反馈　B. 电流串联负反馈　C. 电压并联负反馈　D. 电压串联负反馈

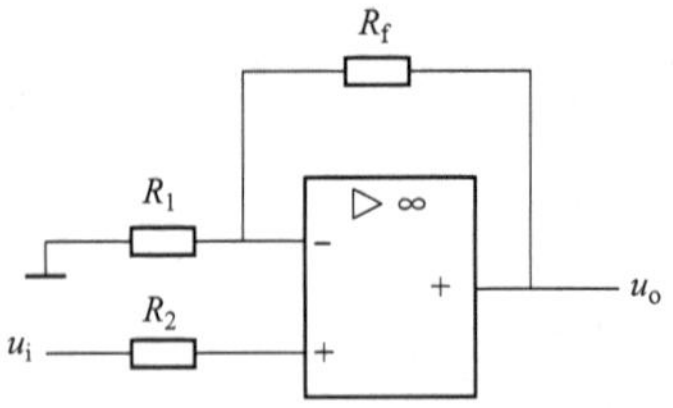

图 1-45　题 33 图 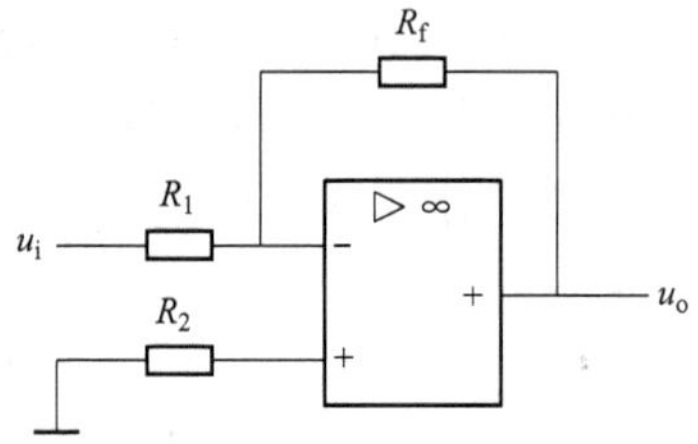　　　　　　　　　　图 1-46　题 34 图

35. 如图 1-47 所示，该电路的反馈类型为 （　　　）。

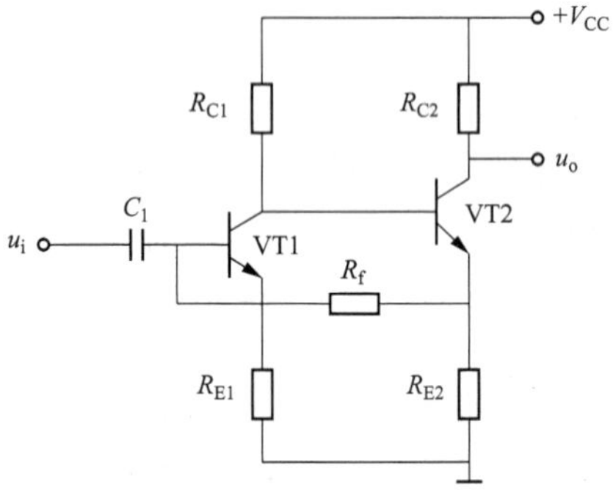

图 1-47　题 35 图

A. 电流并联负反馈　　B. 电流串联负反馈　　C. 电压并联负反馈　　D. 电压串联负反馈

36. 反向比例运放电路应加的反馈类型是 （　　）负反馈。

A. 电压串联　　　　　B. 电压并联　　　　　C. 电流并联　　　　　D. 电流串联

37. 面接触型二极管应用于 （　　　）。

A. 整流　　　　　　　B. 稳压　　　　　　　C. 开关　　　　　　　D. 光敏

38. 常用的稳压电路有 （　　　）等。

A. 稳压管并联型稳压电路　　　　　　　　　B. 串联型稳压电路

C. 开关型稳压电路　　　　　　　　　　　　D. 以上都是

39. 下列不属于常用稳压电源电子单元电路的功能有 （　　　）。

A. 输出电压稳定　　　　　　　　　　　　　B. 抗干扰能力强

C. 具有一定过载能力　　　　　　　　　　　D. 波形失真小

40. 下列不属于组合逻辑电路的加法器为 （　　　）。

A. 计数器　　　　　B. 多位加法器　　　　C. 全加器　　　　　D. 半加器

41. 下列不能用于构成组合逻辑电路的是 （　　　）。

A. 与非门　　　　　B. 或非门　　　　　　C. 异或门　　　　　D. 触发器

42. 组合逻辑电路应 （　　　）进行分析。

A. 根据逻辑结果　　　　　　　　　　　　　B. 画出对应的电路图

C. 画出对应的输出时序图　　　　　　　　　D. 根据已有电路图

43. 组合逻辑电路的编码器功能为 （　　　）。

A. 用一位二进制数来表示　　　　　　　　　B. 用多位二进制数来表示输入信号

C. 用十进制数表示输入信号　　　　　　D. 用十进制数表示二进制信号

44. 组合逻辑电路常采用的分析方法有（　　）。

A. 逻辑代数化简　　B. 真值表　　　　　C. 逻辑表达式　　D. 以上都是

45. 组合逻辑电路的译码器种类有（　　）。

A. 变量译码器　　　B. 显示译码器　　　C. 数码译码器　　D. 以上都是

46. 组合逻辑电路的设计是（　　）。

A. 根据已有电路图进行分析　　　　　　B. 找出对应的输入条件

C. 根据逻辑结果进行分析　　　　　　　D. 画出对应的输出时序图

47. 组合逻辑电路的比较器功能为（　　）。

A. 只是逐位比较　　　　　　　　　　　B. 只是最高位比较

C. 高低比较有结果，低位可不比较　　　D. 只是最低位比较

48. 由与非门组成的基本 RS 触发器，当 RS 为（　　）时，触发器处于不定状态。

A. 01　　　　　　　B. 10　　　　　　　C. 00　　　　　　　D. 11

49. 集成与非门的多余引脚（　　）时，与非门被封锁。

A. 接高电平　　　　B. 接低电平　　　　C. 悬空　　　　　　D. 并接

50. 集成与非门被封锁，应检查其多余引脚是否（　　）。

A. 并接　　　　　　B. 接低电平　　　　C. 高接电平　　　　D. 悬空

51. 集成显示译码管是按（　　）来显示的。

A. 高电平　　　　　B. 低电平　　　　　C. 字型　　　　　　D. 低阻

52. 集成或非门的多余引脚（　　）时，或非门被封锁。

A. 悬空　　　　　　B. 接高电平　　　　C. 接低电平　　　　D. 并接

53. 集成或非门被封锁，应检查其多余引脚是否（　　）。

A. 悬空　　　　　　B. 接高电平　　　　C. 接低电平　　　　D. 并接

54. 集成编码器的（　　）状态不对时，编码器无法工作。

A. 输入端　　　　　B. 输出端　　　　　C. 清零端　　　　　D. 控制端

55. 集成编码器无法工作，首先应检查（　　）的状态。

A. 输入端　　　　　B. 输出端　　　　　C. 清零端　　　　　D. 控制端

56. 当集成译码器 74LS138 的 3 个使能端都满足要求时，其输出端为（　　）有效。

A. 高电平　　　　　B. 低电平　　　　　C. 高阻　　　　　　D. 低阻

57. 集成译码器 74LS138 与适当门电路配合可构成（　　）。

A. 全加法器　　　　B. 计数器　　　　　C. 编码器　　　　　D. 存储器

58. 集成译码器与七段发光二极管构成（　　）译码器。

A. 变量　　　　　　B. 逻辑状态　　　　C. 数码显示　　　　D. 数值

59. 集成译码器 74LS42 是（　　）译码器。

A. 变量　　　　　　B. 显示　　　　　　C. 符号　　　　　　D. 二-十进制

60. 集成译码器 74LS48 可点亮（　　）显示器。

A. 共阴七段　　　　B. 共阳七段　　　　C. 液晶　　　　　　D. 等离子

61. 集成译码器 74LS138 的 3 个使能端，只要有一个不满足要求，其 8 个输出为（　　）。

A. 高电平　　　　　B. 低电平　　　　　C. 高阻　　　　　　D. 低阻

62. 数码存储器的操作要分为（　　）步进行。

A. 4　　　　　　　B. 3　　　　　　　C. 5　　　　　　　D. 6

63. 集成译码器 74LS47 可点亮（　　）显示器。

A. 共阴七段　　　　B. 共阳七段　　　　C. 液晶　　　　　　D. 等离子

64. 由或非门组成的基本 RS 触发器，当 RS 为（　　）时，触发器处于不定状态。

A. 00　　　　　　　B. 01　　　　　　　C. 10　　　　　　　D. 11

65. 由与非门组成的可控 RS 触发器，当 RS 为（　　）时，触发器处于不定状态。

A. 00　　　　　　　B. 01　　　　　　　C. 10　　　　　　　D. 11

66. JK 触发器，当 JK 为（　　）时，触发器处于置 1 状态。

A. 01　　　　　　　B. 10　　　　　　　C. 00　　　　　　　D. 11

67. JK 触发器，当 JK 为（　　）时，触发器处于保持状态。

A. 00　　　　　　　B. 01　　　　　　　C. 10　　　　　　　D. 11

68. JK 触发器，当 JK 为（　　）时，触发器处于翻转状态。

A. 00　　　　　　　B. 01　　　　　　　C. 10　　　　　　　D. 11

69. 时序逻辑电路的分析方法有（　　）。

A. 列写状态表　　　B. 列写驱动方程　　　C. 列写状态方程　　　D. 以上都是

70. 时序逻辑电路的状态表是由（　　）。

A. 驱动方程算出　　　　　　　　　　B. 触发器的特性方程算出

C. 状态方程算出　　　　　　　　　　D. 时钟脉冲表达式算出

71. 时序逻辑电路的波形图是（　　）。

A. 各个触发器的输出随时钟脉冲变化的波形

B. 各个触发器的输入随时钟脉冲变化的波形

C. 各个门电路的输出随时钟脉冲变化的波形

D. 各个门电路的输入随时钟脉冲变化的波形

72. 时序逻辑电路的驱动方程是（　　）。

A. 各个触发器的输入表达式　　　　　B. 各个门电路的输入表达式

C. 各个触发器的输出表达式　　　　　D. 各个门电路的输出表达式

73. 集成译码器无法工作，首先应检查（　　）的状态。

A. 清零端　　　　　B. 使能端　　　　　C. 输出端　　　　　D. 输入端

74. 时序逻辑电路的输出端取数如有问题会产生（　　）的现象。

A. 时钟脉冲混乱　　B. 置数端无效　　　C. 清零端无效　　　D. 计数模错误

75. 时序逻辑电路的置数端有效，则电路为（　　）状态。

A. 计数　　　　　　B. 并行置数　　　　C. 置 1　　　　　　D. 清 0

76. 时序逻辑电路的清零端有效，则电路为（　　）状态。

A. 计数　　　　　　B. 保持　　　　　　C. 置 1　　　　　　D. 清 0

77. 时序逻辑电路的计数器按与时钟脉冲关系可分为（　　）。

A. 可逆制计数器　　B. 减法计数器　　　C. 加法计数器　　　D. 以上都是

78. 下列不属于时序逻辑电路的计数器进制的为（　　）。

A. 二进制计数器　　B. 十进制计数器　　C. N 进制计数器　　D. 缓冲计数器

79. 集成译码器的（　　）状态不对时，译码器无法工作。

A. 输入端　　　　　　B. 输出端　　　　　　C. 清零端　　　　　　D. 使能端

80. 时序逻辑电路的计数器直接取相应进制数经相应门电路送到（　　）。

A. 异步清零端　　　　B. 同步清零端　　　　C. 异步置数端　　　　D. 同步置数端

81. 时序逻辑电路的计数控制端无效，则电路处于（　　）状态。

A. 计数　　　　　　　B. 保持　　　　　　　C. 置 1　　　　　　　D. 置 0

82. 时序逻辑电路的集成移位寄存器的移位方向错误，则是（　　）有问题。

A. 移位控制端　　　　B. 清零端　　　　　　C. 脉冲端　　　　　　D. 输出端

83. 集成计数器 74LS161 是（　　）计数器。

A. 4 位二进制减法　　B. 5 位二进制加法　　C. 4 位二进制加法　　D. 3 位二进制加法

84. 可以用（　　）来测试二极管的极性及性能。

A. 电压表　　　　　　B. 电流表　　　　　　C. 万用表　　　　　　D. 功率表

85. 集成计数器 74LS192 是（　　）计数器。

A. 异步十进制加法　　B. 同步十进制加法　　C. 异步十进制减法　　D. 同步十进制可逆

86. 集成二-十进制计数器 74LS90 是（　　）计数器。

A. 异步二-五-十进制加法　　　　　　　　　B. 同步十进制加法

C. 异步十进制减法　　　　　　　　　　　　D. 同步十进制可逆

87. 两片集成计数器 74LS192，最多可构成（　　）进制计数器。

A. 十　　　　　　　　B. 五十　　　　　　　C. 九　　　　　　　　D. 一百

88. 一片集成二-十进制计数器 74LS160 可构成（　　）进制计数器。

A. 二至十间的任意　　B. 五　　　　　　　　C. 十　　　　　　　　D. 二

89. 两片集成计数器 74LS161，最多可构成（　　）进制计数器。

A. 二百五十六　　　　B. 十六　　　　　　　C. 二百　　　　　　　D. 一百

90. 当 74LS94 的 Q_3 经非门和 S_R 相连时，电路实现的功能为（　　）。

A. 右移环形计数器　　B. 左移环形计数器　　C. 保持　　　　　　　D. 并行置数

91. 当 74LS94 的 S_L 与 Q_0 相连时，电路实现的功能为（　　）。

A. 左移环形计数器　　B. 右移环形计数器　　C. 保持　　　　　　　D. 并行置数

92. 当 74LS94 的 Q_0 经非门的输出与 S_L 相连时，电路实现的功能为（　　）。

A. 左移扭环形计数器　　　　　　　　　　　B. 右移扭环形计数器

C. 保持　　　　　　　　　　　　　　　　　D. 并行置数

93. 当 74LS94 的 Q_3 经非门的输出与 S_L 相连时，电路实现的功能为（　　）。

A. 并行置数　　　　　B. 保持　　　　　　　C. 右移扭环计数器　　D. 左移扭环计数器

94. 当 74LS94 的 S_R 与 Q_2 相连时，电路实现的功能为（　　）。

A. 左移环形计数器　　B. 右移环形计数器　　C. 保持　　　　　　　D. 并行置数

95. 当 74LS94 的控制信号为 10 时，该集成移位寄存器处于（　　）状态。

A. 左移　　　　　　　B. 右移　　　　　　　C. 保持　　　　　　　D. 并行置数

96. 当 74LS94 的控制信号为 11 时，该集成移位寄存器处于（　　）状态。

A. 左移　　　　　　　B. 右移　　　　　　　C. 保持　　　　　　　D. 并行置数

97. 当 74LS94 的控制信号为 01 时，该集成移位寄存器处于（　　）状态。

A. 左移　　　　　　B. 右移　　　　　　C. 保持　　　　　　D. 并行置数

98. 时序逻辑电路的集成移位寄存器的移位方向错误，则是（　　）有问题。

A. 脉冲端　　　　　B. 清零端　　　　　C. 输出端　　　　　D. 移位控制端

99. 移位寄存器可实现（　　）状态。

A. 左移　　　　　　B. 右移　　　　　　C. 可逆　　　　　　D. 以上都是

100. 555 定时器构成的多谐振荡电路的脉冲频率由（　　）决定。

A. 输入信号　　　　　　　　　　　B. 输出信号

C. 电路充放电电阻及电容　　　　　D. 555 定时器结构

101. 下列不属于 555 定时器构成的单稳态触发器的典型应用为（　　）。

A. 计数器　　　　　B. 脉冲整形　　　　C. 脉冲延时　　　　D. 脉冲定时

102. 555 定时器构成的单稳态触发器单稳态脉宽由（　　）决定。

A. 555 定时器结构　B. 电路电阻及电容　C. 输出信号　　　　D. 输入信号

第2章 电动机及测速发电机

2.1 直流电动机

2.1.1 直流电动机的基本工作原理和结构

1. 直流电动机的基本结构

直流电动机的结构形式多种多样，但其主要部件是相同的。主要由两部分组成：定子与转子。定子包括主磁极、机座、换向极、电刷装置等。转子包括电枢铁芯、电枢绕组、换向器、轴和风扇等部分，如图 2-1 所示。

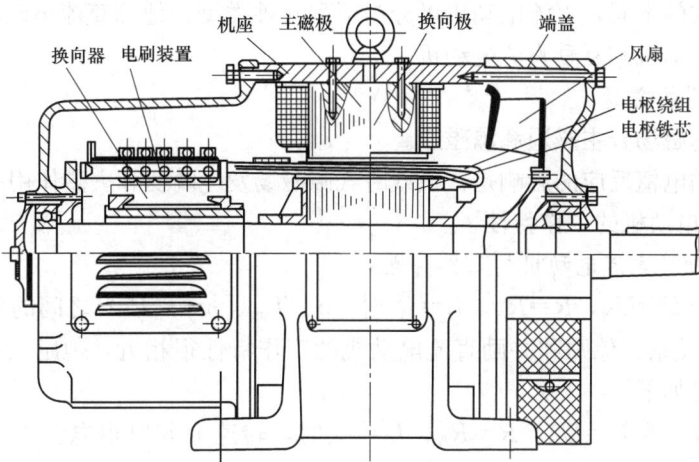

图 2-1 直流电动机基本结构

2. 直流电动机工作原理

直流电动机是将电能转变成机械能的旋转机械。如图 2-2 所示是一台简单的两极直流电动机的模型。在图 2-2（a）中，把电刷 A、B 接到直流电源上，电刷 A 接正极，电刷 B 接负

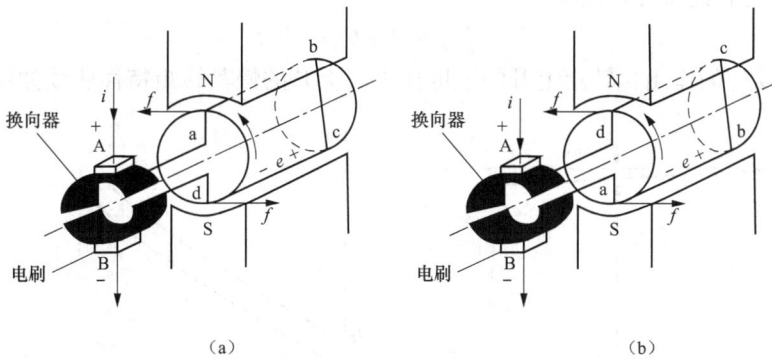

（a）   （b）

图 2-2 直流电动机模型

（a）旋转前；（b）旋转后

极，此时电枢线圈中有电流流过。在磁场作用下，N 极下的导体 ab 受力方向从右向左，S 极上的导体 cd 受力方向从左向右，该电磁力形成逆时针方向的电磁转矩。当电磁转矩大于绕阻转矩时，电动机转子逆时针方向旋转。当电枢旋转到图 2-2（b）所示位置时，原 N 极下的导体 ab 转到 S 极上，受力方向从左向右，原 S 极上的导体 cd 转到 N 极下，受力方向从右向左，该电磁力形成逆时针方向的电磁转矩。线圈在该电磁力形成的电磁转矩作用下继续逆时针方向旋转。

由此可见，加于直流电动机的直流电源，借助于换向器和电刷的作用，使直流电动机电枢线圈中流过电流，电流的方向是交变的，使电枢产生的电磁转矩的方向恒定不变，确保直流电动机朝确定的方向连续旋转，这就是电动机的基本工作原理。

2.1.2 直流电动机的磁场

1. 励磁方式

直流电动机的励磁方式是指对励磁绕组如何供电、产生励磁磁通势而建立主磁场的问题。根据励磁方式的不同，直流电动机可分为下列几种类型：他励直流电动机、并励直流电动机、串励直流电动机和复励直流电动机。

2. 直流电动机的磁场

直流电动机的磁场分主磁通和漏磁通。

直流电动机的电枢反应的影响是：负载时气隙磁场发生畸变和去磁作用。

2.1.3 直流电动机的工作特性

1. 他励（并励）直流电动机的工作特性

工作特性：当 $U=U_N$，$R=R_A$，$I_f=I_{fN}$ 时，n、T_{em}、$\eta=f(P_2)$ 之间的关系，实际为 n、T_{em}、$\eta=f(I)$ 的关系。他励和并励直流电动机的工作特性很相近，他励（并励）直流电动机的工作特性分述如下。

（1）转速特性。当 $U=U_N$，$R=R_A$，$I_f=I_{fN}$ 时，转速 n 与电枢电流 I_a 之间的关系 $n=f(I_a)$ 称为转速特性，则有

$$n = \frac{U_N}{C_e \Phi_N} - \frac{R_a}{C_e \Phi_N} I_a = n_0 - \beta I_a$$

忽略电枢反应的去磁作用，转速与负载电流按线性关系变化其转速特性曲线如图 2-3 所示。

（2）转矩特性。当 $U=U_N$，$R=R_A$，$I_f=I_{fN}$ 时，电磁转矩 T_{em} 与电枢电流 I_a 之间的关系 $T_{em}=f(I_a)$ 称为转速特性，则有

$$T_{em} = C_T \Phi_N I_a$$

考虑电枢反应的作用，转矩上升的速度比电流上升的慢其转矩特性曲线如图 2-4 所示。

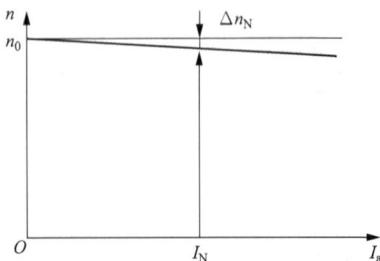

图 2-3　他励直流电动机转速特性　　　图 2-4　他励直流电动机转矩特性

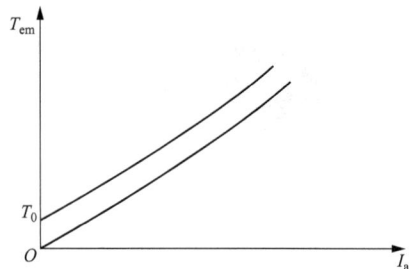

（3）效率特性。当 $U=U_N$，$R=R_A$，$I_f=I_{fN}$ 时，效率 η 与电枢电流 I_a 之间的关系 $\eta=f(I_a)$ 称为转速特性，则有

$$n=\frac{P_1-\Sigma P}{P_1}=1-\frac{P_0+R_aI_a^2}{U_NI_a}$$

空载损耗为不变损耗，不随负载电流变化，当负载电流较小时效率较低，输入功率大部分消耗在空载损耗上；负载电流增大，效率也增大，输入的功率大部分消耗在机械负载上；但当负载电流增大到一定程度时铜损快速增大此时效率又变小。其效率特性曲线如图 2-5 所示。

他励直流电动机启动时要先加励磁电源后加电枢电源，原因是如果电动机直接加电枢电源，没有励磁，电枢电流过大，如果电动机有剩磁，直接加电枢电源，电动机会发生"飞车"现象，这是最主要的原因。

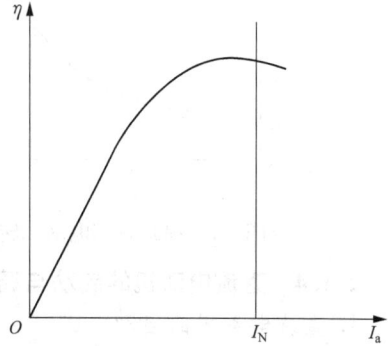

图 2-5　他励直流电动机效率特性

他励直流电动机停车时要先断开电枢电源，原因是如果先断励磁电源，电动机的磁通迅速下降，电动机轻载或者空载的话，会造成电动机"飞车"；如果电动机满载或者重载，这时候电枢电流会成倍增加，容易烧坏电动机，同时电刷的火花可能烧蚀换向器。所以，励磁电源是不允许先断开的。

2. 串励直流电动机的工作特性

串励直流电动机最根本的特点是励磁绕组与电枢绕组串联，励磁电流 I_f 就是电枢电流 I_a，即 $I_f=I_a$，因而其工作特性与他励（并励）直流电动机有明显的不同。

（1）转速特性。串励电动机的转速公式为

$$n=\frac{U-I_aR_a'}{C_e\Phi}$$

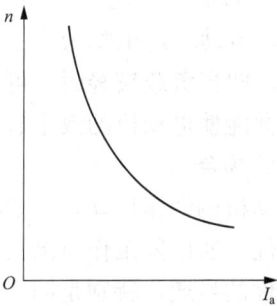

图 2-6　串励直流电动机转速特性

因串励电动机的励磁电流等于电枢电流，当 P_2 增大时，I_a 也增大，这一方面使电枢回路的总电阻压降 I_aR_a 增大，另一个方面使磁通增大。由转速公式可见，这两方面的作用使转速降低，因此转速随输出功率的增加而迅速下降。这是串励电动机的特点之一，特性曲线如图 2-6 所示。当 P_2 很小时，I_a 即 I_f 很小，电动机转速将过高。空载时，Φ 趋近与 0，理论上，电动机的转速将趋于无穷大，可使转子遭到破坏，甚至造成人身事故。因此串励电动机不允许空载启动或空载运行。

（2）转矩特性。因为 $T_{em}=C_e\Phi I_a$，当磁路未饱和时，磁通 Φ 正比于 I_a，因此电磁转矩 T_{em} 正比于 I_a^2，说明串励电动机的电磁转矩随电流的增长迅速上升，故 $T_{em}=f(I_a)$ 是一条抛物线，随着 P_2 的增加磁路饱和，此时转矩特性比抛物线上升得慢，特性曲线如图 2-7 所示。综合分析，串励电动机具有自动调节功能，从而使功率变化不大，电动机就不至于因负载转矩增大而过载太多，因此串励电动机常用于电力机车等负载。

（3）效率特性。串励电动机的效率特性和他励电动机基本相同，其特性曲线如图 2-8 所示。

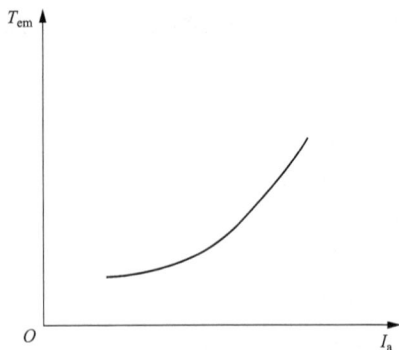

图 2-7 串励直流电动机转速特性   图 2-8 串励直流电动机效率特性

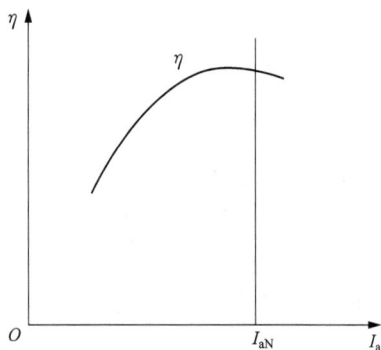

2.1.4 直流电动机的启动与调速

1. 直流电动机的启动方式

直流电动机的启动方式包括：全压直接启动、自耦减压启动、丫-△启动、软启动器、变频器。

（1）全压直接启动。在电网容量和负载两方面都允许全压直接起动的情况下，可以考虑采用全压直接启动。优点是操纵控制方便、维护简单，而且比较经济。主要用于小功率电动机的启动，从节约电能的角度考虑，大于 11kW 的电动机不宜用此方法。

（2）自耦减压启动。利用自耦变压器的多抽头减压，既能满足不同负载起动的需要，又能得到更大的启动转矩，是一种经常被用来起动较大容量电动机的减压启动方式。它的最大优点是启动转矩较大，当其绕组抽头在 80% 处时，启动转矩可达直接启动时的 64%，并且可以通过抽头调节启动转矩的大小。自耦减压启动方式被广泛应用于发电领域。

（3）丫-△启动。对于正常运行的定子绕组为三角形接法的笼型异步电动机来说，如果在启动时将定子绕组接成星形，待启动完毕后再接成三角形，则可以降低启动电流，减轻电流对电网的冲击，这样的启动方式称为星三角降压启动（简称丫-△启动）。采用丫-△启动时，启动电流是按三角形接法直接启动时的 1/3，即采用丫-△启动时，启动转矩也降为按三角形接法直接启动时的 1/3。除此之外，丫-△启动方式还有一个优点，即当负载较轻时，可以让电动机在星形接法下运行。此时，额定转矩与负载可以匹配，这样能使电动机的效率有所提高，并且节约了电力消耗。丫-△启动的适用于无载或者轻载启动的场合

（4）软启动器。这是利用了晶闸管的移相调压原理来实现电动机的调压启动，主要用于电动机的启动控制，启动效果好但成本较高。因使用了晶闸管元件，所以其工作时谐波干扰较大，对电网有一定的影响。另外电网的波动也会影响晶闸管元件的导通，特别是同一电网中有多台晶闸管设备时，电网的波动对其影响更显著，因此晶闸管元件的故障率较高，因为涉及电力电子技术，所以对维护技术人员的要求也较高。

（5）变频器。变频器是现代电动机控制领域技术含量最高、控制功能最全、控制效果最好的电动机控制装置。它通过改变电网的频率来调节电动机的转速和转矩，主要用在需要调速并且对速度控制要求高的领域。因为涉及电力电子技术和计算机技术，所以其成本高，对维护技术人员的要求也高。

2. 改变电动机转速的方法

（1）电压调速。通过改变电枢电压，来改变电动机的转速。其规律是：转速随电压升高

而加大，随电压降低而减小。电压调速属于恒转矩调速，在实际应用中多采用此方法。

（2）电枢回路串电阻调速。通过在电枢回路串入不同数值的电阻 R_{ad}，使机械特性斜率 β 变大，从而转速变大，反之转速下降。电枢回路串电阻调速属于恒转矩调速，多为有级调速。

（3）电磁调速。通过改变励磁电压，来改变电动机的转速。其规律是：转速随电压降低而加大，随电压升高而减小。电磁调速属于恒功率调速，但在弱磁调速中，励磁电压一定要有，如果没有励磁电压将会产生"飞车"现象，十分危险。

2.1.5　直流电动机的常见故障及处理方法

1. 电刷下火花过火

直流电动机的故障是多种多样的，产生故障的原因较为复杂，并且相互影响。多数故障是从换向火花的增大反映出来的。换向火花有 1、1.25、1.5、2、3 级。微弱的火花对电动机运行并无危害，如果火花范围扩大和程度加剧，就会烧灼换向器及电刷，甚至使电动机不能运行，火花等级及电动机运行情况如表 2-1 所示。

表 2-1　　　　　　　　　火花等级及电机运行情况表

火花等级	程度	换向器及电刷的状态	电动机进行情况
1	无火花	换向器上没有墨痕，电刷上没有灼痕	允许长期连续运行
1.25	电刷边缘仅小部分有微弱的点状火花或有非放电性的红色小火花		
1.5	电刷边缘大部分或全部有轻微的火花	换向器上有墨痕出现，但不发展，用汽油即能擦除，同时在电刷上有轻微的灼痕	
2	电刷边缘大部分或全部有较强烈的火花	换向器上有墨痕出现，用汽油不能擦除，同时电刷上有灼痕（如短时出现一级火花，换向器上不会出现灼痕，电刷不致被烧焦或损坏）	仅在短时过载或短时冲击负载时允许出现
3	电刷的整个边缘有强烈的火花（即环花），同时有大火花飞出	换向器上的墨痕相当严重，用汽油不能擦除，同时电刷上有灼痕（如在这一级火花等级下短时运行，则换向器上将出现灼痕，同时电刷将被烧焦或损坏）	仅在直接启动或逆转的瞬间允许存在，但不得损坏换向器及电刷

产生火花的原因及检查方法如下：

（1）电动机过载。当判断为电动机过载造成火花过大时，可测电动机电流是否超过额定值。如电流过大，说明电动机过载。

（2）电刷与换向器接触不良。①换向器表面太脏；②弹簧压力不大合适，可用弹簧秤或凭经验调节弹簧压力；③在更换电刷时，错换了实际型号的电刷；④电刷与电刷握间隙配合太紧或太松，配合太紧可用砂布磨研，如配合太松需更换电刷；⑤接触面太小或电刷方向反了，接触面太小主要是在更换电刷时研磨方法不当造成的，正确的方法是：用 00 号细砂布压在电刷与换向器之间（带砂的一面对着电刷，紧贴在换向器表面上，不能将砂布拉直），砂布顺着电动机工作转向移动。

（3）刷握松动。电刷排列不成直线。电动机在运行中如果电刷不成直线，会影响换向。电刷位置偏差越大，火花越大。

（4）电枢振动造成火花过大。轴承磨损造成电枢与磁场极上部的间隙过大，下部间隙过小，由于间隙不均匀，造成电枢绕组各支路内的电压不同，其内部产生的均压电流使电刷产生火花。轴线找得不正确，用皮带传动的电动机，皮带过紧，都会使电枢振动，造成火花过大。

（5）换向片间短路。电刷粉末、换向器铜粉充满换向沟中换向片间短路修换向器时形成毛刷，没有及时清除。

（6）电刷位置不在中性线上。由于修理过程中，移动不当或刷架螺栓松动，使电刷偏离中性线造成电刷火花过大，必须重新调节中性点。其方法是：

1）直接调整法。首先松开固定的刷架的螺栓，戴上绝缘手套，用两手拉紧刷架，然后开车，用手慢慢向电动机旋转方向转动刷架。如火花增大或不变，可改变方向反向旋转，直到火花最小为止。

2）感应法。当电枢静止时，将毫伏表接到相邻的两组电刷上（电刷与换向器接触要良好），励磁绕组通过开关 K 接到 1.5～3V 的直流电源上。交替接通和断开励磁绕组所在电路，毫伏表指针会左右摆动。这时，将电动机刷架顺电动机旋转方向或逆方向移动，直至毫伏表指针基本不动时，电刷架位置即在中性点位置。

3）正反转电动机法。对于允许逆转的直流电动机，先使电动机顺转，后逆转，随时调整电刷位置，直到正反转速一致时，电刷所在的位置即为中性点的位置。

（7）换向极绕组接反。判断的方法是：取出电枢，电动机通以低压直流电。用小磁针试验换向极极性，顺着电动机旋转方向，发电机为 n-N-z-s-S，电动机为 n-S-s-N（其中大写字母为主磁极极性，小写字母为换向极极性）。

（8）换向极磁场太强或太弱。换向极磁场太弱会出现以下现象：①绿色针状火花；②火花的位置在电刷与换向器的滑入端；③换向器表面对称烧伤。对于电动机，可将电刷顺着旋转方向移动一个适当的角度。

换向极磁场太强会出现：火花位置在电刷与换向器的滑出端。对于电动机，则需将电刷逆着旋转方向移动一个适当角度。

（9）换向器变形或偏心。换向器变形或偏心除制造原因外，主要是修理方法不当造成的。

（10）换向片间云母凸起。对换向片槽挖削时，边缘云母片未能清除干净，待换向片磨损后，云母片便突出，造成火花。

2. 电动机不能起动

（1）电动机无电源或电源电压过低。

（2）电动机启动后有"嗡嗡"声而不转的原因为过载。

（3）电动机空载仍不能启动。可串上电流表测量电枢电路电流，电流小的原因可能是：电路电阻大；电刷与换向器接触不良；电刷卡住。如果电流过大（超过额定电流），可能的原因有：电枢严重短路；励磁电路断路。

3. 电动机转速不正常

（1）转速高。原因为：串励电动机空载启动；积复励电动机，串励绕组接反；磁场线圈断线（指两路并联的绕组）；磁场电阻过大。

（2）转速低。原因为：电枢不在中性线上；电枢绕组短路或接地。对于电枢绕组接地，可用校验灯检查。

4. 电枢绕组过热或烧毁

（1）长期过载，换向磁极或电枢短路。

（2）电压过低。

（3）电动机正反转过于频繁。

5. 磁场线圈过热

（1）并励绕组部分短路。可用电桥测量每个线圈的电阻，检查每一绕组电阻是否相符或接近，电阻值相差很大的绕组应拆下重绕。

（2）电动机转速太低。应提高转速至额定值。

6. 电枢振动

（1）电枢平衡未校好。

（2）检修时风叶装错位置或平衡块移动。

2.2 三相异步电动机

2.2.1 三相异步电动机的基本工作原理和基本结构

1. 三相异步电动机的基本工作原理

三相异步电动的工作原理：当电动机的三相定子绕组（各相差 $120°$ 电角度），通入三相对称交流电后，将产生一个旋转磁场，该旋转磁场切割转子绕组，其方向可由右手定则来判断，其工作原理如图 2-9 所示，转子上半部导体中的电动势方向都是进入纸面，下半部导体中的电动势方向都是穿出纸面，在转子回路闭合的情况下，转子导体中就有电流流通。如不考虑转子绕组电感，那么电流的方向与电动势的方向相同。转子载流导体中在旋转磁场中将受到电磁力 f_{em} 的作用，导体所受电磁力的方向可用左手定则来判定。如图 2-9 所示，转子上各导条都受到逆时针方向的力，这些力对转子形成了一个逆时针的电磁转矩 T_{em}，在电磁转矩 T_{em} 的作用下转子以逆时针方向旋转，其转速与旋转磁场方向相同。

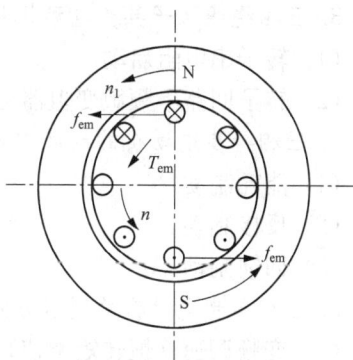

图 2-9 三相异步电动机的工作原理图

2. 三相异步电动机的基本机构

笼型三相异步电动的结构图如图 2-10 所示，主要由静止的定子和旋转的转子组成，定子由定子铁芯、定子绕组和机座组成，转子由转子铁芯，转子绕组和转轴等组成。

2.2.2 三相异步电动机的启动、制动、调速

1. 三相异步电动机启动要求

（1）T_{st} 尽可能大。

（2）I_{st} 不要太大。

2. 三相笼型异步电动机启动方式

（1）全压起动和减压启动。

（2）减压起动分定子串电阻启动。

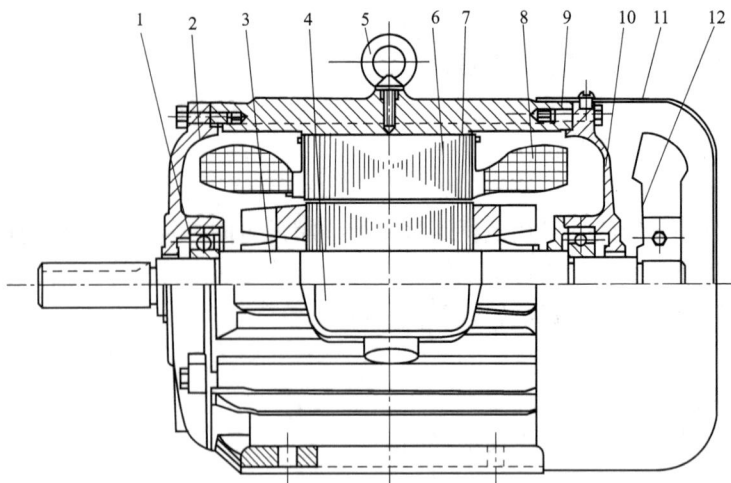

图 2-10　笼型三相异步电动机的结构图

1—轴承；2—前端盖；3—转轴；4—接线盒；5—吊攀；6—定子铁芯；7—转子；
8—定子绕组；9—机座；10—后端盖；11—风罩；12—风扇

（3）串自耦变压器启动。

（4）丫/△启动。

3. 三相绕线转子异步电动机启动方式

（1）转子串电阻启动。

（2）转子回路串频敏变阻器启动。

4. 三相异步电动机的制动方式

（1）能耗制动。

（2）反接制动。

（3）回馈制动。

5. 三相异步电动机的调速方式

（1）变频调速（恒转矩调速）。

（2）变极调速（恒功率调速）。

（3）变转差率调速。

2.2.3　三相异步电动机的常见故障及处理方法

1. 通电后电动机不能转动，但无异响，也无异味和冒烟

（1）故障原因：

1）电源未通（至少有两相未通）。

2）熔丝熔断（至少有两相熔断）。

3）过电流继电器调得太小。

4）控制设备接线错误。

（2）故障处理方法：

1）检查电源回路开关、熔丝、接线盒处是否有断点，若有则修复。

2）检查熔丝型号、熔断原因，换新熔丝。

3）调节继电器整定值与电动机配合。

4）改正接线。

2. 接通后电动机不转，然后熔丝烧断

（1）故障原因：

1）缺一相电源，或定子线圈一相接反。

2）定子绕组相间短路。

3）定子绕组接地。

4）定子绕组接线错误。

5）电源线短路或接地。

（2）故障处理方法：

1）检查刀闸是否有一相未合好，或电源线有一相断线，从而消除接反故障。

2）查处短路点，予以修复。

3）消除接地故障。

4）查出误接，予以更正。

5）换熔丝。

3. 通电后电动机不转有"嗡嗡"声

（1）故障原因：

1）定、转子绕组有断路（一相断线）或电源一相失电。

2）绕组引出线始末端接错或绕组内部接反。

3）电源回路接点松动。

4）电动机负载过大或转子卡住。

5）电源电压过低。

6）小型电动机装配太紧或轴承内油脂过硬。

7）轴承卡住。

（2）故障处理方法：

1）查明断点予以修复。

2）检查绕组极性，判断绕组末端是否正确。

3）紧固松动的接线螺钉。

4）用表判断各相接点是否假接，予以修复。

5）减载或查出并消除机械故障，检查是否把规定的接法误接为丫，是否由于电源导线过细使压降过大，予以纠正。

6）重新装配使之灵活，更换合格油脂。

7）修复轴承。

4. 电动机启动困难，额定负载时，电动机转速低于额定转速较多

（1）故障原因：

1）电源电压过低。

2）△接法电动机误接为丫。

3）笼型异步电动机转子开焊或断裂。

4）定、转子局部线圈错接、接反。

5）修复电动机绕组时，增加匝数过多。

6）电动机过载。

（2）故障处理方法：

1）测量电源电压，调整电动机供电电压为额定电压。

2）纠正接法。

3）检查开焊和断电并修复。

4）查出误接处并予以改正。

5）恢复正确匝数。

6）使电动机减载。

5. 电动机空载差异不平衡，三相阻抗差异大

（1）故障原因：

1）重绕时，定子三相匝数不相等。

2）绕组首尾端接错。

3）电源电压不平衡。

4）绕组存在匝间短路，线圈接反等故障。

（2）故障处理方法：

1）重新绕制定子绕组。

2）检查并纠正。

3）测量电源电压，设法消除平衡。

4）消除绕组故障。

6. 电动机空载过负载时，电流表指针不稳定

（1）故障原因：

1）笼型异步电动机转子导条开焊或断条。

2）绕线型转子故障（一相断路）或电刷、集电环短路装置接触不良。

（2）故障处理方法：

1）查出断条，予以修复或更换转子。

2）检查绕组线圈转子回路并加以修复。

7. 电动机空载电流平衡，但其数值较大

（1）故障原因：

1）修复时，定子绕组匝数减少过多。

2）电源电压过高。

3）丫接电动机误接为△。

4）电动机装配中，转子装反，是定子铁芯未对齐，有效长度减短。

5）气隙过大或不均匀。

6）大修拆除旧绕组时，使用热拆法不当，使铁芯烧掉。

（2）故障处理方法：

1）重绕定子绕组，恢复正确匝数。

2）设法恢复额定电压。

3）按规定接线方式重接电动机。

4）重新装配。

5) 更换新转子或调整气隙。

6) 检修铁芯或重新计算绕组，适当增加匝数。

8. 电动机运行时响声不正常，有异响

(1) 故障原因：

1) 转子与定子绝缘纸或槽楔相擦。

2) 轴承摩擦或油内有沙粒等异物。

3) 定、转子铁芯松动。

4) 轴承缺油。

5) 风道填塞或风扇擦风罩。

6) 转、定子铁芯相擦。

7) 电源电压过高或不平衡。

8) 定子绕组接错或短路。

(2) 故障处理方法：

1) 修剪绝缘，削低槽楔。

2) 更换轴承或清洗轴承。

3) 检修定子、转子铁芯。

4) 添加油脂。

5) 清理风道，重新安装。

6) 消除擦痕，必要时车磨内小转子。

7) 检查并调电源电压。

8) 消除定子绕组故障。

9. 运行中电动机振动较大

(1) 故障原因：

1) 由于摩擦轴承间隙较大。

2) 气隙不均匀。

3) 转子不平衡。

4) 转轴弯曲。

5) 铁芯变形或松动。

6) 联轴器（皮带轮）中心未校正。

7) 风扇不平衡。

8) 机壳强度不够。

9) 电动机地脚螺栓松动。

10) 笼型异步电动机转子开焊断路，定子绕组故障。

(2) 故障处理方法：

1) 检修轴承，必要时更换。

2) 调整气隙使之均匀。

3) 校正转子动平衡。

4) 校直转轴。

5) 校正重叠铁芯。

6）重新校正，使之符合规定。

7）检修风扇，校正平衡，纠正几何形状。

8）进行加固。

9）紧固地脚螺栓。

10）修复转子绕组，修复定子绕组。

10. 轴承过热

（1）故障原因：

1）油脂过多或过少。

2）油质不好含有杂质。

3）轴承与轴颈或端盖配合不当（过松或过紧）。

4）轴承内孔偏心，与轴相擦。

5）电动机端盖或轴承盖未装平。

6）电动机与负载间联轴器未校正，或皮带过紧。

7）轴承间隙过大或过小。

8）电动机轴弯曲。

（2）故障处理方法：

1）按规定加润油脂（容积的 1/3～2/3）。

2）更换清洁的润滑油脂。

3）过松可用黏结剂修复，过紧应车磨轴颈或端盖内孔，使之适合。

4）修理轴承盖，消除擦点。

5）重新装配。

6）重新校正，调整皮带张力。

7）更换新轴承。

8）校正电动机轴或更换转子。

11. 电动机过热甚至冒烟

（1）故障原因：

1）电源电压过高，使铁芯发热大大增加。

2）电源电压过低，电动机又带额定负载运行，电流过大使绕组发热。

3）修理拆除绕组时，采用热拆法不当，烧伤铁芯。

4）定、转子铁芯相擦。

5）电动机过载或频繁启动。

6）笼型异步电动机转子断条。

7）电动机缺相，两相运行。

8）重绕后定子绕组浸漆不充分。

9）环境温度高电动机表面污垢多或通风道堵塞。

10）电动机风扇故障，通风不良；定子绕组故障（相间、匝间短路定子绕组内部连接错误）。

（2）故障处理方法：

1）降低电源电压（如调整供电变压器分接头），若是电动机丫、△接法错误引起，则应改正接法。

2）提高电源电压或换粗供电导线。

3）检修铁芯，排除故障。

4）消除擦点（调整气隙或挫、车转子）。

5）减载并按规定次数控制启动。

6）检查并消除转子绕组故障。

7）恢复三相运行。

8）采用二次浸漆及真空浸漆工艺。

9）清洗电动机，改善环境温度，采用降温措施。

10）检查并修复风扇，必要时更换。

11）检修定子绕组，消除故障。

2.3　步进电动机

2.3.1　步进电动机的概述

步进电动机是一种将电脉冲信号转换成角位移或线位移的机电元件。步进电动机的输入量是脉冲序列，输出量则为相应的增量位移或步进运动。正常运动情况下，它每转一周具有固定的步数，做连续步进运动时，其旋转转速与输入脉冲的频率保持严格的对应关系，不受电压波动和负载变化的影响。由于步进电动机能直接接受数字量的控制，所以特别适宜采用计算机对其进行控制。

2.3.2　步进电动机的分类

旋转式步进电动机有反应式、永磁式和永磁感应式三种。

（1）反应式步进电动机。结构简单、步距角较小、启动和运行频率高、但消耗功率较大、断电后无定位力矩。

（2）永磁式步进电动机。消耗功率小，断电时有定位力矩，但步距角较大，启动和运行时频率较低并需要正负电源供电。

（3）永磁感应式电动机。兼有前两种电动机的优点，结构简单，但需要正负电源供电。

现代应用最多的是反应式电动机，直线式步进电动机有反应式和索耶式两类。

2.3.3　步进电动机的失步原因及解决方法

（1）转子的加速度慢于步进电动机的旋转磁场。转子的加速度慢于步进电动机的旋转磁场，即低于换相速度时，步进电动机会产生失步。这是因为输入电动机的电能不足，在步进电动机中产生的同步力矩无法使转子速度跟随定子磁场的旋转速度，从而引起失步。由于步进电动机的动态输出转矩随着连续运行频率的上升而降低，所以凡是比该频率高的工作频率都将产生失步。这种失步说明步进电动机的转矩不足，拖动能力不够。

解决方法：

1）使步进电动机本身产生的电磁转矩增大。为此可在额定电流范围内适当加大驱动电流；在高频范围转矩不足时，可适当提高驱动电路的驱动电压；改用转矩大的步进电动机等。

2）使步进电动机需要克服的转矩减小。为此可适当降低电动机运行频率，以便提高电动机的输出转矩；设定较长的加速时间，以便转子获得足够的能量。

（2）转子的平均速度高于定子磁场的平均旋转速度。转子的平均速度高于定子磁场的平均旋转速度，这时定子通电励磁的时间较长，此时间大于转子步进一步所需的时间，则转子在步进过程中获得了过多的能量，使得步进电动机产生的输出转矩增大，从而使电动机越步。当用步进电动机驱动那些使负载上、下动作的机构时，更易产生越步现象，这是因为负载向下运动时，电动机所需的转矩减小。

解决方法：减小步进电动机的驱动电流，以便降低步进电动机的输出转矩。

（3）步进电动机及所带负载存在惯性。由于步进电动机自身及所带负载存在惯性，使得电动机在工作过程中不能立即启动和停止，而是在启动时出现失步现象，在停止时发生越步现象。

解决方法：通过一个加速和减速过程，即以较低的速度启动，而后逐渐加速到某一速度运行，再逐渐减速直至停止。进行合理、平滑的加减速控制是保证步进驱动系统可靠、高效、精确运行的关键。

（4）步进电动机产生共振。共振也是引起失步的一个原因。步进电动机处于连续运行状态时，如果控制脉冲的频率等于步进电动机的固有频率，将产生共振。在一个控制脉冲周期内，振动得不到充分衰减，则下一个脉冲很快来到，因而在共振频率附近动态误差最大并会导致步进电动机失步。

解决方法：适当减小步进电动机的驱动电流；采用细分驱动方法；采用阻尼方法，包括机械阻尼法。

2.3.4 步进电动机的通电方式

步进电动机有单相轮流通电、双向轮流通电、单双相轮流通电 3 种通电方式。以三相步进电动机为例，它的通电方式如下。

（1）三相单三拍。其通电顺序为：A—B—C—A。"三相"是指定子绕组是三绕组；定子绕组每改变一次通电方式为"一拍"；"单"是指每次只有一相绕组通电；"三拍"是指每改变三次通电方式才能完成一次通电循环，转子转过一个齿。

这种方式每次只有一相通电，容易使转子在平衡位置上发生振荡，稳定性不好。而且在转换时，由于一相断电时，另一相刚开始通电，易失步（指不能严格地对应一个脉冲转一步），因而不常采用这种通电方式。

（2）双相双三拍。其通电顺序为：AB—BC—CA—AB。

这种通电方式由于两相同时通电，转子受到的感应力矩大，静态误差小，定位精度高，而且转换时始终有一相通电，使工作稳定，不易失步。

（3）三相六拍。其通电顺序为：A—AB—B—BC—C—CA—A。

这是单、双相轮流通电的方式，它具有双拍的特点，且由于通电状态数增加一倍，而使步距角减少一半。

步距角 θ_s 为

$$\theta_s = \frac{360^\circ}{mZ_R C}$$

式中　Z_R——转子齿数；

C——运行状态系数，单拍或双拍方式，$C=1$；单、双拍混合方式，$C=2$。

步进电动机的转速 n 为

$$n = \frac{\theta_s f}{360^\circ} \times 60$$

即有
$$n = \frac{360°}{mZ_{R}C} \times \frac{f}{360°} \times 60 = \frac{60f}{mZ_{R}C}$$

2.3.5　步进电动机的驱动电源

步进电动机应由专门的驱动电源来供电，步进电动机的驱动电源主要包括变频信号电源、脉冲分配器、脉冲放大。

步进电动机的功率驱动电路分单极性驱动电路和双极性驱动电路。单极性驱动电路分为单电压驱动和双电压驱动。单电压驱动的特点是：线路简单，功放元件少，成本低，效率低；双电压驱动，双电压法在低频段使用较低的电源驱动，在高频段使用较高电压驱动，特点是：保证了低频段仍然只有单电压驱动的特点，在高频段具有良好的高频性质，但仍没有摆脱单电压驱动的弱点，限流电阻仍然会产生损耗和发热。高低电压法指不论电动机工作频率如何，在绕组通电开始用高压供电，使绕组中电流迅速上升，而后用低压来维持绕组中的电流。目前普遍应用高低压驱动法，由于这种驱动在低频时电流有较大的上冲，电动机低速声较大，低频共振现象存在，使用时要注意斩波驱动，供电只需单电源。

2.3.6　步进电动机的特性

步进电动机有一个技术参数为空载启动频率，即步进电动机在空载情况下能够正常启动的脉冲频率，如果脉冲频率高于该值，电动机不能正常启动，可能发生失步或堵转情况。在有负载的情况下，启动频率应更低，如果要使电动机达到高速转动，脉冲频率应该有加速过程，即启动频率较低，然后按一定加速度升到所希望的高频（即电动机转速从低速升到高速）。

步进电动机的特点：①一般步进电动机的精度为步距角的 $3\%\sim5\%$，且不累积；②步进电动机外表允许的最高温度；③步进电动机的力矩会随转速的升高而下降；④步进电动机低速时可以正常运转，但若高于一定速度就无法启动，并伴有啸叫声；⑤高性能、无刷、免维护，步进电动机可提供非常精确和经济的运动控制。

2.4　单相异步电动机

2.4.1　单相异步电动机的基本结构

单相异步电动机是靠 220V 单相交流电源供电的一类电动机，它适用于只有单相电源的小型工业设备和家用电器中。

单相异步电动机由定子、转子、轴承、机壳、端盖等构成。其结构示意图如图 2-11 所示。

2.4.2　单相异步电动机的分类

按启动方法和相应结构的不同，单相电动机有罩极式电动机、分相式电动机、电容式电动机等 3 大类。

罩极式电动机具有结构简单、制造方便、造价低廉、使用可靠、故障率低的特点。它多用于轻载启动的负荷。凸极式集中绕组罩极电动机常用于电风扇、电唱机等。隐极式分布绕组罩极电动机则用于小型鼓风机、油泵等。

分相式电动机具有结构简单、造价低廉、使用方便、故障率低的特点。分相式电动机的启动转矩一般是满载转矩的 2 倍，因此它的应用范围很广，如电冰箱、空调机的配套电动

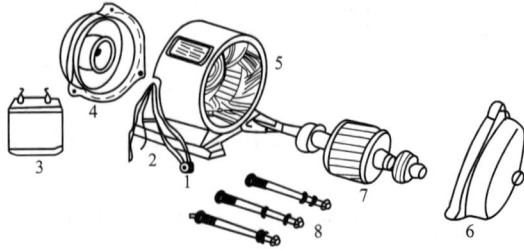

图 2-11　单相异步电动机的结构示意图

1—电源接线；2—机座；3—电容器；4—后端盖；
5—定子；6—前端盖；7—转子；8—紧固螺杆

机。单相分相式电动机具有中等启动转矩和过载能力，适用于低惯量负载、不经常启动、负载可变而要求转速基本不变的场合，如小型车床、鼓风机、电冰箱压缩机、医疗器械等。

单相电容式电动机又分为单相电容启动式电动机、单相电容运转式电动机、单相电容启动与运转式电动机。单相电容启动式电动机具有较高的启动转矩，一般达到满载转矩的 3～5 倍，故能适用于满载启动的场合，多用于电冰箱、水泵、小型空气压缩机及其他需要满载启动的电器和机械中。单相电容运转式电动机的启动转矩较低，但功率因数和效率比较高。它体积小、重量轻、运行平稳、振动与噪声小、可反转、能调速，适用于直接与负载连接的场合，如电风扇、通风机、录音机及各种空载或轻载启动的机械。单相电容启动与运转式电动机具有较好的启动性能，较高的功率因数、效率和过载能力，可以调速，适用于带负载启动和要求低噪声的场合，如小型机床、泵、家用电器等。

2.4.3　单相异步电动机的常见故障及解决方法

（1）单相异步电动机能转动但不能自行启动。这种现象出现在接通电源的情况下，这时转子并不转，而在用手帮助启动后又能正常旋转。这说明定子绕组是能正常工作的，问题在启动绕组或短路环。

对于分相式电动机，出现这种情况，原因可能为：①分相电容损坏；②离心开关损坏；③绕组断路。

对于罩极式电动机，这种现象的出现一般说来是短路环断路引起的，拆开电动机把短路环修好即可。

（2）单相异步电动既不能启动，也不能在手工助动后运转。这说明定子主绕组断路，或主绕组断路再加上起动绕组回路断路。

（3）吊扇电动机转速慢。一般是内部绕组出现故障。

2.5　伺　服　电　动　机

2.5.1　伺服电动机的概述

伺服电动机是指在伺服系统中控制机械元件运转的发动机，是一种补助马达间接变速装置。伺服电动机可使控制速度，位置精度非常准确，可以将电压信号转化为转矩和转速以驱动控制对象。伺服电动机转子转速受输入信号控制，并能快速反应，在自动控制系统中，用作执行元件，且具有机电时间常数小、线性度高、始动电压等特性，可把所收到的电信号转换成电动机轴上的角位移或角速度输出。

2.5.2　伺服电动机的分类

伺服电动机分为直流伺服电动机和交流伺服电动机两大类，其主要特点是：当信号电压为零时无自转现象，转速随着转矩的增加而匀速下降。

（1）直流伺服电动机。直流伺服电动机分为有刷直流伺服电动机和无刷直流伺服电动机。

有刷直流伺服电动机具有成本低、结构简单、启动转矩大、调速范围宽、控制容易、需要维护等特点，但维护方便（换电刷），会产生电磁干扰，对环境有要求。因此它可以用于对成本敏感的普通工业和民用场合。

无刷直流伺服电动机具有体积小、重量轻、出力大、响应快、速度高、惯量小、转动平滑、力矩稳定等特点。但其控制复杂，容易实现智能化，其电子换相方式灵活，可以方波换相或正弦波换相。无刷电动机具有免维护、效率高、运行温度低、电磁辐射小、寿命长等优点，可用于各种环境。

（2）交流伺服电动机。交流伺服电动机的工作原理与交流感应电动机相同。在定子上有两个相空间位移 $90°$ 电角度的励磁绕组 W_f 和控制绕组 W_c。W_f 接一恒定交流电压，利用施加到 W_c 上的交流电压或相位的变化，达到控制电动机运行的目的。交流伺服电动机具有运行稳定、可控性好、响应快速、灵敏度高以及机械特性和调节特性的非线性度指标严格（要求分别小于 15% 和小于 25%）等特点。

交流伺服电动机也是无刷电动机，分为同步伺服电动机和异步伺服电动机，目前运动控制中一般都用同步伺服电动机，它的功率范围大，可以达到很大的功率；惯量大；最高转动速度低，且可随着功率增大而快速降低，因而适合做低速平稳运行的应用，如输入或输出为交流电能的旋转电动机。交流电动机分定子绕组和转子导体。转子导体形状像鼠笼，导体与导体之间用硅钢片，有的交流电动机转子也有绕组。交流伺服电动机转子是高阻抗的金属合金制成的，定子上的线圈有两组，分为励磁线圈和力矩线圈。励磁线圈以固定的频率给转子励磁；力矩线圈负责提供转动的力矩，这两组线圈都在驱动器的带动下工作。自带的称为旋转编码器，精度是分度数（转动一周发出的脉冲数）。

到目前为止，高性能的电伺服系统大多采用永磁同步型交流伺服电动机，控制驱动器多采用快速、准确定位的全数字位置伺服系统。

（3）伺服电动机之间的比较。

1）永磁交流伺服电动机同直流伺服电动机比较。永磁交流伺服电动机的主要优点有：①无电刷和换向器，因此工作可靠，对维护和保养要求低；②定子绕组散热比较方便；③惯量小，易于提高系统的快速性；④适应于高速大力矩工作状态；⑤同功率下有较小的体积和重量。

2）交流伺服电动机与单相异步电动机比较。两者虽然相似，但前者的转子电阻比后者大得多，所以伺服电动机与单机异步电动机相比，有三个显著特点：①启动转矩大；②运行范围较广；③无自转现象。

正常运转的伺服电动机，只要失去控制电压，电动机立即停止运转。

所以交流伺服电动机运行平稳、噪声小。但控制特性是非线性，并且由于转子电阻大，损耗大，效率低，因此与同容量直流伺服电动机相比，体积大、重量重，所以只适用于 $0.5\sim100W$ 的小功率控制系统。

2.6　测速发电机

2.6.1　测速发电机概述

测速发电机广泛用于各种速度或位置控制系统。在自动控制系统中作为检测速度的元件，以调节电动机转速或通过反馈来提高系统稳定性和精度；在解算装置中可作为微分、积分元件，也可作为加速或延迟信号用或用来测量各种运动机械在摆动或转动以及直线运动时的速度。测速发电机分为直流测速发电机和交流测速发电机两种。

2.6.2　直流测速发电机

（1）直流测速发电机概述。直流测速发电机实际上是一种微型直流发电机。它把转速信号转换成直流电压信号输出。

直流测速发电机可分为励磁式（电磁式）和永磁式两种。励磁式由励磁绕组接成他励，不仅复杂且因励磁受电源、环境等因素的影响，输出电压变化较大，应用较少。永磁式采用矫顽力高的磁钢制成磁极。由于永磁式不需另加励磁电源，也不因励磁绕组温度变化而影响输出电压，故应用较广。直流测速发电机的工作原理与一般直流发电机相同。

（2）自动控制系统对测速发电机的要求。①输出电压与转速成线性关系；②正反转的特性一致；③输出特性的灵敏度高；④电动机的转动惯性量小；⑤输出特性斜率要大。

（3）直流测速发电机的误差产生原因。测速发电机产生误差的原因有很多，主要有：电枢反应、换向延迟、电刷与换向器的接触电阻和接触电压、换向纹波、火花和电磁干扰等。

1）减小电枢反应。①设计发电机时，适当增加测速发电机的气隙；②使用时，负载电阻不得小于规定的电阻，转速不得高于规定转速；③对电磁式测速机，加装补偿绕组。

2）电刷与换向器的接触电阻影响。特性下移，出现不灵敏区。消除方法为采用接触压降小的电刷。

3）温度影响的消除方法。①设计发电机时，使磁路趋于饱和；②使用时，在励磁回路串一温度系数小的大电阻；③采用恒流源励磁。

4）换向延迟的影响。可采用限制转速的措施来削弱换向延迟所产生的去磁作用。

5）换向波纹的影响。测速发电机转速的变化、电刷与换向器之间的接触不良、齿槽效应、气隙不均匀等，这些都会引起输出电压的脉动。为了削弱纹波的影响，除尽量增加换向片数外，还可以采用无槽电枢结构，或在输出电压电流中加滤波电路。

（4）直流测速发电机的技术数据。其性能指标有：

1）线性误差 $\Delta U_b\%$，一般 $\Delta U\%=1\%\sim2\%$，精密 $\Delta U\%$ 为 $0.1\%\sim0.2\%$。CYD 系列永磁式低速直流测速发电机的线性误差为 $0.5\%\sim1\%$。精度的测速发电机，要求线性误差达到 $0.1\%\sim0.25\%$。

2）最大线性工作转速即测速发电机的额定转速。

3）负载电阻 R_L：不超过允许的误差范围的最小负载电阻。

4）不灵敏区 n_{b1}：在 $n\leqslant n_{b1}$ 时，输出电压 $U_a=0$。

5）输出电压的不对称度 K_{u_b} 公式为

$$K_{u_b} = \Delta U/U_{av} \times 100\%$$

一般不对称度 K_{u_b} 为 $0.35\%\sim2\%$。

式中，ΔU 为正反转时，输出电压的绝对值之差；U_{av} 为输出电压的平均值。

6）纹波系数 K_u：一般小于 1%。

7）输出斜率：空载时为 $5\sim20V/(k_r \cdot min^{-1})$。特殊结构：$40\sim50V/(k_r \cdot min^{-1})$。

2.6.3　交流测速发电机

（1）交流测速发电机分类。交流测速发电机有空心杯转子异步测速发电机、笼型转子异步测速发电机和同步测速发电机 3 种。

空心杯转子异步测速发电机，主要由内定子、外定子及在它们之间的气隙中转动的杯形转子所组成。励磁绕组、输出绕组嵌在定子上，彼此在空间相差 90°电角度。杯形转子是由非磁性材料制成的。当转子不转时，励磁后由杯形转子电流产生的磁场与输出绕组轴线垂直，输出绕组不感应电动势；当转子转动时，由杯形转子产生的磁场与输出绕组轴线重合，在输出绕组中感应的电动势大小正比于杯形转子的转速，而频率和励磁电压频率相同，与转速无关。反转时，输出电压相位也相反。杯形转子是传递信号的关键，其质量好坏对发电机性能起很大作用。由于它的技术性能比其他类型交流测速发电机优越，结构不是很复杂，同时噪声低，无干扰且体积小，是目前应用最为广泛的一种交流测速发电机。

笼型转子异步测速发电机，与交流伺服电动机相似，因输出的线性度较差，仅用于要求不高的场合。

同步测速发电机，以永久磁铁作为转子的交流发电机。由于输出电压和频率随转速同时变化，又不能判别旋转方向，使用不便，在自动控制系统中用得很少，主要供转速的直接测量用。

（2）交流测速发电机的输出特性误差。

1）输出特性线性误差。为了减少输出特性的线性误差，应设法减少定子绕组的漏阻抗和增大转子电阻。但减少定子阻抗，会使定子槽面积增大，发电机的体积也要相应增大。因此为了减少输出电压误差，一般采用增大转子电阻的方法，即用高电阻率材料制成的空心杯转子。此外，由于减少发电机的转子转速对同步转速的相对转速也可降低输出电压的最大误差，故可通过提高电源频率 f 以增大异步测速发电机的同步转速来减少输出电压的误差。

2）输出电压相位移及相位误差。相位移是由励磁绕组的漏阻抗压降引起的。

3）剩余电压。产生原因为定子绕组 N1 与 N2 不正交或是气隙不均匀，是由于制造精度不能满足要求所造成的，采用补偿绕组外接补偿电压，提高加工质量等措施，可以减少剩余电压。

2.6.4　测速发电机的应用

测速发电机的作用是将机械速度转换为电气信号，常用作测速元件、校正元件、解算元件和角加速度信号元件，与伺服电动机配合，广泛使用与许多速度控制或位置控制系统中，如在稳速控制系统中，测速发电机将速度转换为电压信号作为速度反馈信号，可达到较高稳定性和较高的精度。

2.7　其他电动机

2.7.1　直流无刷电动机

直流无刷电动机是同步电动机的一种，也就是说电动机转子的转速受电动机定子旋转磁场的速度及转子极数（P）影响 $N=120f/P$。在转子极数固定情况下，改变定子旋转磁场的频率就可以改变转子的转速。

直流无刷电动机由一台同步电动机、一组转子位置检测器和一套受位置检测器控制的自控式逆变器组成。中小型电动机的逆变器一般由三极管组成；大型电动机的逆变器通常采用晶闸管构成，所以称为晶闸管电动机。

2.7.2　直流力矩电动机

1. 直流力矩电动机概述

直流力矩电动机，是力矩电动机的一种，以直流电作为电源的力矩电动机。它是一种具有软机械特性和宽调速范围的特种电动机。这种电动机的轴不是以恒功率输出动力而是以恒力矩输出动力。直流力矩电动机可以以较小输出转矩，而有较高的输出转速，转速和输出扭力独立进行调节，使用方便，操作简单，比一般交流力矩电动机具有更高的操控性。所以直流力矩电动机具有低转速、大扭矩、过载能力强、响应快、特性线性度好、力矩波动小等特点。

2. 直流力矩电动机的应用

直流力矩电动机广泛应用于机械制造、纺织、造纸、橡胶、塑料、金属线材和电线电缆等工业中。直流力矩电动机还可根据其多种特点灵活应用：可部分代替直流电动机使用；可应用在启闭闸（阀）门以及阻力矩大的拖动系统中；还可以使用于频繁正、反转的装置或其他类似动作的各种机械上。

2.7.3　直线直流电动机

框架式直线直流电动机的结构：定子（磁极）和动子（电枢绕组）。

直线短行程直流电动机的结构：定子由电动机外壳（本体）和内外双环结构的永久磁钢两部分组成动子（即旋转电动机中的转子）主要由轴向可移动的线圈组成。

2.7.4　无刷直线直流电动机

1. 无刷直线直流电动机的基本结构

无刷直线直流电动机主要由电动机本体（包括定子和动子）、位置传感器（装在动子上）、控制电路驱动电路和逆变器等组成。

2. 无刷直线直流电动机的应用

用于机器人的精密定位控制；数控机床的进给驱动；冰箱、空调器压缩机的控制；空压机、压缩机的控制等。

2.7.5　直线异步电动机

1. 直线异步电动机的基本结构

直线异步电动机的结构主要包括定子、动子和直线运动的支撑轮 3 部分。定子可制成短定子和长定子两种形式。由于长定子结构成本高、运行费用高，所以很少采用。

直线异步电动机的动子有 3 种形式：①磁性动子是由导磁材料制成（钢板）的，既起磁路作用，又作为笼型动子起导电作用；②非磁性动子是由非磁性材料（铜）制成的，主要起导电作用，这种形式电动机的气隙较大，励磁电流及损耗大；③动子导磁材料表面覆盖一层导电材料，导磁材料只作为磁路导磁作用，覆盖导电材料做笼型绕组。

2. 直线异步电动机的应用

直线异步电动机主要用于功率较大场合的直线运动机构，如门自动开闭装置。起吊、传递和升降的机械设备，驱动车辆，尤其是用于高速和超速运输等。由于牵引力或推动力可直接产生，不需要中间连动部分，所以没有摩擦、噪声、转子发热等问题，不受离心力影响，因此，其应用将越来越广。直线同步电动机由于性能优越，应用场合与直线异步电动机相同，有取代趋势。直线步进电动机应用于数控绘图仪、记录仪、数控制图机、数控裁剪机、磁盘存储器、精密定位机构等设备中。

2.7.6　超声波电动机

1. 超声波电动机的概述

超声波电动机是利用压电材料的逆压电特性，激发电动机定子的机械振动，通过定、转子之间的摩擦力，将电能转换为机械能输出，驱动转子的定向运动。与传统电动机相比，它具有体积小、低速大转矩、反应速度快、不受磁场影响、保持力矩大等优点，成为近年来国内外在微型电动机方面的研究热点。

超声波电动机的分类：①按产生转子运动的机理分为驻波型和行波型；②按超声波电动机的移动体表面力传递接触方式分为接触式和非接触式；③按转子的运动方式分为旋转型和直线型。

2. 超声波电动机的驱动控制

（1）调速控制方法。

1）变频控制。若采用变频调速的方法，超声波电动机最为合适，因为电动机工作在谐振点附近，通过调节谐振点附近的频率可以快速控制电动机的转矩和转速，并且易于实现低速启动。由于工作时谐振频率可能有漂移，要求有自动跟踪频率变化的反馈回路。

2）变压控制。改变激振电压的幅值可以直接改变行波的振幅，从而达到调速的目的，并且调节特性线性度较好。但在实际应用中一般不采用变压调速方案，因为这种方案低速时转矩小，不易启动。如果电压过低压电体有可能不起振，而电压过高又有可能击穿压电体。

3）相位差控制。改变两相激振电压的相位差可以改变定子弹性体表面质点的椭圆运动轨迹，从而改变电动机的转速。这种方案的优点是可以方便地控制电动机的转向，但缺点是低速启动困难，并且实现电路较为复杂。

（2）驱动控制电路。超声波电动机利用摩擦传动，定、转子间的滑动情况不能完全确定。因此，要实现对超声波电动机转速的精确控制，必须采用闭环控制系统。

3. 超声波电动机的特点

超声波电动机打破了传统电动机必须由电磁效应产生转矩和转速的固有概念，与电磁式电动机相比，超声波电动机的特点是：①体积小，重量轻；②低速大转矩；③响应迅速，控制特性好；④有断电自锁功能；⑤与外界无相互电磁干扰；⑥结构形式多样化。

4. 超声波电动机的应用

（1）光学领域。透镜精密定位、光纤维位置校正、照相机镜头自动聚焦系统和隧道扫描显微镜。

（2）机械领域。机构主动式控制、振动的抑制与产生工具的精密定位压电夹具、机器人、计算机和医疗设备。

（3）流体领域。液体测量、液泵、液阀和药注射器。

（4）电子领域。电子断路器、焊接工具的定位系统。

测 试 题

一、选择题

1. 三相异步电动机的转子由转子铁芯、（　　　）、风扇、转轴等组成。

　　A. 机座　　　　　　　　B. 端盖　　　　　　　C. 转子绕组　　　　　　D. 电刷

2. 三相异步电动机工作时，其电磁转矩是由旋转磁场与（　　）共同作用产生的。

　　A. 定子电流　　　　　　B. 转子电流　　　　　C. 转子电压　　　　　　D. 电源电压

3. 步进电动机加减速时产生失步和过冲现象，可能的原因是（　　）。

　　A. 电动机的功率太小　　　　　　　　　　B. 设置升降速时间过慢

　　C. 设置升降速时间过快　　　　　　　　　D. 工作方式不对

4. 三相异步电动机的启停控制线路由电源开关、熔断器、（　　）、热继电器、按钮等组成。

　　A. 时间继电器　　　　B. 速度继电器　　　　C. 交流接触器　　　　D. 漏电保护器

5. 控制系统对直流测速发电机的要求有（　　）。

　　A. 输出电压与转速成线性关系、正反转特性一致

　　B. 输出灵敏度低、输出电压波纹小

　　C. 发电机的惯性大、输出灵敏度高

　　D. 输出电压与转速成线性关系、发电机的惯性大

6. 永磁式直流测速发电机受温度变化的影响较小，输出变化小，（　　）。

　　A. 斜率高，线性误差大　　　　　　　　　B. 斜率低，线性误差大

　　C. 斜率低，线性误差小　　　　　　　　　D. 斜率高，线性误差小

7. 对空心杯转子异步测速发电机，正确的说法是，当转子转动时，在输出绕组中感应的（　　）。

　　A. 电动势大小正比于杯形转子的转速，而频率与转速有关

　　B. 电动势大小正比于杯形转子的转速，而频率与励磁电压频率无关

　　C. 电动势大小正比于杯形转子的转速，而频率与励磁电压频率相同，与转速无关

　　D. 电动势大小及频率正比于杯形转子的转速

8. 高分辨率且高精度的办公自动化设备中，要求步进电动机的步距角小、有较高的启动频率、控制功率小、有良好的输出转矩和加速度，则应选（　　）。

　　A. 反应式直线步进电动机　　　　　　　　B. 永磁式步进电动机

　　C. 反应式步进电动机　　　　　　　　　　D. 混合式步进电动机

9. 三相双三拍运行，转子齿数 $Z_r = 40$ 的反应式步进电动机，在驱动电源频率 $1200\mathrm{Hz}$ 时，电动机的转速是（　　）r/min。

　　A. 600　　　　　　　　B. 1200　　　　　　　C. 400　　　　　　　　D. 300

10. 步进电动机有很多种，若选择结构简单，步距角较小，不需要正负电源供电的步进电动机应该是（　　）。

　　A. 混合式步进电动机　　　　　　　　　　B. 反应式步进电动机

　　C. 永磁式步进电动机　　　　　　　　　　D. 索耶式直线步进电动机

11. 为避免步进电动机在低频区工作易产生失步的现象，不宜采用（　　）的工作方式。

　　A. 双三拍　　　　　　B. 单双八拍　　　　　C. 单三拍　　　　　　D. 单双六拍

12. 直流测速发电机在（　　）时，由于电枢电流的去磁作用，使输出电压下降，从而破坏了输出特性 $U = f(n)$ 的线性关系。

　　A. R_L 较小或转速过高　　　　　　　　　B. R_L 较大或转速过高

C. R_L 较小或转速过低   D. 转速过低

13. 直流测速发电机输出电压与转速之间并不能保持确定的线性关系。其主要原因是（　　）。

     A. 电枢电阻的压降   B. 电枢电流的去磁作用

     C. 负载电阻的非线性   D. 电刷的接触压降

14. 为了减小直流测速发电机的误差，使用时必须注意（　　）。

     A. 外接负载电阻尽可能大些

     B. 外接负载电阻尽可能小些

     C. 外接负载电阻等于规定的最小负载电阻

     D. 在直流测速发电机输出端并接滤波电路

15. 测速发电机的灵敏度高，对调速系统性能的影响是（　　）。

     A. 对系统的稳态性能没有影响，但对系统的动态性能有影响

     B. 有影响，灵敏度越低越好

     C. 有影响，灵敏度越高越好

     D. 没有影响

16. （　　）由于它的机械特性接近恒功率特性，低速时转矩大，故广泛用于电动机车辆牵引。

     A. 串励直流电动机   B. 并励直流电动机   C. 交流异步电动机   D. 交流同步电动机

17. 在计算解答系统中，要求测速发电机误差小，剩余电压低，（　　）的线性误差、剩余电压等方面能满足上述的精度要求。

     A. 永磁式直流测速发电机   B. 交流异步测速发电机

     C. 交流同步测速发电机   D. 电磁式直流测速发电机

18. 异步测速发电机的空心杯子是用（　　）材料做成的。

     A. 低电阻   B. 高电阻   C. 低导磁   D. 高导磁

19. 为减小剩余电压误差，其办法有（　　）。

     A. 提高励磁电源频率、在输出绕组电路补偿

     B. 降低励磁电源频率，提高制造精度和加工精度

     C. 提高制造精度和加工精度，在输入绕组电路补偿

     D. 提高制造精度和加工精度，在输出绕组电路补偿

20. 步进电动机的（　　）与脉冲频率 f 成正比。

     A. 线位移或角位移   B. 线位移或转速 n

     C. 转速 n 或线速度 v D. 转速 n 或角位移

21. 步进电动机的转速 n 或线速度 v 只与（　　）有关。

     A. 负载大小   B. 环境条件的波动   C. 电源电压   D. 脉冲频率 f

22. 步进电动机的速度与（　　）有关。

     A. 环境温度   B. 负载变化

     C. 与驱动电源电压的大小   D. 脉冲频率

23. 三相单三拍运行、三相双三拍运行、三相单双六拍运行，其通电顺序分别是（　　）。

     A. A—B—C—A   AB—BC—CA—AB   A—AB—B—BC—C—CA—A

B. AB—BC—CA—AB　　　A—B—C—A　　　A—AB—B—BC—C—CA—A

C. A—B—C—A　　　A—AB—B—BC—C—CA—A　　　AB—BC—CA—AB

D. A—AB—B—BC—C—CA—A　　　A—B—C—A　　　AB—BC—CA—AB

24. 基本步距角 θ_s、转子齿数 Z_R，通电循环拍数 N 三者的关系是（　　）。

A. Z_R 一定时，θ_s 与 N 成反比　　　　B. Z_R 一定时，θ_s 与 N 成正比

C. N 一定时，θ_s 与 Z_R 成正比　　　　D. θ_s 一定时，N 与 Z_R 成正比

25. 有电枢电压，电动机嗡嗡响但不转，一会出现过电流跳闸，此故障原因可能是（　　）。

A. 电动机气隙磁通不饱和　　　　　　　B. 电动机气隙磁通饱和

C. 励磁电路损坏或没有加励磁　　　　　D. 电枢电压过低

26. 直流电动机启动时没加励磁，电动机会过热烧毁，原因是电动机不转时（　　），导致电枢电流很大。

A. 电枢回路的电阻很小　　　　　　　　B. 电枢回路的反电动势很高

C. 电枢电压高　　　　　　　　　　　　D. 电枢回路的反电动势为零

27. 为防止在高频区工作产生失步现象，步进电动机工作时应根据其（　　）确定其某一负载时的最高工作频率。

A. 矩频特性　　　B. 额定电流　　　C. 额定电压　　　D. 静态步距角误差

28. 把单双六拍工作方式改为双拍工作方式运行，可能使步进电动机严重过热，其故障原因是（　　）。

A. 负载过大　　　　　　　　　　　　　B. 负载或大或小

C. 负载转动惯量过大　　　　　　　　　D. 工作方式不对

29. 三相异步电动机的启停控制线路中需要有（　　）、过载保护和失压保护功能。

A. 短路保护　　　B. 超速保护　　　C. 失磁保护　　　D. 零速保护

30. 测速发电机的用途广泛，可作为（　　）。

A. 微分、积分元件、功率放大元件　　　B. 加速或延迟信号、执行元件

C. 检测速度的元件、微分、积分元件　　D. 检测速度的元件、执行元件

31. 负载不变情况下，变频器出现过电流故障，原因可能是（　　）。

A. 谐波时间设置过长　　　　　　　　　B. 转矩提升功能设置不当

C. 电源电压不稳　　　　　　　　　　　D. 负载过重

32. 异步测速发电机的误差主要有：线性误差、剩余电压、相位误差。为减小线性误差，交流异步测速发电机用（　　），从而可忽略转子漏抗。

A. 电阻率小的铁磁性空心杯转子　　　　B. 电阻率小的非磁性空心杯转子

C. 电阻率大的铁磁性空心杯转子　　　　D. 电阻率大的非磁性空心杯转子

33. 电动机拖动大惯性负载，在减速或停车时发生过电压报警，此故障可能的原因是（　　）。

A. U/f 比设置有问题　　　　　　　　B. 减速时间过长

C. 减速时间过短　　　　　　　　　　　D. 电动机参数设置错误

34. 旋转式步进电动机有多种，现代应用最多的是（　　）步进电动机。

A. 永磁式　　　B. 混合式　　　C. 反应式　　　D. 索耶式

35. 三相六拍运行比三相双三拍运行时（　　）。

A. 步距角减少一半　B. 步距角增加一半　C. 步距角增加一倍　D. 步距角不变

36. 测速发电机产生误差的原因很多，主要有：（　　）、电刷与换向器的接触电阻和接触电压、换向纹波、火花磁干扰等。

A. 电枢反应、电枢电阻　　　　　　　　B. 电枢电阻

C. 电枢反应、延迟换向　　　　　　　　D. 换向波纹、机械联轴器松动

37. 为减小误差交流异步测速发电机都采用电阻率大的非磁性空心杯转子，此外（　　），也可减小线性误差。

A. 降低励磁电源频率　　　　　　　　　B. 提高励磁电源频率

C. 提高励磁电源电压　　　　　　　　　D. 见底励磁电源电压

38. 步进电动机的驱动方式有多种，（　　）目前普遍应用。由于这种驱动在低频时电流有较大的上冲，电动机低速声较大，低频共振现象存在，使用时要注意。

A. 斩波驱动　　　　B. 高低压驱动　　　　C. 单电压驱动　　　　D. 细分驱动

39. 空心杯转子异步测速发电机主要由内定子、外定子及杯形转子所组成，以下正确的说法是（　　）。

A. 励磁绕组、输出绕组分别嵌在内/外定子上，彼此在空间相差 90° 电角度

B. 励磁绕组、输出绕组嵌在内定子上，彼此在空间相差 180° 电角度

C. 励磁绕组、输出绕组分别嵌在外/内定子上，彼此在空间相差 90° 电角度

D. 励磁绕组、输出绕组嵌在外定子上，彼此在空间相差 90° 电角度

40. 步进电动机有多种，若选用结构简单，步距角较小，不需要正负电源供电的步进电动机应是（　　）。

A. 反应式步进电动机　　　　　　　　　B. 永磁式步进电动机

C. 混合式步进电动机　　　　　　　　　D. 索耶式直线步进电动机

41. 异步测速发电机的定子上安装有（　　）。

A. 一个绕组　　　　　　　　　　　　　B. 两个串联的绕组

C. 两个并联的绕组　　　　　　　　　　D. 两个空间相差 90° 电角度的绕组

42. 对空心杯转子异步测速发电机，正确的说法是：当转子转动时，在输出绕组中感应的（　　）。

A. 电动势大小及频率正比于杯形转子的转速

B. 电动势大小正比于杯形转子的转速，而频率与励磁电压频率相同，与转速无关

C. 电动势大小正比于杯形转子的转速，而频率与励磁电压频率无关

D. 电动势大小正比于杯形转子的转速，而频率与转速有关

43. 对转动惯性量较大的负载，步进电动机启动时失步，其原因是（　　）。

A. 启动频率过低　　B. 电动机过大　　C. 启动频率过高　　　D. 负载过大

44. （　　）与交流伺服电动机相似，因输出的线性度较差，仅用于要求不高的场合。

A. 笼式转子异步测速发电机　　　　　　B. 空心杯转子异步测速发电机

C. 同步测速发电机　　　　　　　　　　D. 旋转变压器

45. 电流流过电动机时，电动机将电能转换成（　　）。

A. 光能　　　　　　B. 其他形式的能　　C. 热能　　　　　　　D. 机械能

46. 直流电动机弱磁调速时为了防飞车故障，应加（　　）。

A. 过电流保护电路　　B. 过电压保护电路　　C. 防磁饱和电路　　　D. 失磁保护电路

47. 实际的直流测速发电机一定存在某种程度的非线性误差，CYD 系列永磁式低速直流测速发电机的线性误差为（　　　）。

A. 0.5％～1％　　　B. 0.1％～0.25％　　C. 1％～5％　　　　　D. 0.01％～0.1％

二、判断题

1.（　　）步进电动机绕组两端并联的续流二极管开路，会使功率开关管击穿。

2.（　　）反应式步进电动机要求电压供给正、负脉冲，否则不能连续旋转。

3.（　　）交流测速发电机不能判别旋转方向。

4.（　　）步进电动机的拍数和齿数越多，步距角就越小，精度越高，在脉冲频率一定时，转速越低。

5.（　　）测速发电机是一种反映转速信号的电气元件，它的作用是将输入的机械特性变换成电压信号输出。

6.（　　）步距角与相数、转子表面的齿数有关，与励磁控制方式无关。

7.（　　）直流测速发电机的工作原理与一般直流发电机不同。

8.（　　）步进电动机启动时输入脉冲频率过低易产生失步现象。

9.（　　）步进电动机的选用应注意：根据系统的特点选用步进电动机的类型、转矩足够大以便带动负载、合适的精度、根据编程的需要选择脉冲信号的频率。

10.（　　）在计算解答系统中，为了满足误差小，剩余电压低的要求，交流同步测速发电机往往带有温度补偿及剩余电压补偿电路。

11.（　　）步进电动机空载连续运转后，调节并降低脉冲频率，直至步进电动机声音异常或出现转子来回偏摆，即为步进电动机的振荡状态。

12.（　　）测速发电机作计算元件用时，应着重考虑其线性误差要最小，电压稳定性要好，线性误差一般要求 0.05％～0.1％。

13.（　　）异步测速发电机的杯形转子是由铁磁材料制成的，当转子不转时，励磁后由杯形转子电流产生的磁场与输出绕组轴线垂直。因此输出绕组中的感应电动势一定为零。

14.（　　）他励式直流测速发电机结构简单，应用较为广泛。

15.（　　）电磁式直流测速发电机虽然复杂，但因励磁电源外加，不受环境因素的影响，其输出电动势斜率高，特性线性好。

16.（　　）步进电动机的驱动电源由运动控制器（卡）、脉冲分配器和功率驱动级组成。

17.（　　）在直流电动机启动时，要先接通电枢电源，后加励磁电压，停车时，要先关电枢电源，再关励磁电源。

18.（　　）步进电动机的主要特点是能实现精准定位，精确位移，且无累积误差。

19.（　　）在直流电动机轻载运行时，失去励磁会出现停车故障。

第3章 电力电子技术和直流调速系统

3.1 晶闸管整流电路

3.1.1 单相半波可控整流电路

1. 基本概念

（1）驱动电路。移相脉冲信号进行整形处理，产生所需的触发脉冲信号。同时有隔离电路：通常采用脉冲变压器，光电耦合器和光导纤维。晶闸管门极驱动电路也称为触发电路。

（2）同步电路。获得与交流源同步的正弦交流信号，确定各元件自然换相点和移相范围的电路。

（3）同步信号。与电网电压严格同步的基准信号。

（4）移相控制电路。由相位控制信号和同步信号结合，产生移相脉冲信号的电路。晶闸管通常采用相位控制方式。

（5）触发角 α。从晶闸管开始承受正向阳极电压起到施加发脉冲止的电角度，用 α 表示，也称控制角。

（6）导通角 θ。晶闸管在一个电源周期中处于导通状态的电角度称为导通角，用 θ 表示。

2. 单相半波可控电阻负载整流电路

实际生产和生活中，电炉、电焊机及白炽灯等均属于电阻性负载。电阻性负载的特点是：负载两端的电压和电流波形相同、相位相同，电阻负载只消耗电能，而不能储存和释放电能。单相半波可控电阻负载整流电路如图3-1所示。

在图3-1中，变压器 T 起变换电压和电气隔离的作用，其一次和二次电压瞬时值分别用 u_1 和 u_2 表示，有效值分别用 u_1 和 u_2 表示。

工作原理分析：

在电源电压 u_2 正半周，晶闸管承受正向电压，在 $\omega t = \omega t_1$ 处触发晶闸管，晶闸管开始导通，负载上的电压等于变压器输出电压 u_2。在 $\omega t = \pi$ 时刻，电源电压过零，晶闸管电流小于维持电流而关断，负载电流为零。

在电源电压 u_2 负半周，晶闸管承受反向电压而处于关断状态，负载电流为零，负载上没有输出电压，直到电源电压 u_2 的下一周期，直流输出电压 u_d 和负载电流 i_d 的波形相位相同。

通过改变触发角 α 的大小，直流输出电压 u_d

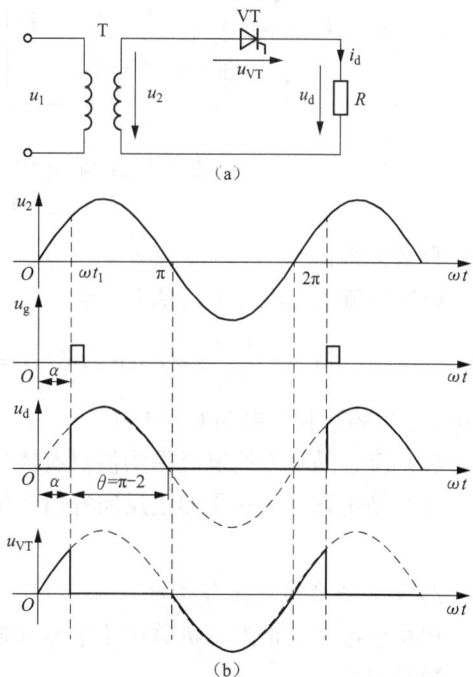

图 3-1 单相半波可控电阻负载整流
电路及电阻性负载波形
（a）电路图；（b）波形图

的波形发生变化，即负载上的输出电压平均值发生变化，显然 $\alpha=180°$ 时，$u_d=0$。由于晶闸管只在电源电压正半周内导通，输出电压 u_d 为极性不变但瞬时值变化的脉动直流，故称半波整流。

在单相半波可控电阻负载整流电路中，移相角 α 的控制范围为：$0\sim\pi$，对应的导通角 θ 的可变范围是 $\pi\sim0$，两者关系为 $\alpha+\theta=\pi$。因此单相半波可控电阻负载整流电路一个周期内输出电压波形的最大导通角 θ 是 $180°$。

晶闸管承受的最大正反向电压 U_m 是相电压峰值，$U_{FM}=\sqrt{2}U_2$

单相半波可控整流电路的特点：电路简单，但输出脉动大，变压器二次侧电流中含直流分量，造成变压器铁芯直流磁化，所以实际上很少应用此种电路。分析该电路的主要目的是建立起整流电路的基本概念。

3.1.2　单相桥式全控整流电路

1. 带电阻负载的工作情况

单相全控桥式带电阻负载时主电路和输出波形如图 3-2 所示。

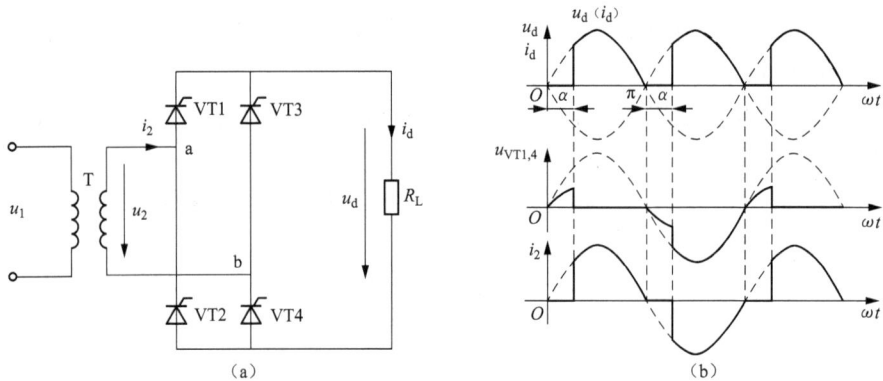

图 3-2　单相全控桥式带电阻负载时的电路及波形
(a) 电路图；(b) 波形图

数量关系：

（1）直流输出电压平均值 U_d 为

$$U_d = \frac{1}{\pi}\int_{\alpha}^{\pi}\sqrt{2}U_2\sin\omega t\,\mathrm{d}(\omega t) = \frac{2\sqrt{2}U_2}{\pi}\frac{1+\cos\alpha}{2} = 0.9U_2\frac{1+\cos\alpha}{2}$$

式中，α 角的移相范围为 $0°\sim180°$。

（2）流过晶闸管的电流平均值只有输出直流平均值的一半。

（3）晶闸管可能承受的正反向峰值电压为

$$U_{FM} = \sqrt{2}U_2$$

2. 带阻感负载的工作情况

单相全控桥式带阻感负载时主电路和输出波形如图 3-3 所示。

数量关系：

（1）直流输出电压平均值 U_d 为

$$U_d = \frac{1}{\pi}\int_{\alpha}^{\pi+\alpha}\sqrt{2}U_2\sin\omega t\,\mathrm{d}(\omega t) = \frac{2\sqrt{2}}{\pi}U_2\cos\alpha = 0.9U_2\cos\alpha$$

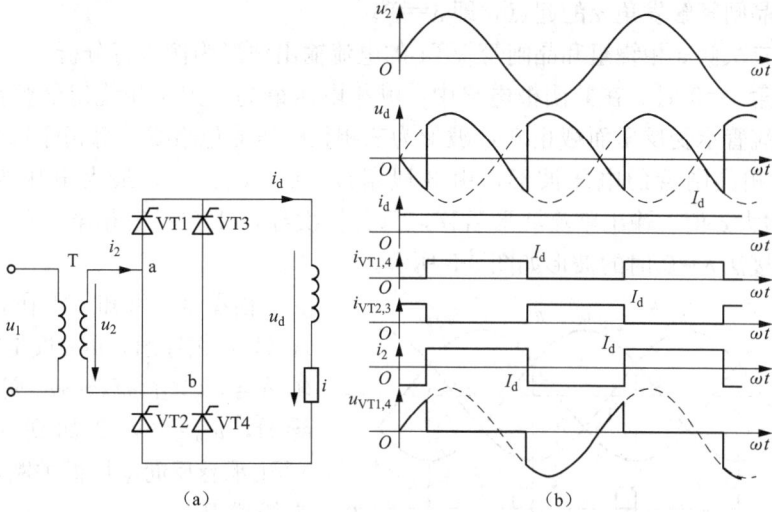

图 3-3 单相全控桥式带阻感负载时的主电路和输出波形图

（a）电路图；（b）波形图

式中，当 $\alpha=0°$ 时，输出 U_d 最大，$U_d=0.9U_2$；当 $\alpha=90°$ 时，输出 U_d 最小，等于零。

（2）流过一只晶闸管的电流平均值 I_{dt} 为

$$I_{dt} = \frac{1}{2}I_d$$

流过一只晶闸管电流有效值 I_T 为

$$I_T = \frac{1}{\sqrt{2}}I_d$$

由图 3-3 可知，单相桥式可控整流电路大电感负载无续流管的输出电流波形始终在横坐标的上方。

（3）流过变压器二次侧绕组的电流有效值 I_2 为

$$I_2 = I_d$$

（4）晶闸管可能承受的正反向峰值电压 U_{FM} 为

$$U_{FM} = \sqrt{2}U_2$$

（5）α 角的有效移相范围是 $0°\sim90°$。为了扩大移相范围，且去掉输出电压 U_2 的负值，提高 U_d 值，也可以在负载两端并联续流二极管。

3.1.3 三相半波可控整流电路

1. 带电阻负载的工作情况

三相半波可控电阻负载整流电路如图 3-4 所示。

电路的特点：变压器二次侧接成星形引出零线，而一次侧接成三角形避免 3 次谐波流入电网。三个晶闸管分别接入 a、b、c 三相电源，其阴极连接在一起组成共阴极接法。

自然换相点：二极管换相时刻为自然换相点，是各相晶闸管能触发导通的最早时刻，将

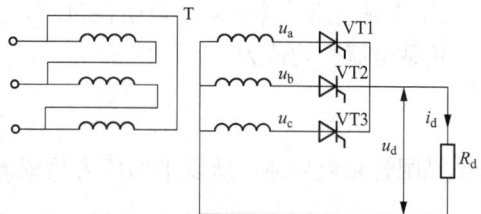

图 3-4 三相半波可控电阻负载整流电路

其作为计算各晶闸管触发角 α 的起点，即 $\alpha=0°$。

以变压器二次侧 a 相绕组和晶闸管 VT1 的电流输出波形为例进行分析。

（1）触发角 $\alpha=0°$ 时。在共阴极电路中，哪相电压最高，则该相绕组的整流管导通，其余两相上的整流管承受反压而截止。u_d 波形为三相相电压的包络线，每相序每个晶闸管依次导通 120°。A 相晶闸管的电压波形，由 3 段组成：0、u_{ab}、u_{ac}，最大电压为线电压峰值（$1.414U_1$）。增大 α 值，输出整流波形后移，每管依次导通 120°。三相半波可控电阻负载整流电路共阴极接法 $\alpha=0°$ 时的波形如图 3-5 所示。

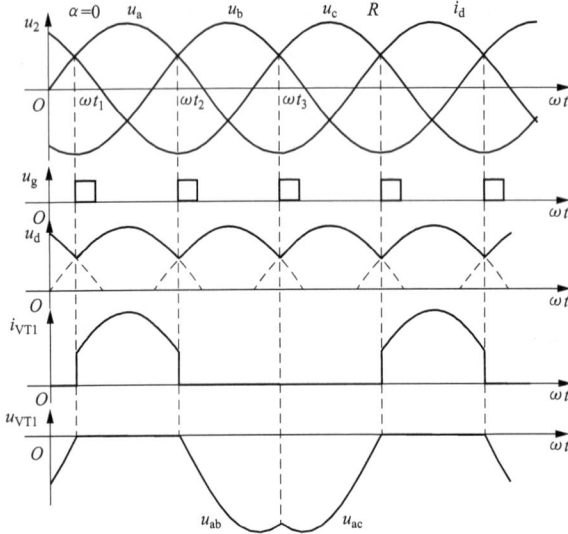

图 3-5　三相半波可控电阻负载整流电路
共阴极接法 $\alpha=0°$ 时的波形

由图 3-5 可知：①在 $\omega t_1 \sim \omega t_2$ 期间 A（U）相导通，u_{VT1} 仅是管压降，与横轴重合；②在 $\omega t_2 \sim \omega t_3$ 期间 B（V）相导通，u_{ab} 经 VT2 加到 VT1 的阴极，VT1 承受反向电压而关断，承受的电压为线电压 u_{ab}；③在 $\omega t_3 \sim \omega t_4$ 期间 C（W）相导通，u_{ac} 经 VT3 加到 VT1 的阴极，VT1 承受反向电压而关断，承受的电压为线电压 u_{ac}；④负载 R_d 上的电压 u_d 由三相电源轮换供给，其波形是三相电源波形的正向包络线；⑤ωt_1、ωt_2……称为自然换流点，距相电压波形原点 30°，触发延迟角 α 是以对应的自然换流点为起始点，往右计算。⑥对于电阻性负载，负载上的电压波形与电流波形相同。

（2）触发角 $\alpha=30°$ 时。

特点：$\alpha=30°$ 负载电流处于连续和断续之间的临界状态。

（3）三相半波可控电阻负载整流电路触发角与电流连续关系小结。

① $\alpha<30°$ 时，输出电压 u_d 和输出电流 i_d 波形保持连续状态，各相晶闸管保持 120° 通态；$\alpha=30°$ 正好是输出电压 U_d 和输出电流 i_d 波形连续的临界状态，此时各相保持 120° 通态；$\alpha>30°$ 时，输出电压 u_d 和输出电流 i_d 波形出现断续，各相晶闸管导通小于 120°。

② 整流电压平均值的计算：

$\alpha\leqslant30°$ 时，负载电流连续，有：$u_d=1.17u_2\cos\alpha$；当 $\alpha=0°$ 时，u_d 最大为：$u_d=u_{d0}=1.17u_2$；

$\alpha>30°$ 时，负载电流断续，晶闸管导通角减小，此时有：$u_d=0.675u_2[1+\cos(\alpha+30°)]$；当 $\alpha=150°$ 时，u_d 等于零，也说明最大触发角 α 只能是 150°。

③ 负载电流计算可对于电阻性负载，负载上的电压波形与电流波形相同。

负载电流平均值为

$$I_d=\frac{U_d}{R}$$

晶闸管轮流导通，所以平均值为负载的三分之一，即

$$I_{tav}=\frac{I_d}{3}$$

晶闸管承受的最大反向电压

$$U_{\mathrm{RM}} = \sqrt{2} \times \sqrt{3} U_2 = \sqrt{6} U_2 = 2.45 U_2$$

2. 带阻感负载的工作情况

三相半波可控阻感负载整流电路如图 3-6 所示。

（1）三相半波可控阻感负载整流电路分析：

1）$\alpha \leqslant 30°$ 时，整流电压波形与电阻负载时相同，导通角 θ 是 $120°$，晶闸管承受最大电压为线电压峰值。

2）当 $\alpha = 30°$ 时，波形如图 3-7 所示。

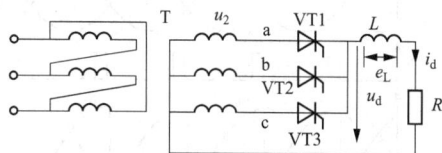

图 3-6　三相半波可控阻感负载整流电路

3）$\alpha > 30°$ 时，当 u_2 过零时，由于电感的存在，阻止电流下降，因而 VT1 继续导通，直到下一相晶闸管 VT2 的触发脉冲到来，才发生换流，由 VT2 导通向负载供电，同时向 VT1 施加反向电压使其关断。

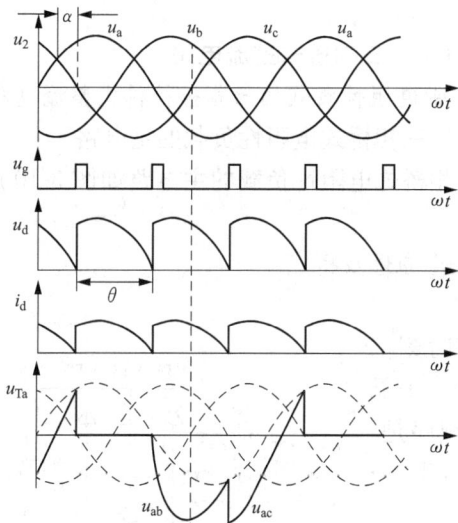

图 3-7　$\alpha = 30°$ 三相半波可控整流电路
电压输出波形（组感性负载）

4）L 值很大，整流电流 i_{d} 的波形基本是平直的，流过晶闸管的电流接近矩形波。

5）阻感负载时，α 角的有效移相范围为 $0° \sim 90°$。

（2）数量关系。

整流电压平均值

$$U_{\mathrm{d}} = 1.17 U_2 \cos\alpha$$

变压器二次电流（即晶闸管电流）的有效值为

$$I_2 = I_{\mathrm{VT}} = \frac{1}{\sqrt{3}} I_{\mathrm{d}} = 0.577 I_{\mathrm{d}}$$

晶闸管的额定电流为

$$I_{\mathrm{VT(AV)}} = \frac{0.577 I_{\mathrm{d}}}{1.57} = 0.368 I_{\mathrm{d}}$$

晶闸管最大正反向电压峰值均为变压器二次线电压峰值，即

$$U_{\mathrm{FM}} = U_{\mathrm{RM}} = 2.45 U_2$$

3. 接续流二极管时

三相半波可控阻感负载整流电路接续流二极管时主电路如图 3-8 所示。

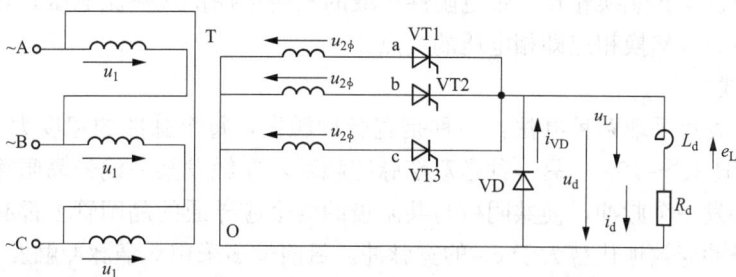

图 3-8　三相半波可控阻感负载整流电路接续流二极管时电路图

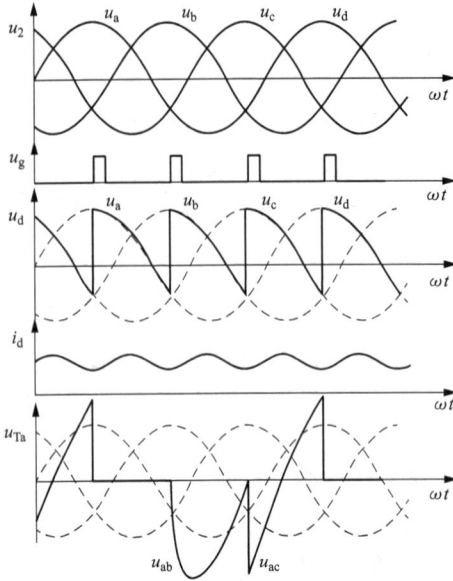

图 3-9　$\alpha = 60°$ 三相半波可控阻感负载整流电路接续流二极管时波形

（1）当 $\alpha \leqslant 30°$ 时，续流二极管承受反压，电路情况与不接续流二极管时相同。

（2）当 $\alpha > 30°$ 时，续流二极管一个周期内续流三次，电路输出电流、电压波形如图 3-9 所示。

（3）T_a 导通在触发角等于 60° 时触发导通。当其电压变为零时，T_a 继续导通 A 相电流为 i_d，其余为零。当电路加接续流二极管时，u_d 的波形如同带电阻性负载，i_d 的波形如同带阻感负载，α 角的有效移相范围为 0°～90°。

三相半波可控整流电路的主要缺点在于其变压器二次电流中含有直流分量，所以其应用较少。

3.1.4　三相桥式整流电路

1. 带电阻性负载的三相全控桥式整流电路

（1）三相桥式电阻性负载的主电路。

三相桥式电阻性负载的主电路如图 3-10 所示。变压器二次侧的中点 n 为参考点。

（2）带电阻性负载的三相全控桥式整流电路的工作原理及特点。

1）晶闸管导通顺序。

带电阻性负载的三相全控桥式整流电路在任何时刻都必须有两个晶闸管导通，才能形成导电回路，其中一个晶闸管是共阴极的，另一个是共阳极的。晶闸管导通顺序是：VT6、VT1 → VT1、VT2 → VT2、VT3 → VT3、VT4 → VT4、VT5 → VT5、VT6 → VT6、VT1。

2）相位差。

在带电阻性负载的三相全控桥式整流电路中，共阴极晶闸管 VT1、VT3、VT5 的触发脉冲之间的相位差应为

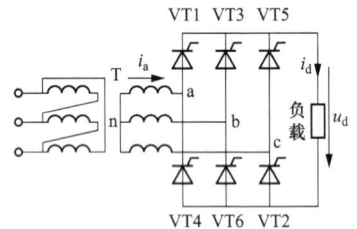

图 3-10　三相全控桥式整流电路

120°，同相两晶闸管相位差 180°。由于共阴极晶闸管是在正半周触发，共阳极晶闸管是负半周触发，因此接在同一相两个晶闸管的触发脉冲的相位差是 180°。

触发脉冲应位于自然换相点。带电阻性负载的三相全控桥式整流电压，其触发脉冲应在自然换相点出发，自然换相点即相电压的交点。

3）触发方式。

晶闸管的触发可采取两种办法：一种是宽脉冲触发，每个脉冲的宽度大于 60°（必须小于 120°），一般取 80°～100°；另一种是双窄脉冲触发，在触发某一编号晶闸管时，同时给前一编号晶闸管补发一个脉冲，使共阴极与共阳极的两个应导通的晶闸管上都有触发脉冲，相当于用两个窄脉冲等效地代替大于 60° 的宽脉冲。目前较多采用双窄脉冲触发方式。

（3）$\alpha = 90°$ 时。三相桥式可控整流电路电阻负载的输出电压波形，在触发角 $\alpha = 90°$ 时，有电压输出部分等于无电压输出部分。

（4）基本数量关系。对电阻性负载，当 $\alpha \leqslant 60°$ 时，电压波形连续，电流波形也连续。$\alpha = 60°$ 是输出电压波形连续和断续的分界点。

1）$\alpha \leqslant 60°$ 时，输出电压平均值 U_d 为

$$U_d = \frac{1}{\pi/3} \int_{\frac{\pi}{3}+\alpha}^{\frac{2\pi}{3}+\alpha} \sqrt{2}\sqrt{3}U_2 \sin\omega t \, d(\omega t) = 2.34 U_2 \cos\alpha$$

2）$\alpha > 60°$ 时，输出电压平均值 U_d 为

$$U_d = \frac{1}{\pi/3} \int_{\frac{\pi}{3}+\alpha}^{\pi} \sqrt{3}\sqrt{2}U_2 \sin\omega t \, d(\omega t) = 2.34 U_2 [1 + \cos(\pi/3 + \alpha)]$$

（5）三相桥式全控整流电阻性负载电路特点：

1）任何时候，共阴、共阳极组各有一只元件同时导通才能形成电流通路。

2）共阴极组晶闸管 VT1、VT3、VT5，按相序依次触发导通，相位互差 120°；共阳极组 VT2、VT4、VT6，相位相差 120°，同一相的晶闸管相位相差 180°。每个晶闸管导通角 θ 为 120°。

3）输出电压平均值 u_d 由 6 段线电压组成，每周期脉动 6 次，每周期脉动频率为 300Hz。

4）晶闸管承受的电压波形与三相半波整流电路相同，只与晶闸管导通情况有关。波形由 3 段组成，分别为：一段为零（忽略导通时的压降），两段为线电压。晶闸管承受最大正、反向电压的关系与三相半波整流电路也相同。

5）三相全控桥式整流电路电阻性负载的触发角 $\alpha \leqslant 60°$ 时的 u_d 波形连续；$\alpha > 60°$ 时 u_d 波形断续。$\alpha = 120°$ 时，输出电压为零，即 $U_d = 0$，所以，三相全控桥式整流电路电阻性负载 α 角的移相范围为 $0° \sim 120°$。晶闸管两端承受的最大正反向电压是变压器二次线电压的峰值，即

$$U_{FM} = U_{RM} = \sqrt{2} \times \sqrt{3}U_2 = \sqrt{6}U_2 = 2.45 U_2$$

6）变压器二次绕组流过正负两个方向的电流，消除了变压器的直流磁化，提高了变压器的利用率。

7）对触发脉冲的要求：要使电路正常工作，需保证应同时导通的 2 个晶闸管均有脉冲，常用的方法有两种：一种是宽脉冲触发，它要求触发脉冲的宽度大于 60°（一般为 80° ~ 100°）；另一种是双窄脉冲触发，即触发一个晶闸管时，向下一个序号的晶闸管补发脉冲。宽脉冲触发要求触发功率大，易使脉冲变压器饱和，所以多采用双窄脉冲触发。

2. 阻-感性负载的三相桥式全控整流电路

（1）三相桥式阻感性负载的主电路如图 3-11 所示。

（2）工作情况和输出波形。

当 $\alpha \leqslant 60°$ 时，电感性负载的三相桥式全控整流电路工作情况与带电阻负载三相桥式全控整流电路相似，各晶闸管的通断情况、输出整流电压 u_d 波形、晶闸管承受的电压波形都一样，区别在于：由于电感的作用，使得负载电流波形变得平直，当电感足够大的时候，负载电流的波形近似为一条水平线。图 3-12、图 3-13 和图 3-14 分别是三相桥式全控整流电路带阻感负载 $\alpha = 0°$、$\alpha = 30°$ 和 $\alpha = 60°$ 的输出波形图。

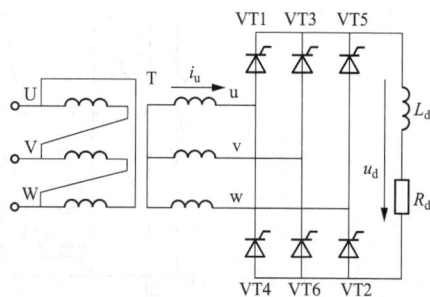

图 3-11 三相全控桥式阻感性整流电路

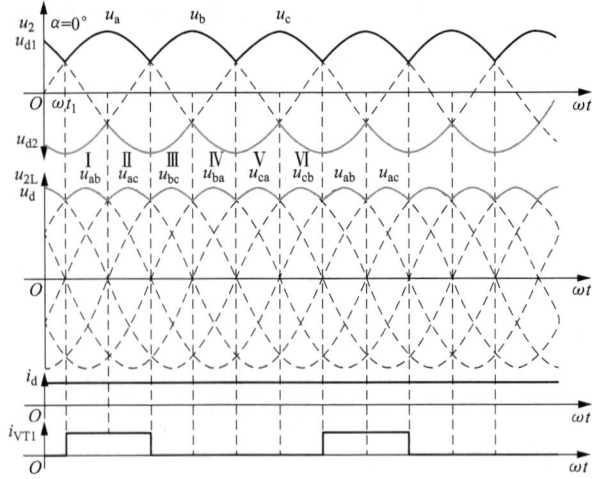

图 3-12　三相桥式全控整流电路带阻感负载 $\alpha = 0°$ 时的波形

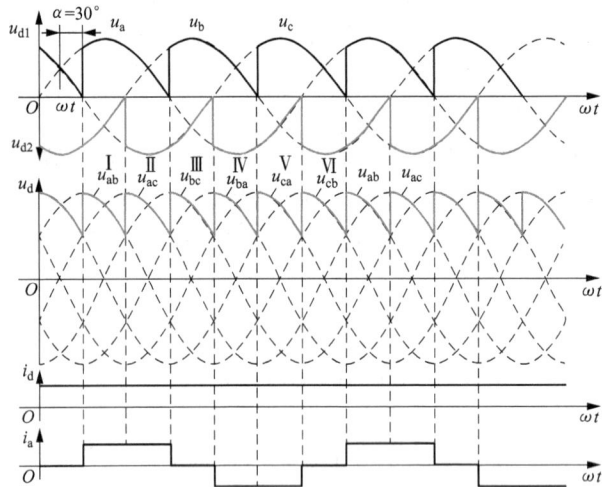

图 3-13　三相桥式全控整流电路带阻感负载 $\alpha = 30°$ 时的波形

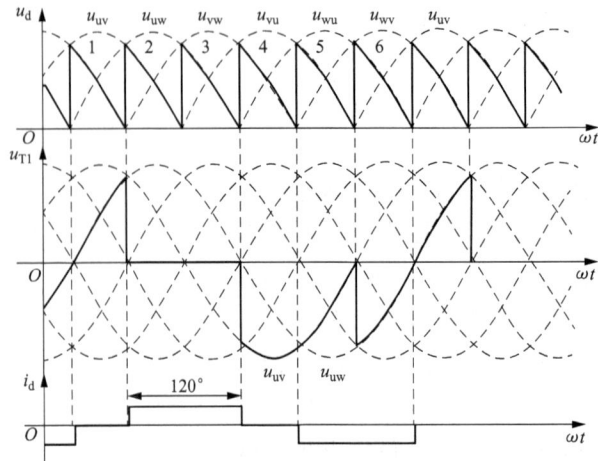

图 3-14　三相桥式全控整流电路带阻感负载 $\alpha = 60°$ 时的波形

α＞60°时，电感性负载时的工作情况与电阻负载不同，由于负载电感感应电势的作用，u_d 波形会出现负的部分，如图 3-15 所示。

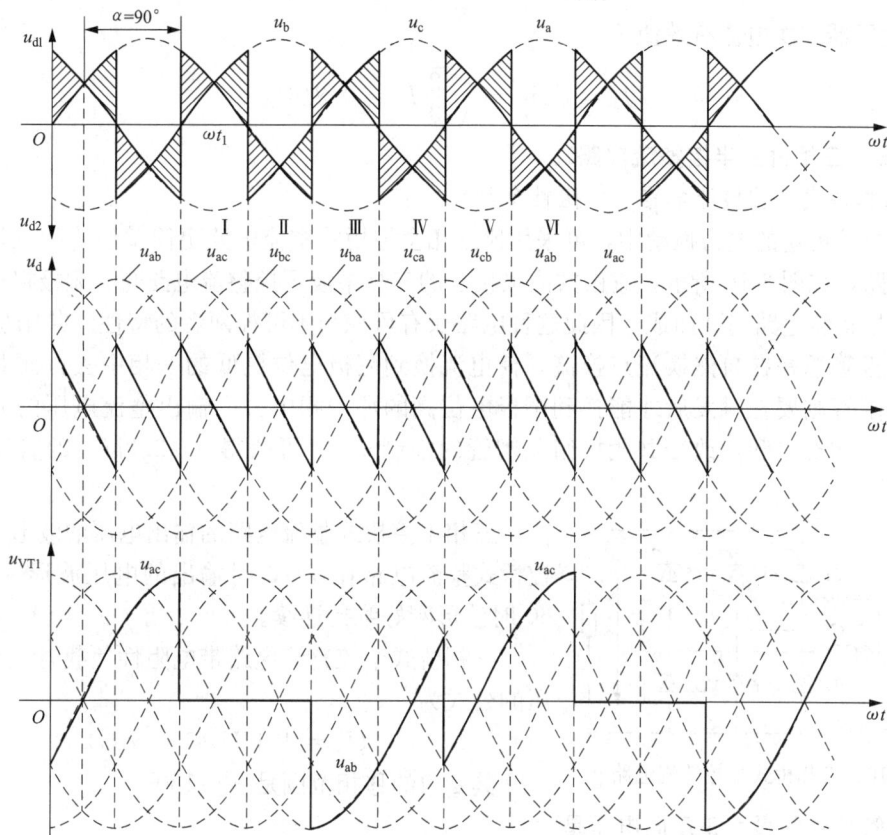

图 3-15　三相桥式全控整流电路带阻感负载 α＝90°时的波形

带电感性负载三相桥式全控整流电路的 α 角移相范围为 0°～90°。

（3）基本数量关系。

① 输出电压平均值 U_d，由于 u_d 波形是连续的，所以

$$U_d = \frac{1}{\pi/3} \int_{\frac{\pi}{3}+\alpha}^{\frac{2\pi}{3}+\alpha} \sqrt{6}U_2 \sin\omega t \, \mathrm{d}(\omega t)$$

$$= 2.34U_2 \cos\alpha$$

② 输出电流平均值 I_d

$$I_d = \frac{1}{R} 2.34U_2 \cos\alpha$$

③ 晶闸管电流平均值 I_{dT}

$$I_{dT} = \frac{1}{3} I_d$$

④ 晶闸管电流有效值 I_T

$$I_T = \frac{1}{\sqrt{3}} I_d = 0.577 I_d$$

⑤ 晶闸管额定电流 $I_{T(AV)}$

$$I_{T(AV)} = \frac{I_T}{1.57}(1.5 \sim 2) = 0.368 I_d (1.5 \sim 2)$$

⑥ 变压器二次电流有效值 I_2

$$I_2 = \sqrt{2} I_T = \sqrt{\frac{2}{3}} I_d = 0.816 I_d$$

3.1.5　三相桥式半控整流电路

1. 三相桥式半控整流电路（电阻性负载）

在不要求可逆的电力拖动中，可采用比三相全控桥式整流电路更简单经济的三相桥式半控整流电路，如图 3-16 所示，它由共阴极接法的三相半波可控整流电路与共阳极接法的三相半波不可控整流电路串联而成，因此这种电路兼有可控与不可控两者的特性。共阳极组的三个整流二极管总是在自然换流点换流，使电流换到阴极电位更低的一相中去；而共阴极组的三个晶闸管则要在触发后才能换到阳极电位高的那一相中去。输出整流电压的波形是二组整流电压波形之和，改变共阴极组晶闸管的控制角 α，可获得 $0 \sim 2.34 U_2$ 的直流可调电压 u_d。

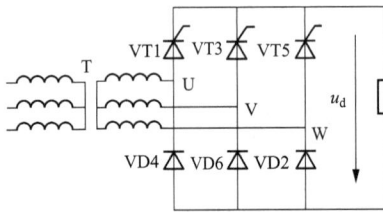

图 3-16　三相桥式半控整流电路

三相半控桥式整流电路的输出电压的波形与三相全控桥式整流电路在 $\alpha = 0°$ 时输出的电压波形一样。$\alpha = 60°$ 时波形刚好维持连续。

三相桥式半控整流电路带电阻性负载时，其输出电压的公式为

$$U_d = 1.17 U_2 (1 + \cos\alpha)$$

其 α 角的移相范围是 $0° \sim 180°$。

晶闸管承受的最大正反向电压是

$$U_{FM} = U_{RM} = \sqrt{2} \times \sqrt{3} U_2 = \sqrt{6} U_2 = 2.45 U_2$$

2. 三相桥式半控整流电路（阻-感性负载）

三相半控桥式整流电路与单相半控桥式整流电路一样，桥路内部二极管有续流作用，因此在带电感性负载时，输出电压 u_d 波形和平均电压值 U_d 与带电阻性负载时一样，不会出现负电压。

三相桥式半控带阻感负载整流电路若负载端不加接续流二极管，当突然切断触发信号或把触发角突然调到 180°以外时，与单相半控桥式整流电路时一样，也会发生某个导通着的晶闸管不关断，而共阳极组的三个整流管轮流导通的现象。为了避免这种现象，在三相桥式半控整流电路带阻感性负载时，必须并联续流二极管。并接续流二极管后，只有当 $\alpha > 60°$ 时，续流二极管才流过电流，这时晶闸管、整流二极管以及续流二极管电流可参照三相半波带阻感负载接续流二极管时的整流电路进行计算。

三相桥式半控整流电路带阻感性负载有续流二极管时，输出电压 U_d 为

$$U_d = 1.17 U_2 (1 + \cos\alpha)$$

其 α 角的移相范围是 $0° \sim 180°$。

晶闸管承受的最大正反向电压是

$$U_{FM} = U_{RM} = \sqrt{2} \times \sqrt{3} U_2 = \sqrt{6} U_2 = 2.45 U_2$$

3. 三相半控桥式整流电路与三相全控桥式整流电路比较

（1）三相全控桥式整流电路能工作于有源逆变状态；而三相半控桥式整流电路只能用作可控整流，不能工作于逆变状态。

（2）三相全控桥式整流电路输出电压脉动小，基波频率为 300Hz，比三相半控桥式整流电路频率高一倍，在同样的脉动要求下，三相全控桥式整流电路要求平波电抗器的电感量可小些。

（3）三相半控桥式整流电路只用三个晶闸管，只需三套触发电路，不需宽脉冲或双窄脉冲触发，线路简单经济，调整方便。

（4）三相全控桥式整流电路控制增益大、灵敏度高，其控制滞后时间（改变电路的触发角后，直流输出电压相应变化的时间）为 3.3ms；而三相半控桥式整流电路为 6.6ms，因此三相全控桥式整流电路的动态响应比半控桥式整流电路好。

3.2　锯齿波触发电路

3.2.1　晶闸管对触发电路的基本要求

（1）触发脉冲信号应具有足够大的电压和电流，一般要求触发电压幅度为 $4\sim10V$。

（2）触发电路不输出触发脉冲时，触发电路因漏电流产生的漏电压应小于 $0.15V$，避免误触发。

（3）触发脉冲要有一定的宽度以保证晶闸管可靠导通。触发脉冲的宽度最好取 $20\sim40\mu s$。

（4）触发脉冲前沿要陡，以保证触发时间的准确性。一般要求前沿时间不大于 $10\mu s$。

（5）触发脉冲应与主回路同步，保证主电路中的晶闸管在每个周期的导通角 θ 相等。

（6）触发信号应具有足够的移相范围，相位应能连续可调。

常用的触发电路主要有阻容移相桥触发电路、单结晶体管移相触发电路、同步信号为正弦波的触发电路、同步信号为锯齿波的触发电路以及 KC 和 KJ 系列的专用集成触发电路等。

3.2.2　锯齿波触发电路的组成和功能

锯齿波触发电路由 4 个基本环节组成，即同步电压（锯齿波）的产生与移相控制环节、脉冲形成与放大环节、强触发与输出环节和双窄脉冲产生环节。锯齿波触发电路原理如图 3-17 所示，其输出波形如图 3-18 所示。

调节恒流源对电容器的充电电流，可以改变锯齿波的斜率。晶闸管采用强触发能够缩短开通时间，提高晶闸管的承受电流上升率的能力。

1. 同步环节

同步就是要求锯齿波的频率与主回路电源的频率相同。如图 3-12 所示，同步环节由同步变压器 Tτ、三极管 V2、二极管 VD1、VD2、R1 及 C1 等组成。锯齿波是由起开关作用的 V2 控制的，V2 截止期间产生锯齿波，V2 截止持续的时间就是锯齿波的宽度，V2 开关的频率就是锯齿波的频率。要使触发脉冲与主电路电源同步，必须使 V2 开关的频率与主电路电源频率相同。在该电路中将同步变压器和整流变压器接在同一电源上，用同步变压器二次电压来控制 V2 的通断，这就保证了触发脉冲与主回路电源的同步。

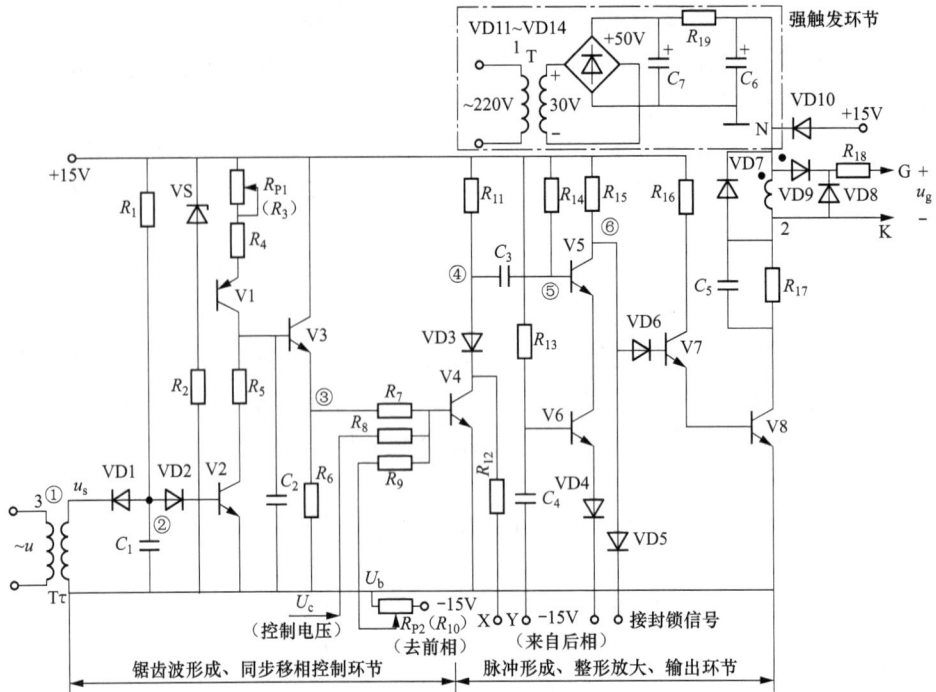

图 3-17 分立元件组成锯齿波触发电路原理图

1—整流变压器；2—同相变压器；3—脉冲变压器

同步环节工作原理如下：如图 3-17 所示，同步变压器二次电压间接加在 V2 的基极上，如图 3-18（a）、（b）所示，当二次电压为负半周的下降段时，VD1 导通，电容 C1 被迅速充电，②点为负电位，V2 截止。在二次电压负半周的上升段，电容 C1 已充至负半周的最大值，VD1 截止，+15V 通过 R1 给电容 C1 反向充电，当②点电位上升至 1.4V 时，V2 导通，②点电位被钳位在 1.4V。由以上分析可见，V2 导通的时间长短，与 C1 反充电的时间常数 R_1C_1 有关。直到同步变压器二次电压的下一个负半周到来时，VD1 重新导通，C1 迅速放电后又被充电，V2 又变为截止，如此周而复始。在一个正弦波周期内，V2 具有截止与导通两个状态，对应的锯齿波恰好是一个周期，且与主电路电源频率完全一致，从而达到同步的目的。

2. 锯齿波形成及脉冲移相环节

如图 3-17 所示，该环节由晶体管 V1 组成恒流源向电容 C2 充电，三极管 V2 作为同步开关控制恒流源对 C2 的充、放电过程。三极管 V3 为射极跟随器，起阻抗变换和前后级隔离作用，减小后级对锯齿波线性的影响。

工作原理如下：如图 3-17 所示，VS 为稳压二极管，当 V2 截止时，由 V1、VS、R3、R4 组成的恒流源以恒流 I_{c1} 对 C2 充电，C2 两端电压为 u_{c2}，随时间 t 线性增长。I_{c1}/C_2 为充电斜率，调节 R3 可改变 I_{c1}，从而改变锯齿波的斜率。当 V2 导通时，因 R5 阻值很小，电容 C2 经 R5、V2 迅速放电到零。所以，只要 V2 周期性截止、导通，电容 C2 两端就能得到线性很好的锯齿波电压。为了减小锯齿波电压 u_{c2} 与控制电压 U_c、偏移电压 U_b 之间的影响，锯齿波电压 u_{c2} 经 V3 输出。

V3 的发射极电压 u_{e3}，与 U_c、U_b 进行并联叠加，它们分别通过 R7、R8、R9 与 V4 的基极相接。根据叠加原理，分析 V3 基极电位时，可看成锯齿波电压 u_{e3}、控制电压 U_c（正值）和偏移电压 U_b（负值）三者单独作用的叠加。当三者合成 V4 的基极电压 u_{b4} 为负时，V4 截止；当合成 V4 的基极电压 u_{b4} 由负过零变正时，V4 由截止状态转为饱和导通状态，u_{b4} 被钳位到 0.7V。u_{e3}，u_{b4} 波形如图 3-18 （c）、（f）所示。

3. 脉冲形成、放大和输出环节

如图 3-17 所示，脉冲形成环节由三极管 V4、V5、V6 组成；放大和输出环节由 V7、V8 组成；同步移相电压加在三极管 V4 的基极，触发脉冲由脉冲变压器二次侧输出。

工作原理如下：如图 3-17 所示，当 V4 的基极电位 $u_{b4}<0.7V$ 时，V4 截止；V5、V6 分别经 R14、R13 提供足够的基极电流使之饱和导通，因此⑥点电位为 $-13.7V$（二极管正向压降按 0.7V，三极管饱和压降按 0.3V 计算），此时，V7、V8 截止，脉冲变压器无电流流过，二次侧无触发脉冲输出。与此同时电容 C3 充电，充电回路为：由电源＋15V 端经 R11→V5 发射极→V6→VD4→电源－15V 端。C3 充电电压为 28.3V，极性为左正右负。

当 $U_{b4}=0.7V$ 时，V4 导通，④点电位由＋15V 迅速降低至 1V 左右，由于 C3 两端电压不能突变，使 V5 的基极电

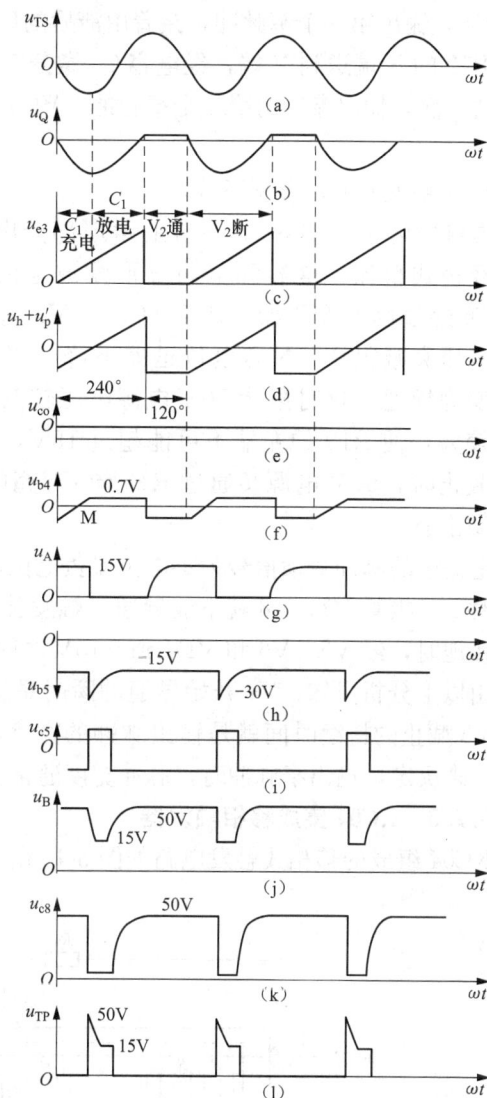

图 3-18　锯齿波触发电路输出波形

(a) u_{TS} 波形；(b) u_Q 波形；(c) u_{e3} 波形；(d) $u_h+u'_p$ 波形；
(e) u'_{co} 波形；(f) u_{b4} 波形；(g) u_A 波形；(h) u_{b5} 波形；
(i) u_{c5} 波形；(j) u_B 波形；(k) u_{c8} 波形；(l) u_{TP} 波形

位⑤点突降到 $-27.3V$，导致 V5 截止，而 V5 的集电极（⑥点）电压升至 2.1V，此时 V7、V8 导通，脉冲变压器输出脉冲。与此同时，C3 经 R14、VD3、V4 放电后又反向充电，使⑤点电位逐渐升高，当⑤点电位升到 $-13.3V$ 时，V5 发射结正偏导通，使⑥点电位从 2.1V 又降为 $-13.7V$，迫使 V7、V8 截止，输出脉冲结束。

4. 双窄脉冲形成环节

双窄脉冲形成环节的工作原理如下：V5、V6 两个三极管构成或门电路，当 V5、V6 都导通时，V7、V8 都截止，没有脉冲输出。但只要 V5、V6 中有一个截止，就会使 V7、V8 导通，脉冲就可以输出。V5 基极端由本相同步移相环节送来的负脉冲信号使其截止，而使

V8 导通，输出第一个窄脉冲，接着由滞后的后相触发电路在产生脉冲的同时，由 V4 的集电极经 R12 的 X 端送到 Y 端，经电容 C4 微分产生负脉冲送到 V6 基极，使 V6 截止，于是 V8 又导通一次，输出滞后的第二个窄脉冲。VD3、R12 的作用是为了防止双窄脉冲信号的相互干扰。

5. 强触发及脉冲封锁环节

强触发环节为图 3-17 中右上角那部分电路。其工作原理如下：变压器二次侧 30V 电压经桥式整流，电容和电阻 π 形滤波电路，得到近似 50V 的直流电压。当 V8 导通时，C6 经过脉冲变压器、R17（C5）、V8 迅速放电，由于放电回路电阻较小，电容 C6 两端电压衰减很快，N 点电位迅速下降。当 N 点电位稍低于 15V 时，二极管 VD10 由截止变为导通，这时虽然 50V 电源电压较高，但它向 V8 提供较大电流时，在 R19 上的压降较大，使 R19 的左端不可能超过 15V，因此 N 点电位被钳制在 15V。当 V8 由导通变为截止时，50V 电源又通过 R19 向 C6 充电，使 N 点电位再次升到 50V，为下一次强触发做准备。

电路中的脉冲封锁信号为零电位或负电位，是通过 VD5 加到 V5 集电极的。当封锁信号接入时，三极管 V7、V8 就不能导通，触发脉冲无法输出。二极管 VD5 的作用是防止封锁信号接地时，经 V5、V6 和 VD4 到 -15V 之间产生大电流通路。

由以上分析可知，V4 开始导通的瞬时是输出脉冲产生的时刻，也是 V5 转为截止的瞬时。V5 截止的持续时间就是输出脉冲的宽度，脉冲宽度由 C3 反向充电的时间常数（$\tau_3 = c_3 r_{14}$）来决定，输出窄脉冲时，脉冲宽度通常为 1ms。

3.2.3　KC04 集成移相触发器

KC04 组成的移相式触发电路如图 3-19 所示。

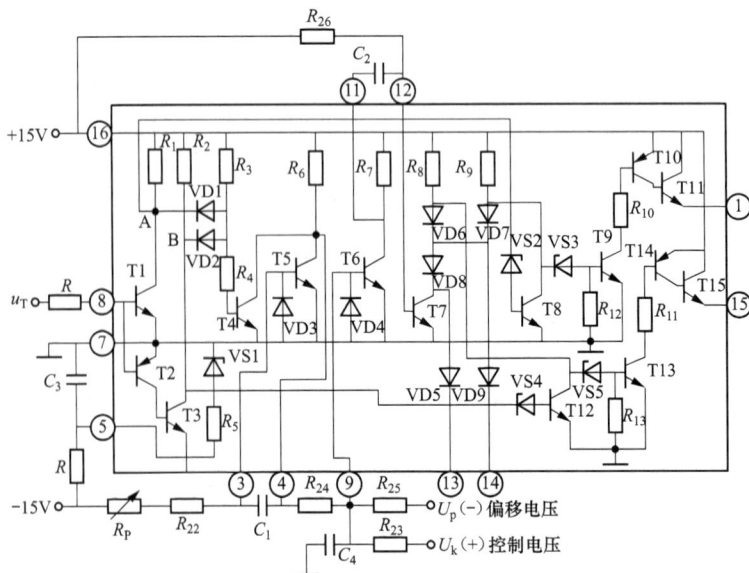

图 3-19　KC04 组成的移相式触发电路

（13）脚为脉冲列调制端；（14）脚为脉冲封锁控制端

1. 同步电路

如图 3-19 所示，同步电路由三极管 T1～T4 等元件组成。正弦波同步电压 u_T 经限流电阻 R 加到 T1、T2 基极。

在 u_T 的正半周，T2 截止，T1 导通，D1 导通，T4 得不到足够的基极电压而截止。

在 u_T 的负半周，T1 截止，T2、T3 导通，D2 导通，T4 同样得不到足够的基极电压而截止。

在上述 u_T 的正、负半周内，当 $|u_s| < 0.7V$ 时，T1、T2、T3 均截止，D1、D2 也截止，于是 T4 从电源 +15V 经 R3、R4 获得足够的基极电流而饱和导通，形成与正弦波同步电压 u_T 同步的脉冲 u_{c4}。

2. 锯齿波形成电路

如图 3-19 所示，锯齿波发生器由三极管 T5、电容 C1 等组成。

当 T4 截止时，+15V 电源通过 R6、R22、RP、-15V 对 C1 充电；当 T4 导通时，C1 通过 T4、D4 迅速放电，在 KC04 的第④脚（也就是 T5 的集电极）形成锯齿波电压 u_{c5}，锯齿波的斜率取决于 R22、RP 与 C1 的大小，锯齿波的相位与 u_{c4} 相同。

3. 移相电路

如图 3-19 所示，三极管 T6 与外围元件组成移相电路。锯齿波电压 u_{c5}、控制电压 U_k、偏移电压 U_p 分别通过电阻 R24、R23、R25 在 T6 的基极叠加成 u_{be6}，当 $u_{be6} > 0.7V$ 时，T6 导通，即 $u_{c5} + U_p + U_k$ 控制了 T6 的导通与截止时刻，也就是控制了脉冲的移相。

4. 脉冲形成电路

如图 3-19 所示，三极管 T7 与外围元件组成脉冲形成电路。

当 T6 截止时，+15V 电源通过 R7、T7 的 b-e 结对 C2 充电（左正右负），同时 T7 经 R26 获得基极电流而导通；当 T6 导通时，C2 上的充电电压成为 T7 的 b-e 结的反偏电压，T7 截止。此后 +15V 经 R26、T6 对 C2 充电（左负右正），当反向充电电压大于 1.4V 时，T7 又恢复导通。这样在 T7 的集电极得到了脉冲 u_{c7}，其脉冲宽度由时间常数 $R_{26}C_2$ 大小决定。

5. 脉冲输出电路

如图 3-19 所示，三极管 T8～T15 组成脉冲输出电路。在同步电压 u_T 的一个周期内，T7 的集电极输出两个相位差 180° 的脉冲。

在 u_T 的正半周，T1 导通，A 点为低电位，B 点为高电位，使 T8 截止，T12 导通。T12 的导通使 VS4 反向截止，由 T13、T14、T15 组成的放大电路无脉冲输出。T8 的截止，使 VS3 导通，T7 集电极的脉冲经 T9、T10、T11 组成的电路放大后由①脚输出。

在 u_T 的负半周，同理可知 T8 导通，T12 截止，T7 的正脉冲经 T13、T14、T15 组成电路放大后由⑮脚输出。

3.2.4　三相全控桥整流电路的集成触发电路

KC04 移相触发器的内部线路锯齿波触发电路由 4 个基本环节，即同步电压（锯齿波）的形成与移相控制环节、脉冲形成与整形放大环节、强触发与输出环节和双窄脉冲产生环节组成。如图 3-20 所示。

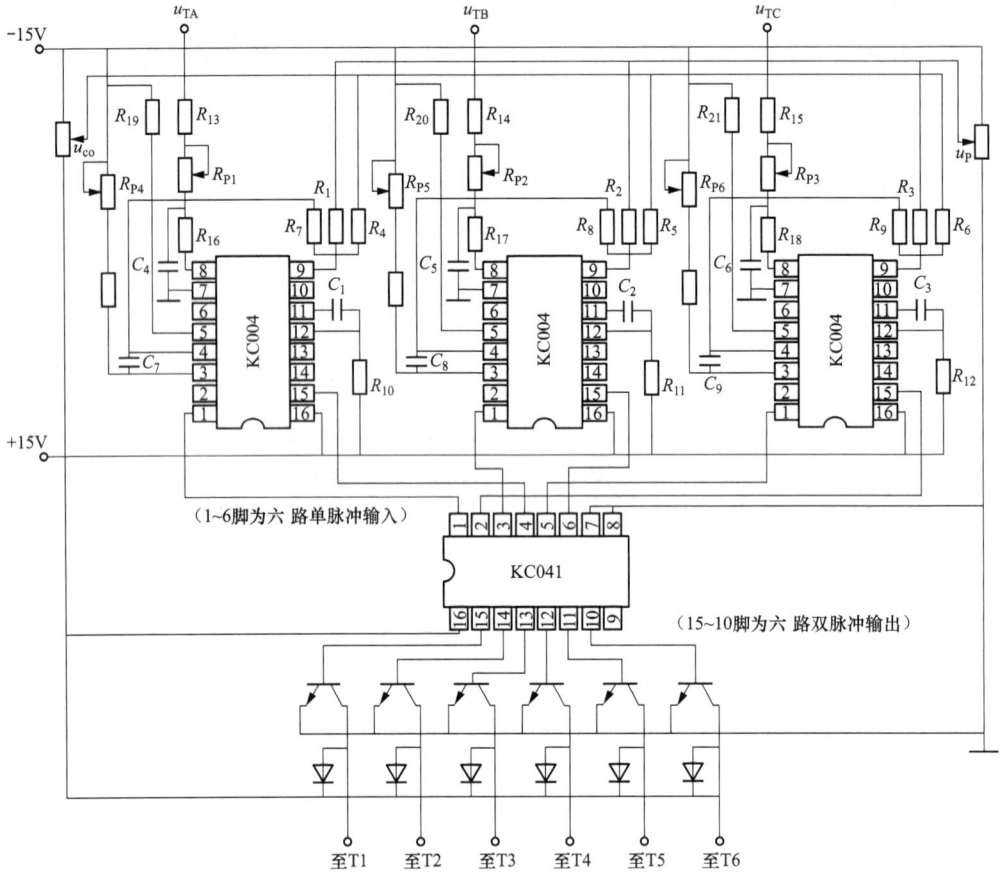

图 3-20 三相全控桥整流电路的集成触发电路

3.3 自动控制系统的基本知识

自动控制指在没有人直接参与的情况下，利用控制装置使被控对象（如机器、设备或生产过程等）自动地按照预定的规律变化和运行。

在自动控制系统中，被控制的设备或过程称为被控对象或对象；被控制的物理量称为被控量或输出量；决定被控量的物理量称为控制量或给定量；妨碍控制量对被控量进行正常控制的所有因素称为扰动量。给定量和扰动量都是自动控制系统的输入量。扰动量按其来源可分为内部扰动和外部扰动。自动控制的任务实际上就是克服扰动量的影响，使系统按照给定量所设定的规律运行。

为了实现各种控制任务，将被控对象和控制装置按照一定方式连接，对被控对象的一个或多个物理量（如转速、位移、温度、电流、电压等）进行自动控制的整个系统称为自动控制系统。

3.3.1 自动控制系统的类型

1. 按结构特点分类

（1）开环控制系统。如果系统的输出量没有与其参考输入量相比较，即系统的输出量与输入量间不存在着反馈的通道，这种控制方式叫做开环控制。

（2）闭环控制系统。若把系统的输出量反馈到它的输入端，并与参考输入相比较，这种控制方式叫做闭环控制。

（3）复合控制系统。复合控制是开环控制与闭环控制相结合的一种控制方式。

2. 按输入信号的特点分类

（1）恒值控制系统。恒值控制系统的给定输入量是个常数，被控制的输出量希望是个恒定值，要求系统的输出量也保持相应恒值。如电动机自动调速、恒温、恒压、恒流等自动控制系统均属此类系统。

（2）程序控制系统。程序控制系统的输入信号不是恒值，它可以是时间的函数、空间的函数，也可以是几何图形或按照某种规律编制的程序等。这些函数、几何图形或者程序等由计算机输出后作用于自动控制系统的给定输入端，输出量便由变化的输入设定值控制。如按预先制定的程序控制加热炉炉温的温度控制系统。

（3）位置随动控制系统（又称伺服系统）。位置随动控制系统的给定输入量可以按事先未知的规律变化，要求被控制的输出量能够迅速准确地随输入量而变。自动火炮方位控制系统就是位置随动控制系统的一个例子，火炮的给定输入量来自于雷达探测器，雷达将随时变化的目标方位传给计算机位置随动控制系统，计算机根据雷达信息设置给定输入量，随动系统完成由给定输入量确定的火炮方位的运动，这个运动过程要求既快又准。

3. 按信号传输过程是否连续分类

（1）连续控制系统。系统中各处传输的信号均是时间 t 的连续函数，这类控制系统称为连续控制系统。描述连续控制系统的动态方程是微分方程。

（2）离散控制系统。如果控制系统在信号传输过程中存在间歇采样、脉冲序列等离散信号，则称这样的系统为离散控制系统。描述离散控制系统的动态方程是差分方程。

4. 按系统输出量与输入量的关系分类

（1）线性控制系统。均由线性元件构成的控制系统是线性控制系统。这类系统输出量与输入量之间为线性关系。系统和各环节均可用线性微分方程来描述。

（2）非线性控制系统。控制系统内如果含有至少一个非线性元件，则该系统是非线性系统。非线性元件一般指其输出量输入量关系具有饱和限幅特性、死区特性、继电器特性、传输间隙特性等。它们的特点是不能用小信号线性化方法加以近似的。

此外，还可按其他分类方式，将自动控制系统分为定常控制系统和时变控制系统、确定系统和不确定系统、有静差系统和无静差系统等。

5. 开环控制与闭环控制系统

（1）开环系统。如果系统的输出量没有与其参考输入相比较，即系统的输出量与输入量间不存在着反馈的通道，这种控制方式叫做开环控制。这种控制系统的优点是：结构简单、所用的元器件少、成本低，系统较稳定。然而，由于这种控制系统既没有对它的被控制量进行检测，又没有将输出量反馈到系统的输入端与参考输入相比较，所以当系统受到干扰作用后，输出量一旦偏离了原有的平衡状态，系统就没有消除或减小误差的功能，这是开环系统的一个致命缺点。正是这个缺点，大大限制了这种系统的应用范围。

（2）闭环系统。若把系统的输出量反馈到它的输入端，并与参考输入相比较，这种控制方式叫做闭环控制。由于这种控制系统中存在着输出量经反馈环节至比较点的反馈通道，故闭环控制又称反馈控制。该系统的特点是：连续不断地对输出量进行检测，把所测得的值与参考输入作减法运算，求得的误差信号经控制器的变换运算和放大器的放大后，驱动执行元件，以使输出量能完全按照参考输入的要求去变化。这种系统如果受到来自系统内部和外部干扰信号的作用时，通过闭环控制的作用，能自动地消除或削弱干扰信号对输出量的影响。由于闭环控制系统具有良好的自动抗扰动功能，所以其在控制工程中得到了广泛的应用。

3.3.2　自动控制系统的组成

一个自动控制系统是由若干个环节组成的，每个环节有其特定的功能。闭环控制系统一般可由给定元件、比较元件、放大校正元件、执行元件、被控对象、检测反馈元件组成。

1. 闭环控制系统的基本元件

（1）给定元件。给出与希望的输出相对应的系统输入量（给定量）。

（2）比较元件。把检测反馈元件检测的输出量实际值的反馈量与给定元件给出的给定量进行比较，从而求出它们之间的偏差信号。

（3）放大校正元件。对偏差信号进行放大与运算，校正输出一个按一定规律变化的控制信号，以提高系统的稳态性能和动态性能。放大校正元件可用运算放大器和电阻、电容组成。

（4）执行元件。根据放大校正元件单元的输出信号，产生一个具有一定功率并能够被被控对象接受的控制量，使输出量与希望值趋于一致。

（5）被控对象。自动控制系统中需要进行控制的设备或生产过程，它接受控制量，输出被控量。

（6）检测反馈元件。对输出量进行检测并输出反馈量。如果这个物理量是非电量，一般再转换为电量。

2. 自动控制系统的信号

（1）给定量（输入量）。给定元件的输出信号，实际输入到系统的输入量。

（2）反馈量。检测反馈元件的输出信号，与被控量成某种函数关系，一般成比例关系。

（3）偏差信号。它是由给定量和反馈量进行比较，由比较元件产生的信号。

（4）控制量。执行元件输出并作用于被控对象的信号。通常是具有一定的功率，并且能够被控对象所接受的一种物理量。

（5）被控量（输出量）。它是系统要求实现自动控制的物理量，是系统的输出量。

（6）扰动量。它往往是外部扰动信号，影响被控量的控制精度，使被控量偏离希望值。

3.3.3　自动控制系统性能及其指标

1. 对自动控制系统的性能要求

常见的评价系统优劣的性能指标是从动态过程中定义出来的。对自动控制系统性能的基本要求有稳定性、快速性、准确性。稳定性、快速性和准确性往往是互相制约的，所以在设计与调试的过程中，若过分强调某方面的性能，则可能会使其他方面的性能受到影响。

2. 自动调速系统的性能指标

（1）静态性能指标。

1）调速范围 D。电动机在额定负载下，用某一方法调速时所能达到的最高转速 N_{max} 与最低转速 N_{min} 之比。一般希望调速系统的调速范围大一些，但不同的生产机械所要求的调速范围也有所不同。

2）静差率 s。当系统在某一转速下运行时，负载由理想空载增加到额定值时所对应的转速降落 Δn_N，与理想空载转速 n_0 之比，称作静差率 s。静差率主要用来衡量负载转矩变化时调速系统转速变化的程度，因此其反映了转速的相对稳定性。对调速系统静差率的要求，实际上就是对系统最低转速静差率的要求。

3）调速平滑性。电动机在调速范围内所获得的调速级数越多，则调速的平滑性越好。越接近 1，调速平滑性越好。

4）稳态误差（静差）。稳态误差是指当系统由一个稳定状态过渡到另一个稳定状态后（如系统受扰动后又重新平衡时），系统输出量的期望值与稳定时的实际值之间的偏差。稳态误差是系统控制精度或扰动能力的一种度量。稳态误差反映了系统的准确程度，由其可将系统分为有静差系统和无静差系统。

（2）动态性能指标。

1）超调量。指最大偏差与系统新稳态值之间的差值，最大超调量反映了系统的平稳性，最大超调量越小，说明系统过渡过程越平稳。

2）上升时间。是指系统的输出量第一次到达输出稳态值所对应的时刻，反映系统的快速性。

3）调节时间。是指系统的输出量进入并一直保持在稳态输出值附近的允许误差带内所需的时间，反映系统的快速性。

4）振荡次数。是指在调节时间内，输出量在稳态值附近上下波动的次数，反映系统的平稳性，振荡次数越小，说明系统平稳性越好。

3.3.4　自动控制的基本规律与调节器

调节器是过程控制系统中的控制器，它根据被控量的偏差大小和正负，通过一定的算法产生调节控制量的输出实现对被控量的控制。

1. 比例控制与比例调节器

比例控制是指系统的输出量与输入量（即偏差量）成比例的控制，简称 P 控制。比例（P）调节器的输出信号 U_o 与输入信号 $\triangle U_i$ 之间关系的一般表达为 $U_o = k_p \triangle U_i$，上式表明 P 调节器的比例调节规律，即输出信号 U_o 与输入信号 $\triangle U_i$ 之间存在一一对应的比例关系。因此，比例系数 k_p 是 P 调节器的一个重要参数。

比例调解器实际上就是一个反向放大器。其特点是：比例控制作用及时、快速、控制性强，而且 k_p 值越大，系统的静态特性越好，静差越小。但 k_p 值过大将有可能造成系统的不稳定，故系统只能选择适当的 k_p 值，因此比例控制存在静差。当系统中出现扰动时，通过适当的比例控制，系统被控量虽然能达到新稳定，但是永远回不到原值。

2. 积分控制与积分调节器

积分控制是指系统的输出量与输入量对时间的积分成正比例的控制，简称 I 控制。积分（I）调节器利用极大开环电压放大能力使系统实现了稳态无静差。

积分控制的特点：积分控制可以消除输出量的稳态误差，能实现无静差控制，这是积分控制的最大优点。由于积分作用是随时间积累而渐渐增强的，故积分控制的调节过程是缓慢的；由于积分作用在时间上总是落后于输入偏差信号的变化，故积分调节作用是不及时的。因此积分作用通常作为一种辅助的调节作用，而自动控制系统也不单独使用 I 调节器。

3. 比例积分控制与比例积分调节器

比例积分（PI）调节器是以比例控制为主、积分控制为辅的调节器，其积分作用主要用来最终消除静差，故 PI 调节器又称为再调调节器。

比例积分控制的特点：比例积分控制的比例作用，使得系统动态响应速度快；而其积分作用，又使得系统基本上无静差。PI 调节器两个可供调整的参数为比例系数 K_p 和 T_i，当减少 K_p 或增大 T_i，都会减少超调量，有利于系统的稳定，但同时也降低系统的动态响应速度。

4. 比例积分微分控制与比例积分微分调节器

理想微分环节传递函数为：$G(s)=1/T_s$ 输入是单位阶跃函数 $1(t)$ 时，理想微分环节的输出为 $c(t)=T_d\delta(t)$，是个脉冲函数。

比例积分微分控制（简称 PID 控制）其不但可以实现控制系统无静差，而且具有比 PI 控制更快的动态响应速度。PID 调节器是一种较为完善的调节器。

5. 调节器的应用

集成运放用于实用调节器时，为保证集成运放的线性特性并保护自动控制系统的各个部件，运放的输出电压应进行限幅。常用的限幅电路有外限幅和内限幅两种。运放用于实际调节器时，除了运放输出应限幅外，还要考虑输入限幅、调零、消振、功率放大等问题。对于动态性能要求不是很高的自动控制系统，通常可以利用集成运算放大器构成的有源校正调节器来实现系统的校正。

3.4　直 流 调 速 系 统

3.4.1　直流调速系统概述

直流电动机优于交流电动机的地方是转矩控制简单，具有良好的启动、制动性能。其适用于在大范围内平滑调速，在许多需要调速和快速正反向的电力拖动领域中得到了广泛的应用。

直流电动机的调速方法有以下三种，即电枢回路串电阻调速、弱磁调速和调压调速。弱磁调速和调压调速均可实现无级平滑调速，前者为恒功率调速，调速范围小；后者为恒转矩调速，调速范围大。对于要求在一定范围内无级平滑调速的系统来说，调压调速性能最好、应用最为广泛。一般而言，直流自动调速系统，在低于额定转速而调速时采用调压调速方式，在高于额定转速而调速时采用弱磁调速方式。调节直流电动机电枢电压可获得恒转矩调速。

调压调速调节电枢电压需要有专门向电动机供电的可控直流电源。常用的可控直流电源有旋转变流机组、静止式可控整流器、直流斩波器或脉宽调制变换器三种；而相应的直流调速系统也有三种，即发电机—电动机（G-M）系统、晶闸管相位控制直流调速系统、直流斩波调速系统。三种调速系统的共同优点是调速范围宽、可获得高硬度的机械特性。晶闸管相位控制直流调速系统与 G-M 系统相比较，具有控制灵敏、响应快、占地面积小、能耗低、效率高、噪声小、维护方便等优点，从而得到了广泛应用。目前，直流电动机调速系统绝大部分都采用晶闸管相位控制直流调速系统。但晶闸管相位控制直流调速系统，也存在功率因数低，会产生高次谐波引起电网电压波形畸变以及晶闸管过载、过电压能力差等问题，使用中应引起足够重视。

直流调速开环控制系统如图 3-21 所示，这种控制系统有以下特点：

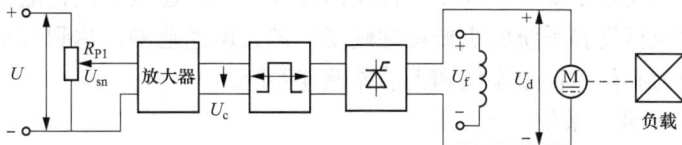

图 3-21　直流调速开环控制系统

（1）电动机的转速 n 只受控制量 U_{sn} 的控制，转速 n 对控制量 U_{sn} 没有反控制作用。

（2）开环控制系统对干扰产生的误差不能自动修正。

（3）开环控制系统为了保证一定的控制精度，系统必须采用高精度元器件。

（4）开环控制系统不存在稳定问题。

直流调速闭环控制系统如图 3-22 所示，此系统有以下特点：

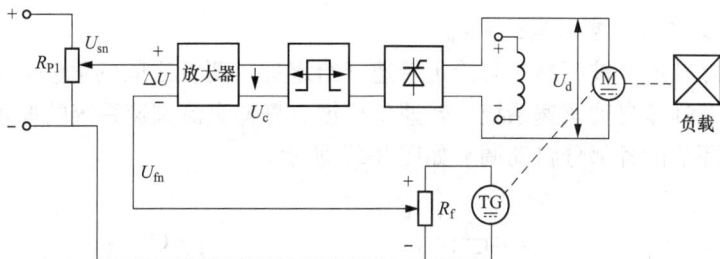

图 3-22　直流调速闭环控制系统交流调速系统

（1）闭环控制系统具有较强的抗干扰能力，控制精度高。

（2）闭环控制系统有反馈网络，结构复杂，成本较高。

（3）闭环控制系统存在稳定问题，可能会出现工作不稳定现象。

（4）闭环控制系统具有较强的抗干扰性能。凡是被反馈环节所包围的加在闭环系统前向通道各环节上的扰动量对输出量的影响都会受到反馈控制的抑制。此扰动仅限于被负反馈所包围的前向通道上的扰动，如图 3-23 所示。

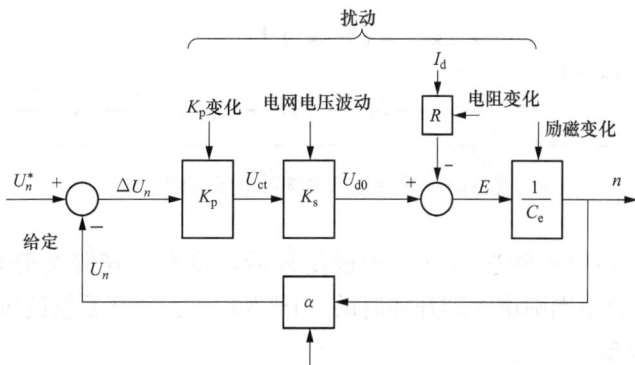

图 3-23　闭环调速系统的给定和扰动图

（5）闭环控制系统对给定信号和检测装置中的扰动没有作用，闭环控制系统的精度取决于给定稳压电源的精度和反馈检测装置的精度。

3.4.2　有静差直流自动调速系统

晶闸管直流自动调速系统，常采用各种反馈环节，如转速负反馈、电压负反馈和电流正反馈等，以提高调速精度和系统的机械特性硬度、扩大调速范围，达到自动调速目的。闭环直流调速系统可分为有静差调速系统和无静差调速系统。

1. 单闭环有静差调速系统

具有比例放大器的单闭环系统是有静差的，这种调速系统称为有静差调速系统，这种系统正是靠偏差来保证实现控制作用的。

$$\Delta n_{\mathrm{f}} = \frac{R_{\mathrm{x}}}{C_{\mathrm{e}}(1+K)} I_{\mathrm{a}}$$

当 K 趋向于无穷大时，Δn_{f} 趋向于零。

有静差的自动调速系统中的放大器只是一个具有比例放大作用的 P 调节器，必须依靠实际转速与给定转速两者之间的偏差才能实现转速控制作用，因此这种系统不能消除转速的稳态误差。

2. 转速负反馈有静差直流调速系统

凡是依靠实际转速（被调量）与给定转速（给定量）两者之间的偏差，才能来调节转速的调速都是有静差自动调速系统。转速负反馈有静差直流调速系统的原理图如图 3-24 所示，转速负反馈环节的各部分自动调节如图 3-25 所示。

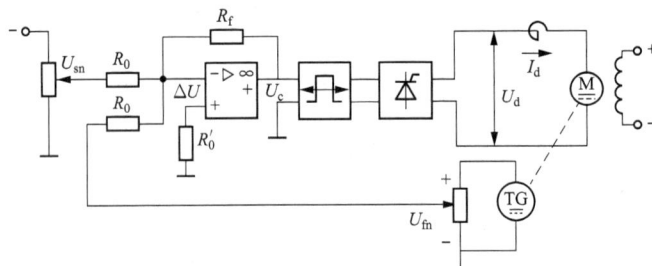

图 3-24　转速负反馈有静差直流调速系统的原理图

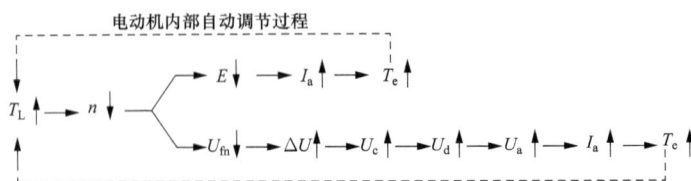

图 3-25　转速负反馈环节的自动调节

在同样负载下，系统由转速负反馈构成闭环后，稳态转速降为开环时稳态转速降的 $1/(1+K)$ 倍，而调速范围则增大到开环时的 $(1+K)$ 倍。闭环系统的机械特性比开环系统的机械特性硬度大很多。

3. 电压负反馈直流调速系统

电压负反馈直流调速系统对于电动机的电枢电阻压降引起的转速降落无力进行补偿。电压负反馈直流调速系统原理图如图 3-26。

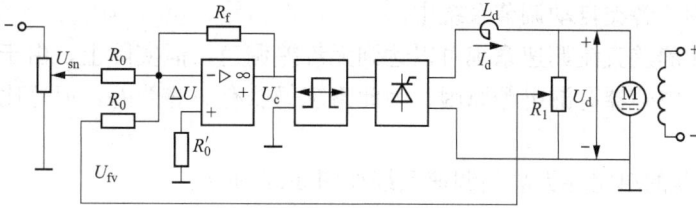

图 3-26　电压负反馈直流调速系统原理图

该系统的调速性能不如转速负反馈调速系统。该系统对电动机励磁电流的扰动也没有作用。电压负反馈调速系统的性能指标比转速负反馈调速系统差一些，但该系统无需装设如测速发电机等转速检测装置，结构简单，所以可应用在调速性能指标要求不高的场合。实际应用中为了尽量减小转速降落，电压负反馈的引出线应尽可能靠近电动机电枢两端。

由于系统的被调量是电动机电枢两端的电压 U_d，因此该系统实际上是一个电压调节系统。这种系统只能维持电枢电压 U_d 不变，可以补偿电枢回路中除电枢电阻外的其他电阻上因电压变化而引起的转速变化，因此，该系统的调速性能不如转速负反馈调速系统。

4. 带电流截止负反馈环节的转速负反馈直流调速系统

带电流截止负反馈环节的转速负反馈直流调速系统原理图如图 3-27 所示。电流截止负反馈是一种自动控制电流的环节，它能有效地解决闭环反馈调速系统的启动和堵转电流过大的问题。系统的静特性很软。这种具有电流截止负反馈闭环调速系统的下垂静特性，常称为"挖土机特性"。该系统的特点是：正常工作时，转速负反馈起作用，具有较硬的静特性；启动、制动、堵转和过载时，电流截止负反馈起作用，自动限制电枢回路电流，从而保护晶闸管和电动机，避免了大电流冲击造成电动机换向的困难。

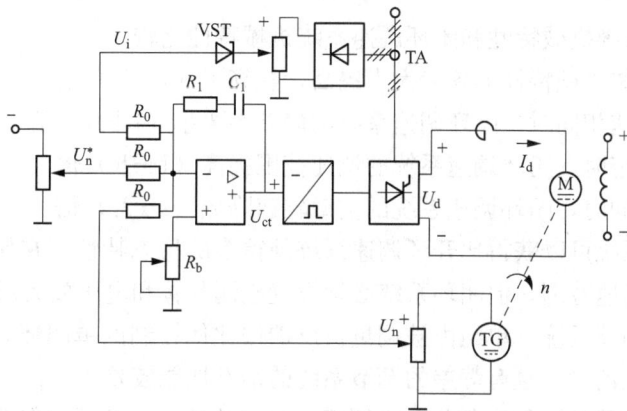

图 3-27　带电流截止负反馈环节的转速负反馈直流调速系统原理图

5. 带电流正反馈环节的电压负反馈直流调速系统

电压负反馈调速系统中，电流正反馈是补偿环节，一般实行欠补偿。

3.4.3　无静差直流调速系统

在闭环系统中，系统的输出量通过检测装置（传感器）引向系统的输入端，与系统的输入量进行比较，从而得到反馈量与输入大量之间的偏差信号。利用此偏差信号通过控制器（调节器）产生控制作用，自动纠正偏差。闭环控制系统具有提高系统抗扰性，改善控制精度的性能，广泛用于各类自动调节系统中。

转速单闭环无静差直流调速系统可以达到无静差调速，但实际上，由于运放有零漂、测速发电机有误差、电容器有漏电等原因，因此系统仍然有一些静差，但这比有静差调速系统小得多。

采用 PI 调节器的单闭环无静差调速系统如图 3-28 所示。

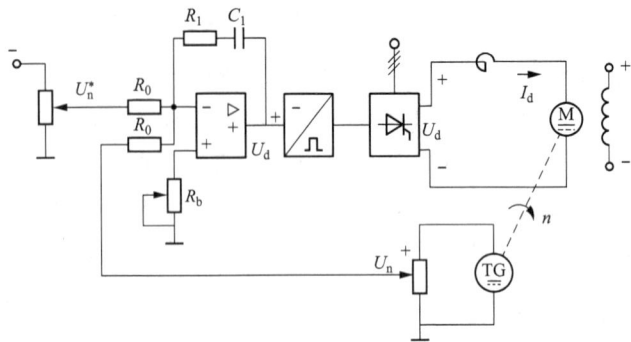

图 3-28 PI 调节器的单闭环无静差调速系统

调节过程中，比例部分主要在开始和中间起作用，而积分部分主要在后期起作用。不管负载如何变化，积分调节作用一定要把负载的影响完全补偿掉，使转速回到原来的值，这就是无静差调节过程。

只要在控制系统的前向通道上的扰动作用点以前有积分环节，当这个扰动为突加阶跃扰动时，它便不会引起稳态误差。如果积分环节出现在扰动作用点以后，是无法消除静差的。

3.4.4 总结

(1) 开环调速系统机械特性和闭环调速系统机械特性比较。

1) 闭环调速系统机械特性的硬度大大提高，提高了 $(1+K)$ 倍。

2) 理想空载转速相同时，闭环调速系统的静差率要小 $(1+K)$ 倍。

3) 当静差率一定时，闭环调速系统的调速范围提高 $(1+K)$ 倍。

4) 给定电压相同时，闭环调速系统的空载转速降低 $(1+K)$ 倍。

(2) 闭环调速系统可以获得比开环调速系统硬得多的稳态特性，在保证一定静差度的要求下，可大大提高调速范围。但闭环系统必须设置检测装置和电压放大器。

(3) 有静差的调节系统，单纯由被调量负反馈按比例控制的单闭环系统，只能设法减少静差，无法从根本上消除。且有静差的调节系统的动态性能较差。

(4) 无静差的调节系统包含积分和比例积分控制的部分，其不仅能改善动态性能，且能从根本上消除静差，实现无差调速。

测 试 题

1. 电压负反馈调速系统中，电流正反馈是补偿环节，一般实行（　　　）。

A. 欠补偿　　　　　B. 全补偿　　　　　C. 过补偿　　　　　D. 温度补偿

2. 直流调速装置通电前硬件检查内容有：电源电路检查，信号线、控制线检查，设备接线检查，PLC 接地检查。通电前一定要认真进行（　　　），以防止通电后引起设备损坏。

　　A. 电源电路检查　　　　　　　　　　　B. 信号线、控制线检查

　　C. 设备接线检查　　　　　　　　　　　D. PLC 接地检查

　　3. 直流调速装置安装的现场调试主要有硬件检查和程序（软件）调试两大内容。调试前准备工作有：收集有关资料，熟悉并阅读有关资料和说明书，主设备调试用仪表的准备。其中重要的是（　　　），这是日后正确使用设备的基础。

　　A. 程序（软件）调试　　　　　　　　　B. 熟悉并阅读有关资料和说明书

　　C. 设备接线检查　　　　　　　　　　　D. 硬件检查

　　4. 直流调速装置调试的原则一般是（　　　）。

　　A. 先检查，后调试　　　　　　　　　　B. 先调试，后检查

　　C. 先系统调试，后单机调试　　　　　　D. 边检查边调试

　　5. 恒转矩负载变频调速的主要问题是调速范围能否满足要求，典型的恒转矩负载有（　　　）。

　　A. 起重机、车床　　　　　　　　　　　B. 带式输送机、车床

　　C. 带式输送机、起重机　　　　　　　　D. 薄膜卷取机、车床

　　6. 调节直流电动机电枢电压可获得（　　　）调速性能。

　　A. 恒功率　　　　　B. 恒转矩　　　　　C. 弱磁通　　　　　D. 强磁通

　　7. 三相可控整流触发电路调试时，首先要检查三相同步电压波形，再检查（　　　），最后检查输出双脉冲的波形。

　　A. 晶闸管两端的电压波形　　　　　　　B. 三相锯齿波波形

　　C. 同步变压器的输出波形　　　　　　　D. 整流变压器的输出波形

　　8. 同开环控制系统相比，闭环控制的优点之一是（　　　）。

　　A. 具有抑制干扰的能力　　　　　　　　B. 系统稳定性提高

　　C. 减小了系统的复杂性　　　　　　　　D. 对元件特定变化更敏感

　　9. 调节器输出限幅电路的作用是，保证运放的（　　　），并保护调速系统各部件正常工作。

　　A. 线性特性　　　　　　　　　　　　　B. 非线性特征

　　C. 使输出电压适当衰减　　　　　　　　D. 使输出电压适当增大

　　10. 若理想微分环节的输入为单位阶跃，则其输出的单位阶跃响应是一个（　　　）。

　　A. 脉冲函数　　　　B. 一次函数　　　　C. 正弦函数　　　　D. 常数

　　11.（　　　）是直流调速系统的主要调速方案。

　　A. 改变电枢回路电阻　　　　　　　　　B、增强励磁磁通

　　C. 调节电枢电压　　　　　　　　　　　D. 减弱励磁磁通

　　12. 锯齿波触发电路由（　　　）、脉冲形成与放大、强触发与输出、双窄脉冲产生等 4 个环节组成。

　　A. 三角波产生与移相　　　　　　　　　B. 尖脉冲产生与移相

　　C. 矩形波产生与移相　　　　　　　　　D. 锯齿波产生与相位控制

　　13. 锯齿波触发电路中调节恒流源对电容器的充电电流，可以调节（　　　）。

　　A. 锯齿波的周期　　B. 锯齿波的斜率　　C. 锯齿波的幅值　　D. 锯齿波的相位

　　14. 锯齿波触发电路中的锯齿波是由（　　　）对电容器充电以及快速放电产生的。

A. 矩形波电源　　　　B. 正弦波电源　　　　C. 恒压源　　　　D. 恒流源

15. 锯齿波触发电路中的锯齿波是由恒流源对（　　）充电以及快速放电产生的。

A. 电抗器　　　　B. 电容器　　　　C. 蓄电池　　　　D. 电阻器

16. 在输入信号之初，PI 调节器相当于一个（　　）。

A. 延时环节　　　　B. 惯性环节　　　　C. I 调节器　　　　D. P 调节器

17. 实际的 PI 调节器电路中常有锁零电路，其作用是（　　）。

A. 停车时使 PI 调节器输出饱和　　　　　　B. 停车时发出制动信号

C. 停车时发出报警信号　　　　　　　　　　D. 停车时防止电动机爬动

18. 若要使 PI 调节器输出量下降，必须输入（　　）的信号。

A. 与原输入量不相同　　　　　　　　　　B. 与原输入量大小相同

C. 与原输入量极性相反　　　　　　　　　D. 与原输入量极性相同

19. 在带 PI 调节器的无静差直流调速系统中，可以用（　　）来抑制突加给定电压的电流冲击，以保证系统有较大的比例系数来满足稳态性能指标要求。

A. 电流截止正反馈　　B. 电流截止负反馈　　C. 电流正反馈补偿　　D. 电流负反馈

20. 对采用 PI 调节器的无静差调速系统，若要提高系统快速响应能力，应（　　）。

A. 整定 P 参数，加大比例系数　　　　　　B. 整定 I 参数，加大积分系数

C. 整定 I 参数，减小积分系数　　　　　　D. 整定 P 参数，减小比例系数

21. 由比例调节器组成的闭环控制系统是（　　），积分调节器是无静差系统。

A. 顺序控制系统　　B. 离散控制系统　　C. 无静差系统　　D. 有静差系统

22. 闭环控制系统具有反馈环节，它能依靠（　　）进行自动调节，以补偿扰动对系统产生的影响。

A. 负反馈环节　　　　B. 正反馈环节　　　　C. 校正装置　　　　D. 补偿环节

23. 微分环节和积分环节的传递函数（　　）。

A. 不相关　　　　B. 线性关系　　　　C. 互为约数　　　　D. 互为倒数

24. 晶闸管触发电路所产生的触发脉冲信号必须要（　　）。

A. 有一定的电位　　B. 有一定的电抗　　C. 有一定的频率　　D. 有一定的功率

25. 晶闸管触发电路发出触发脉冲的时刻是由（　　）来定位的，由偏移电压调整初始相位，由控制电压来实现移相。

A. 脉冲电压　　　　B. 触发电压　　　　C. 异步电压　　　　D. 同步电压

26. 晶闸管触发电路的同步主要是解决两个问题，一是如何保证各晶闸管的（　　）一致；二是如何同步电压相位的相适应。

A. 同步角　　　　B. 控制角　　　　C. 功率角　　　　D. 偏置角

27. 当系统的机械特性硬度一定时，如要求的静差率 s 越小，则调速范围 D（　　）。

A. 越大　　　　B. 越小　　　　C. 可大可小　　　　D. 不变

28. 稳态时，无静差调速系统中积分调节器的（　　）。

A. 给定电压等于零　　　　　　　　　　B. 反馈电压等于零

C. 输入端电压不为零　　　　　　　　　D. 输入端电压一定为零

29. 无静差调速系统中必定有（　　）。

A. 比例调节器　　B. 比例微分调节器　　C. 微分调节器　　D. 积分调节器

30. 转速负反馈调速系统对检测反馈元件和给定电压造成的转速扰动（　　）补偿能力。

A. 对前者有补偿能力，对后者无　　　　　B. 没有

C. 对前者无补偿能力，对后者有　　　　　D. 有

31. 转速、电流双闭环调速系统中不加电流截止负反馈，是因为其主电路电流的限流（　　）。

A. 由速度调节器的限幅保证　　　　　　　B. 有电流环控制

C. 由转速环控制　　　　　　　　　　　　D. 由比例积分调节器保证

32. 带转速微分负反馈的直流双闭环调速系统对其动态转速降大大降低，RC 值越大，（　　）。

A. 动态转速降越低，恢复时间越短　　　　B. 静态转速降越低，恢复时间越短

C. 动态转速降越低，恢复时间越长　　　　D. 静态转速降越低，恢复时间越长

33. 在转速负反馈系统中，闭环系统的静态转速降低为开环系统静态转速降的（　　）倍。

A. $1/K$　　　　　B. $1+2K$　　　　　C. $1/(1+K)$　　　　　D. $1+K$

34. 在晶闸管可逆调速系统中，为防止逆变失败，应设置（　　）的保护环节。

A. β_{min} 和 α_{min} 任意限制其中一个　　　B. 限制 β_{min} 和 α_{min}

C. 限制 α_{min}　　　　　　　　　　　　D. 限制 β_{min}

35. 在转速、电流双闭环调速系统中，电动机转速可调，转速不高且波动较大，此故障的可能原因是（　　）。

A. PI 调节器限幅值电路故障　　　　　　　B. 电动机励磁电路故障

C. 晶闸管或触发电路故障　　　　　　　　D. 反馈电路故障

36. 双闭环直流调速系统启动时，速度给定电位器应从零开始缓加电压，主要目的是（　　）。

A. 防止速度调节器 ASR 启动时饱和　　　　B. 保护晶闸管防止过电压

C. 保护晶闸管和电动机　　　　　　　　　D. 防止电流调节器 ACR 启动时限幅

37. 调速系统开机时电流调节器 ACR 立刻限幅，电动机速度达到最大值，或电动机忽转忽停出现振荡，可能的原因是（　　）。

A. 系统受到严重干扰　　　　　　　　　　B. 励磁电路故障

C. 限幅电路没整定好　　　　　　　　　　D. 反馈极性错误

38. 软启动器接通主电源后，虽处于待机状态，但电动机有嗡嗡响，此故障不可能的原因是（　　）。

A. 晶闸管短路故障　　　　　　　　　　　B. 旁路接触器有触电粘连

C. 触发电路故障　　　　　　　　　　　　D. 启动线路接线错误

39. 双闭环直流调速系统包括电流环和转速环，其中两环之间关系是（　　）。

A. 电流环为外环，转速环为内环　　　　　B. 电流环为内环，转速环为外环

C. 电流环与转速环并联　　　　　　　　　D. 两环无所谓内外均可

40. 速度、电流双闭环调速系统，在突加给定电压启动过程中最初阶段，速度调节器处于（　　）状态。

A. 调节　　　　　　B. 零　　　　　　C. 截止　　　　　　D. 饱和

41. 双闭环调速系统中，转速调节器一般采用 PI 调节器，P 参数的调节主要影响系统的

（　　）。

　　A. 稳态性能　　　　　B. 动态性能　　　　　C. 静差率　　　　　D. 调节时间

42. 双闭环调速系统中，转速调节器一般采用 PI 调节器，I 参数的调节主要影响系统的（　　）。

　　A. 调节时间　　　　　B. 静差率　　　　　C. 动态性能　　　　　D. 稳态性能

43. 直流双闭环调速系统引入转速（　　）后，能有效地抑制转速超调。

　　A. 滤波电容　　　B. 微分补偿　　　C. 微分正反馈　　　D. 微分负反馈

44. 直流双闭环调速系统引入转速微分负反馈后，可使突加给定电压启动时转速调节器提早退出饱和，从而有效地（　　）。

　　A. 抑制调速超调　　　　　　　　B. 抑制电枢电压超调

　　C. 抑制电枢电流超调　　　　　　D. 抵消突加给定电压突变

45. 在交流调压调速系统中，目前广泛采用（　　）来调节交流电压。

　　A. 晶闸管周波控制　　　　　　　B. 定子回路串饱和电抗器

　　C. 定子回路加自耦变压器　　　　D. 晶闸管相位控制

46. 交流调压调速系统对（　　）较适宜。

　　A. 风机类负载　　　　　　　　　B. 恒转矩负载

　　C. 长期运行于低速的负载　　　　D. 龙门刨床

47. 西门子 6RA70 直流调速器首次使用时，必须输入一些现场参数，首先输入（　　）。

　　A. 电动机铭牌数据　　　　　　　B. 优化运行参数

　　C. 基本工艺功能参数　　　　　　D. 电动机过载监控保护参数

48. 西门子 6RA70 全数字直流调速器使用时，若要恢复工厂设置参数，下列设置（　　）可实现该功能。

　　A. P051＝25　　　　B. P051＝26　　　　C. P051＝21　　　　D. P051＝296

49. KC04 集成触发电路由锯齿波形成、移相控制、脉冲形成及（　　）等环节组成。

　　A. 三角波输出　　　B. 正弦波输出　　　C. 偏置角输出　　　D. 整形放大输出

50. KC04 集成触发电路中 11 脚和 12 脚上所接的 R8、C2 决定输出脉冲的（　　）。

　　A. 宽度　　　　　　B. 高度　　　　　　C. 斜率　　　　　　D. 频率

51. KC04 集成触发电路一个周期内可以从 1 脚和 15 脚分别输出相位差（　　）的两个窄脉冲。

　　A. 60°　　　　　　B. 90°　　　　　　C. 120°　　　　　　D. 180°

52. 调速系统中调节器输入端的 T 型输入滤波电路在动态时，相当于一个（　　）。

　　A. 线性环节　　　B. 微分环节　　　C. 阻尼环节　　　D. 惯性环节

53. 欧陆 514 调速器组成的电压电流双闭环系统运行中，若出现负载加重、转速升高的现象，可能的原因是（　　）。

　　A. 电流正反馈欠补偿　　　　　　B. 电流正反馈过补偿

　　C. 电流正反馈全补偿　　　　　　D. 电流正反馈没补偿

54. 欧陆 514 直流调速装置是（　　）直流可逆调速系统。

　　A. 逻辑无环流　　　　　　　　　B. 可控环流

　　C. 逻辑选触无环流　　　　　　　D. $\alpha＝\beta$ 配合控制有环流

55. 在自动控制系统中不仅要求异步测速发电机输出电压与减速成正比，而且也要求输出电压与励磁电源同相位，误差可在（　　　），也可在输出绕组电路补偿。

A. 励磁回路中并联电容进行补偿　　　　　　　B. 励磁回路中串联电容进行补偿

C. 输出回路中并联电感进行补偿　　　　　　　D. 输出回路中串联电感进行补偿

56. 从自动控制系统的基本组成环节来看，开环控制系统与闭环控制系统的区别在于（　　　）。

A. 有无测量装置　　　　B. 有无被控对象　　　　C. 有无反馈环节　　　　D. 控制顺序

57. 当初始信号为零时，在阶跃输入信号作用下，积分调节器（　　　）与输入量成正比。

A. 积分电容两端电压　　　　　　　　　　　B. 输出量的大小

C. 积分电容两端的电压偏差　　　　　　　　D. 输出量的变化率

58. 单相半波可控整流电路电阻性负载一个周期内输出电压波形的最大导通角 θ 是（　　　）。

A. 90°　　　　　　　B. 120°　　　　　　　C. 180°　　　　　　　D. 240°

59. 单相桥式可控整流电路电阻性负载的输出电压波形中一个周期内会出现（　　　）个波峰。

A. 4　　　　　　　　B. 1　　　　　　　　C. 3　　　　　　　　D. 2

60. 三相半波可控整流电路的三相整流变压器二次侧采用（　　　）接法。

A. Y　　　　　　　　B. △　　　　　　　　C. 桥式　　　　　　　　半控

61. 单相桥式可控整流电路大电感负载无续流管的输出电流波形（　　　）。

A. 只有正弦波的正半周部分　　　　　　　　B. 正电流部分大于负电流部分

C. 会出现负电流部分　　　　　　　　　　　D. 是一条近似水平线

62. 单相桥式整流电路的变压器二次侧电压为 20V，每个整流二极管所承受的最大方向电压为（　　　）V。

A. 20　　　　　　　　B. 28.28　　　　　　　C. 40　　　　　　　　D. 56.56

63. 单相桥式可控整流电路电阻性负载的输出电流波形（　　　）。

A. 只有正弦波的正半周部分　　　　　　　　B. 正电流部分大于负电流部分

C. 会出现负电流部分　　　　　　　　　　　D. 是一条近似水平线

64. 三相半波整流电路电感性负载无续流管，输出电压平均值的计算公式是（　　　）。

A. $U_d = 0.45U_2\cos\alpha$　　（0°≤α≤90°）　　　　B. $U_d = 0.9U_2\cos\alpha$　　（0°≤α≤90°）

C. $U_d = 2.34U_2\cos\alpha$　　（0°≤α≤90°）　　　　D. $U_d = 1.17U_2\cos\alpha$　　（0°≤α≤90°）

65. 三相半控桥式整流电路电感性负载有续流二极管时，若控制角 α 为（　　　），则晶闸管电流平均值等于续流二极管电流平均值。

A. 60°　　　　　　　B. 30°　　　　　　　C. 120°　　　　　　　D. 90°

66. 三相半波可控整流电路电阻性负载的输出电压波形在控制角（　　　）的范围内连续。

A. 0°<α<30°　　　B. 0°<α<45°　　　C. 0°<α<60°　　　D. 0°<α<90°

67. 三相半波可控整流电路电感性负载的输出电流波形（　　　）。

A. 控制角 α>30°时出现断续　　　　　　　　B. 正电流部分大于负电流部分

C. 与输出电压波形相似　　　　　　　　　　D. 是一条近似水平线

68. 三相半波可控整流电路电阻性负载的输出电流波形在控制角 α>（　　　）时出现

断续。
 A. 30°   B. 15°   C. 45°   D. 90°

69. 三相半控桥式整流电路电阻性负载每个晶闸管电流平均值是输出电流平均值的（　　）。
 A. 1/6   B. 1/4   C. 1/2   D. 1/3

70. 三相半控桥式整流电路电感性负载每个二极管电流平均值是输出电流平均值的（　　）。
 A. 1/3   B. 1/2   C. 1/4   D. 1/6

71. 三相半波可控整流电路大电感负载无续流管，每个晶闸管电流平均值是输出电流平均值的（　　）。
 A. 1/3   B. 1/2   C. 1/4   D. 1/6

72. 三相半波可控整流电路由（　　）只晶闸管组成。
 A. 3   B. 5   C. 4   D. 2

73. 三相半波可控整流电路电阻负载的控制角 α 移相范围是（　　）。
 A. 0°～90° B. 0°～100° C. 0°～120° D. 0°～150°

74. 三相半控式整流电路由（　　）只晶闸管和3只功率二极管组成。
 A. 1   B. 2   C. 3   D. 4

75. 三相半波可控整流电路电感性负载无续流管，晶闸管电源有效值是输出电流平均值的（　　）倍。
 A. 0.333   B. 0.577   C. 0.707   D. 0.9

76. 三相半控桥式整流电路由3只（　　）晶闸管和3只共阳极功率二极管组成。
 A. 共阴极   B. 共阳极   C. 共基极   D. 共门级

77. 三相半控桥式整流电路电感性负载时，控制角 α 的移相范围是（　　）。
 A. 0°～180° B. 0°～120° C. 0°～150° D. 0°～90°

78. 三相可控整流触发电路调试时，首先要检查三相同步电压波形，再检查三相锯齿波波形，最后检查（　　）。
 A. 同步变压器的输出波形   B. 整流变压器的输出波形
 C. 晶闸管两端的电压波形   D. 输出双脉冲的波形

79. 三相可控整流触发电路调试时，要使每相输出的两个窄脉冲（双脉冲）之间相差（　　）。
 A. 120°   B. 60°   C. 90°   D. 180°

80. 三相桥式可控整流电路电阻性负载的输出电压波形在控制角 $\alpha <$（　　）时连续。
 A. 60°   B. 70°   C. 80°   D. 90°

81. 三相桥式可控整流电路电感性负载，控制角 α 增大时，输出电流波形（　　）。
 A. 降低   B. 升高   C. 变宽   D. 变窄

82. 三相全控桥式整流电路电感性负载，控制角 α 增大时，输出电压值（　　）。
 A. 增大   B. 减小   C. 不变   D. 不定

83. 三相全控桥式整流电路由3只共阴极晶闸管与3只共阳极（　　）组成。
 A. 二极管   B. 三极管   C. 场效应管   D. 晶闸管

84. 三相全控桥式整流电路电阻负载，每个晶闸管的最大导通角 θ 是（　　）。

A. 150°　　　　　B. 120°　　　　　C. 90°　　　　　D. 60°

85. 三相全控桥式整流电路电阻负载，控制角 α 增大时，输出电压（　　）。

A. 减小　　　　　B. 增大　　　　　C. 不变　　　　　D. 不定

86. 三相全控桥式整流电路电感性负载无续流管，输出电压平均值的计算公式是（　　）。

A. $U_d=2.34U_2\cos\alpha$　（$0°\leqslant\alpha\leqslant30°$）　　　B. $U_d=2.34U_2\cos\alpha$　（$0°\leqslant\alpha\leqslant60°$）

C. $U_d=2.34U_2\cos\alpha$　（$0°\leqslant\alpha\leqslant90°$）　　　D. $U_d=2.34U_2\cos\alpha$　（$0°\leqslant\alpha\leqslant120°$）

87. 三相全控桥式整流电路电感性负载无续流管，控制角 α 的移相范围是（　　）。

A. 0°～30°　　　B. 0°～60°　　　C. 0°～90°　　　D. 0°～120°

88. 三相全控桥式整流电路电感性负载无续流管，控制角 α 大于（　　）时，输出出现负电压。

A. 90°　　　　　B. 60°　　　　　C. 45°　　　　　D. 30°

89. 三相全控桥式整流电路阻感性负载无续流管，控制角 α 的移相范围是（　　）。

A. 0°～90°　　　B. 0°～60°　　　C. 0°～120°　　　D. 0°～30°

90. 三相全控桥式整流电路电阻负载，电流连续与断续的分界点是控制角 $\alpha=$（　　）。

A. 60°　　　　　B. 90°　　　　　C. 30°　　　　　D. 120°

91. 三相全控桥式整流电路电感性负载有续流管，控制角 α 的移相范围是（　　）。

A. 0°～30°　　　B. 0°～60°　　　C. 0°～90°　　　D. 0°～120°

92. 自动调速系统应归类在（　　）。

A. 过程控制系统　　B. 采样控制系统　　C. 恒值控制系统　　D. 智能控制系统

93. 反馈控制系统主要由（　　）、比较器和控制器构成，利用输入与反馈两信号比较后的偏差作为控制信号纠正输出量与期望值之间的误差，是一种精确控制系统。

A. 给定环节　　　B. 补偿环节　　　C. 放大器　　　D. 检测环节

94. 软启动器进行启动操作后，电动机运转，但长时间达不到额定值，此故障原因不可能是（　　）。

A. 启动参数不合适　　　　　　　B. 启动线路接线错误

C. 启动控制方式不当　　　　　　D. 晶闸管模块故障

95. 欧陆 514 调速器组成的电压电流双闭环系统在系统过载或堵转时，ASR 调节器处于（　　）。

A. 截止状态　　　B. 调节状态　　　C. 不确定　　　D. 饱和状态

96. 直流调速装置可运用于不同的环境中，并且使用的电气元件在抗干扰性能与干扰辐射强度存在较大差别，安装应以实际情况为基础，遵守（　　）规则。

A. 安全　　　　　B. 3C 认证　　　　C. EMC　　　　D. 企业规范

97. 在带电流截止负反馈的调速系统中，为安全起见还安装快速熔断器、过电流继电器等，在整定电流时，（　　）。

A. 熔体额定电流＞堵转电流＞过电流继电器动作电流

B. 熔体额定电流＞过电流继电器动作电流＞堵转电流

C. 堵转电流＞熔体额定电流＞过电流继电器动作电流

D. 过电流继电器动作电流＞熔体额定电流＞堵转电流

98. 工业控制领域中应用的直流调速系统主要采用（　　）。

A. 静止可控整流器调压　　　　　　　B. 电枢回路串电阻调压

C. 旋转变流机组调压　　　　　　　　D. 直流斩波器调压

99. 闭环负反馈直流调速系统中，电动机励磁电路的电压文波干扰对系统性能的影响，若采用（　　）自我调节。

A. 电压负反馈加电流正反馈补偿调速时能　B. 转速负反馈调速时能

C. 转速负反馈调速时不能　　　　　　D. 电压负反馈调速时能

100.（　　）就是在原有的系统中，有目的的增添一些装置（或部件），人为的改变系统的结构和参数，使系统的性能获得改善，以满足所要求的稳定性指标。

A. 系统校正　　　　B. 反馈校正　　　　C. 顺馈补偿　　　　D. 串联校正

101. 自动调速系统中的（　　）可看成是比例环节。

A. 补偿环节　　　　B. 放大器　　　　C. 测速发电机　　　　D. 校正电路

102. 带比例调节器的单闭环直流调速系统中，放大器的 K_p 越大，系统的（　　）。

A. 静态、动态特性越好　　　　　　　B. 动态特性越好

C. 静态特性越好　　　　　　　　　　D. 静态特性越坏

103. 当初始信号为零时，在阶跃输入信号作用下，积分调节器（　　）与输入量成正比。

A. 输出量的变化率　　　　　　　　　B. 输出量的大小

C. 积分电容两端电压　　　　　　　　D. 积分电容两端的电压偏差

104. 微分环节和积分环节的传递函数（　　）。

A. 互为倒数　　　　B. 互为约数　　　　C. 线性关系　　　　D. 不相关

105. 工程设计中的调速精度指标要求在所有调速特性上都能满足，故应是调速系统（　　）特性的静差率。

A. 最高转速　　　　B. 额定转速　　　　C. 平均转速　　　　D. 最低转速

106. 晶闸管整流装置的调速顺序应为（　　）。

A. 定初始相位、测相序、空升电压、空载特性测试

B. 测相序、定初始相位、空升电压、空载特性测试

C. 测相序、空升电压、定初始相位、空载特性测试

D. 测相序、空升电压、空载特性测试、定初始相位

107. 电压负反馈调速系统对（　　）有补偿能力。

A. 励磁电流的扰动　　　　　　　　　B. 电刷接触电阻扰动

C. 检测反馈元件扰动　　　　　　　　D. 电网电压扰动

108. 直流 V-M 调速系统较 PWM 调速系统的主要优点是（　　）。

A. 自动化程度高　　　B. 控制性能好　　　C. 动态响应快　　　D. 大功率时性价比高

109. 三相桥式可控整流电路电感性负载，控制角 α 减小时，输出电流波形（　　）。

A. 降低　　　　B. 升高　　　　C. 变宽　　　　D. 变窄

110. 速度检测与反馈电路的精度，对调速系统的影响是（　　）。

A. 只影响系统动态性能　　　　　　　B. 不影响，系统可自我调节

C. 只决定速度反馈系数　　　　　　　D. 决定系统稳态精度

111. 自动调速系统中积分环节的特点是（　　　）。

A. 具有瞬时响应能力　　　　　　　　　B. 具有超前响应能力

C. 响应具有滞后作用　　　　　　　　　D. 具有纯延时响应

112. 在带 PI 调节器无静差直流调速系统中，电流截止负反馈在电动机（　　　）作用。

A. 堵转时起限流保护　　　　　　　　　B. 堵转时不起

C. 正常运行时起限流保护　　　　　　　D. 正常运行时起电流截止

113. 目前三相交流调压调速系统中广泛采用（　　　）来调节交流电压。

A. 加周波控制　　　　　　　　　　　　B. 晶闸管 PWM 控制

C. 晶闸管相位控制　　　　　　　　　　D. GTO 相位控制

114. 由于比例调节器是依靠输入误差来进行调节的，因此比例调节系统中必定（　　　）。

A. 不确定　　　　　B. 动态无静差　　　　　C. 无静差　　　　　D. 有静差

115. 为减小剩余电压误差，其办法有（　　　）。

A. 提高励磁电源频率，在输出绕组电路补偿

B. 降低励磁电源频率、提高制造精度和加工精度

C. 提高制造精度和加工精度、在输入绕组电路补偿

D. 提高制造精度和加工精度、在输出绕组电路补偿

第4章　机床电气维修与电气图测绘

4.1　X62W型万能铣床电气维修

铣床（Milling Machine）指主要用铣刀在工件上加工各种表面的机床。通常以铣刀旋转运动为主运动，工件（和）铣刀的移动为进给运动。它可以加工平面、沟槽，也可以加工各种曲面、齿轮等。铣床除能铣削平面、沟槽、轮齿、螺纹和花键轴外，还能加工比较复杂的型面，效率较刨床高，在机械制造和修理部门得到广泛应用。

4.1.1　X62W万能铣床的主要结构及运动形式

1. 主要结构

X62W万能铣床由床身、主轴、刀杆、横梁、工作台、回转盘、横溜板和升降台等几部分组成，如图4-1所示。

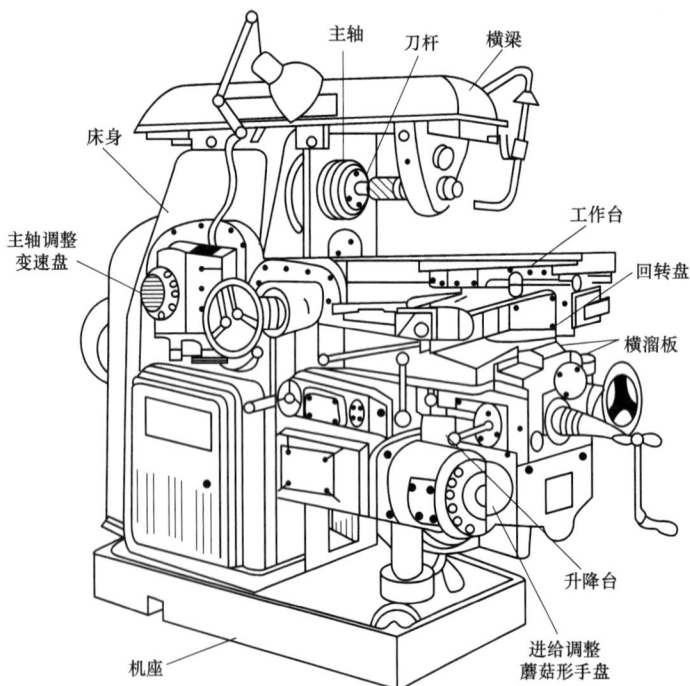

图 4-1　X62W 万能铣床结构图

2. 运动形式

（1）主轴转动是由主轴电动机通过弹性联轴器来驱动传动机构的。当机构中的一个双联滑动齿轮块啮合时，主轴即可旋转。

（2）工作台面的移动是由进给电动机驱动的。它通过机械机构使工作台能进行 3 种形式、6 个方向的移动，即：工作台面能直接在溜板上部可转动部分的导轨上做纵向（左、右）

移动；工作台面借助横溜板做横向（前、后）移动；工作台面还能借助升降台做垂直（上、下）移动。

3. X62W 万能铣床对电气线路的要求

（1）机床要求有 3 台电动机，分别为主轴电动机、进给电动机和冷却泵电动机。

（2）由于加工时有顺铣和逆铣两种方式，所以要求主轴电动机能正反转，并且在变速时能瞬时冲动一下，以利于齿轮的啮合。其还要求能实现制动停车和两地控制。

（3）工作台的 3 种运动形式、6 个方向的移动是依靠机械的方法来达到的，对进给电动机要求能正反转，且要求纵向、横向、垂直 3 种运动形式相互间应有联锁，以确保操作安全。同时要求工作台在进给变速时，电动机也能实现瞬间冲动、快速进给及两地控制等要求。

（4）冷却泵电动机只要求正转。

（5）进给电动机与主轴电动机需实现两台电动机的联锁控制，即主轴电动机工作后才能进行工作台的进给。

4.1.2　X62W 万能铣床电气控制线路分析

X62W 万能铣床电气原理图如附录 A 所示。电气原理图由主电路、控制电路和照明电路 3 部分组成。这里主要介绍主电路和控制电路部分。

1. 主电路

有三台电动机。M1 是主轴电动机；M2 是进给电动机；M3 是冷却泵电动机。

（1）主轴电动机 M1 通过换相开关 SA5 与接触器 KM1 配合，能进行正反转控制，而与接触器 KM2、制动电阻器 R 及速度继电器 KS 的配合，能实现串电阻瞬时冲动和正反转反接制动控制，并能通过机械进行变速。

（2）进给电动机 M2 能进行正反转控制，通过接触器 KM3、KM4 与行程开关及 KM5、牵引电磁铁 YA 配合，能实现进给变速时的瞬时冲动、6 个方向的常速进给和快速进给控制。

（3）冷却泵电动机 M3 只能正转。

（4）熔断器 FU1 作机床总短路保护，也兼作 M1 的短路保护；FU2 作为 M2、M3 及控制变压器 TC、照明灯 EL 的短路保护；热继电器 FR1、FR2、FR3 分别作为 M1、M2、M3 的过载保护。

2. 控制电路

（1）主轴电动机的控制。主轴电动机的电气控制线路如图 4-2 所示，其中图 4-2（a）为主电路部分，图 4-2（b）为控制电路部分。

1）SB1、SB3 与 SB2、SB4 是分别装在机床两边的停止（制动）和启动按钮，以实现两地控制，方便操作。

2）KM1 是主轴电动机启动接触器，KM2 是反接制动和主轴变速冲动接触器。

3）SQ6 是与主轴变速手柄联动的瞬时动作行程开关。

4）主轴电动机需启动时，要先将 SA5 扳到主轴电动机所需要的旋转方向，然后再按启动按钮 SB3 或 SB4 来启动电动机 M1。

5）M1 启动后，速度继电器 KS 的一副常开触点闭合，为主轴电动机的停转制动做好准备。

6）停车时，按停止按钮 SB1 或 SB2 切断 KM1 电路，接通 KM2 电路，改变 M1 的电源

电源开关	总短路保护	主轴电动机			主轴控制	
		正反转	制动及冲动		变速冲动及制动	正反转启动

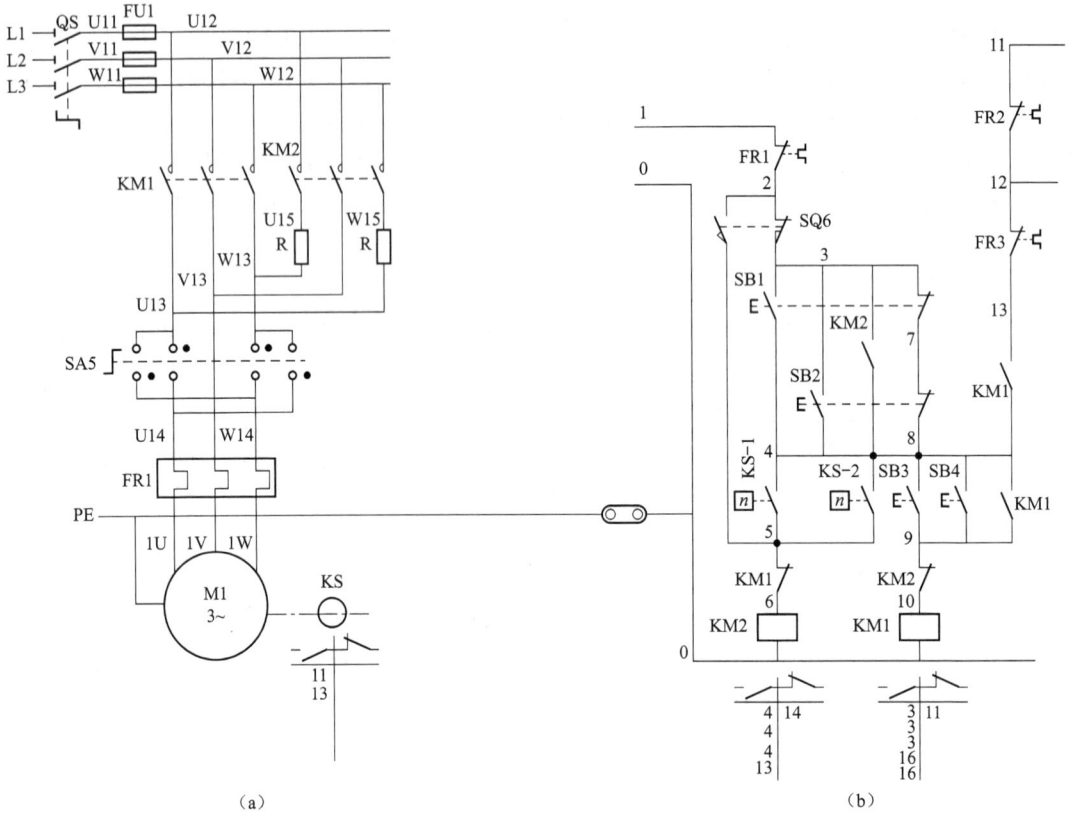

图 4-2　主轴电动机的电气控制线路

(a) 主电路；(b) 控制电路

相序进行串电阻反接制动。当 M1 的转速低于 120r/min 时，速度继电器 KS 的一副常开触点恢复断开，切断 KM2 电路，M1 停转，制动结束。

据以上分析可写出主轴电动机转动（即按 SB3 或 SB4）时控制线路的通路：1—2—3—7—8—9—10—KM1 线圈—0；主轴停止与反接制动（即按 SB1 或 SB2）时的通路：1—2—3—4—5—6—KM2 线圈—0。

7）主轴电动机变速时的瞬动（冲动）控制，是利用变速手柄与冲动行程开关 SQ6 通过机械上联动机构进行控制的，其示意图如图 4-3 所示。变速时，先下压变速手柄，然后拉到前面，当快要落到第二道槽时，转动变速盘，选择需要的转速。此时凸轮压下弹簧杆，使冲动行程开关 SQ6 的常闭触点先断开，切断 KM1 线圈的电路，使电动机 M1 断电；同时 SQ6 的常开触点后接通，使 KM2 线圈得电动作，M1 被反接制动。当手柄拉到第二道槽时，SQ6 不受凸轮控制而复位，M1 停转。接着把手柄从第二道槽推回原始位置时，凸轮又瞬时压动行程开关 SQ6，使 M1 反向瞬时冲动一下，以利于变速后的齿轮啮合。操作时应注意，不论是开车还是停车时，都应以较快的速度把手柄推回原始位置，以免通电时间过长，引起 M1 转速过高而打坏齿轮。

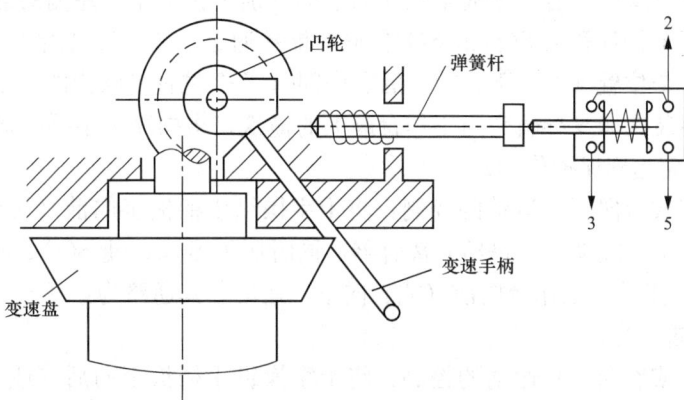

图 4-3　主轴变速冲动控制示意图

（2）工作台进给电动机的控制。工作台的纵向、横向和垂直运动都由进给电动机 M2 驱动，接触器 KM3 和 KM4 使 M2 实现正反转，从而改变工作台运动方向。它的控制电路是由纵向运动机械操作手柄联动的行程开关 SQ1、SQ2 和横向及垂直运动机械操作手柄联动的行程开关 SQ3、SQ4 组成复合联锁控制的。即在选择 3 种运动形式的 6 个方向移动时，只能进行其中一个方向的移动，以确保操作安全，当这两个机械操作手柄都在中间位置时，各行程开关都处于断开的原始状态，如附录 A X62W 型万能铣床电气原理图中的进给电动机部分所示。

由附录 A 可知：M2 电动机在主轴电动机 M1 起动后才能进行工作。在机床接通电源后，将控制圆工作台的组合开关 SA3 扳到断开处，使触点 SA3-1（17—18）和 SA3-3（12—21）闭合，而 SA3-2（19—21）断开，然后启动 M1，这时接触器 KM1 吸合，使 KM1（9—12）闭合，就可进行工作台的进给控制。

1）工作台左右（在水平方向上）运动的控制。工作台的左右运动是由进给电动机 M2 驱动、由纵向操纵手柄来控制的。此手柄是复式的，一个安装在工作台底座的顶面中央部位，另一个安装在工作台底座的左下方。手柄有三个，即向左、向右、零位。当手柄扳到向右或向左运动方向时，手柄的联动机构压下行程开关 SQ1 或 SQ2，使接触器 KM3 或 KM4 动作，控制进给电动机 M2 的正反转。

工作台左右运动的行程，可通过调整安装在工作台两端的撞铁位置来实现。当工作台纵向运动到极限位置时，撞铁撞动纵向操纵手柄，使它回到零位，M2 停转，工作台停止运动，从而实现了纵向终端保护。

工作台向左运动：在 M1 启动后，将纵向操作手柄扳至向左位置，一方面机械接通纵向离合器，同时在电气上压下 SQ2，使 SQ2-2 断，SQ2-1 通，而其他控制进给运动的行程开关都处于原始位置，此时 KM4 吸合，M2 反转，工作台向左进给运动。其控制电路的通路为：12—15—16—17—18—24—25—KM4 线圈—0。

工作台向右运动：当纵向操纵手柄扳至向右位置时，机械上仍然接通纵向进给离合器，但却压动了行程开关 SQ1，使 SQ1-2 断，SQ1-1 通，从而 KM3 吸合，M2 正转，工作台向右进给运动，其通路为：12—15—16—17—18—19—20—KM3线圈—0。

2）工作台上下和前后运动的控制。工作台的上下和前后运动，由上下和前后进给手柄操纵。此手柄也是复式的，有两个完全相同的手柄分别装在工作台左侧的前、后方。手柄的联动机械一方面压下行程开关SQ3或SQ4，同时能接通上下或前后进给离合器。

操纵手柄有5个位置（上、下、前、后、中间），5个位置是联锁的，工作台的上下和前后的终端保护利用装在床身导轨旁与工作台座上的撞铁，将操纵十字手柄撞到中间位置，使M2断电停转，从而起到保护作用。

工作台向前（或者向下）运动的控制：将十字操纵手柄扳至向前（或者向下）位置时，机械上接通前后进给（或者上下进给）离合器，同时压下SQ3，使SQ3-2断，SQ3-1通，从而KM3吸合，M2正转，工作台向前（或者向下）运动。其通路为：12—21—22—17—18—19—20—KM3线圈—0。

工作台向后（或者向上）运动的控制：将十字操纵手柄扳至向后（或者向上）位置时，机械上接通前后进给（或者上下进给）离合器，同时压下SQ4，使SQ4-2断，SQ4-1通，从而KM4吸合，M2反转，工作台向后（或者向上）运动。其通路为：12—21—22—17—18—24—25—KM4线圈—0。

3）进给电动机变速时的瞬动（冲动）控制。变速时，为使齿轮易于啮合，进给变速与主轴变速一样，设有变速冲动环节。当需要进行进给变速时，应将转速盘的蘑菇形手轮向外拉出并转动转速盘，把所需进给量的标尺数字对准箭头，然后再把蘑菇形手轮用力向外拉到极限位置并随即推向原位，就在一次操纵手轮的同时，其连杆机构二次瞬时压下行程开关SQ5，使KM3瞬时吸合，M2做正向瞬动。

其通路为：12—21—22—17—16—15—19—20—KM3线圈—0，由于进给变速瞬时冲动的通电回路要经过SQ1～SQ4 4个行程开关的常闭触点，因此只有当进给运动的操作手柄都在中间（停止）位置时，才能实现进给变速冲动控制，以保证操作时的安全。同时，与主轴变速时冲动控制一样，电动机的通电时间不能太长，以防止转速过高，在变速时打坏齿轮。

4）工作台的快速进给控制。为提高劳动生产率，要求铣床在不做铣切加工时，工作台能快速移动。工作台快速进给也是由进给电动机M2来驱动的，在左右、前后和上下3种运动形式6个方向上都可以实现快速进给控制。

主轴电动机启动后，将进给操纵手柄扳到所需位置，工作台按照选定的速度和方向做常速进给移动时，再按下快速进给按钮SB5（或SB6），使接触器KM5通电吸合，接通牵引电磁铁YA，电磁铁通过杠杆使摩擦离合器合上，减少中间传动装置，使工作台按运动方向做快速进给运动。当松开快速进给按钮时，电磁铁YA断电，摩擦离合器断开，快速进给运动停止，工作台仍按原常速进给时的速度继续运动。

（3）圆工作台运动的控制。铣床如需铣切螺旋槽、弧形槽等曲线时，可在工作台上安装圆形工作台及其传动机械，圆形工作台的回转运动也是由进给电动机M2传动机构驱动的。

圆工作台工作时，应先将进给操作手柄都扳到中间（停止）位置，然后将圆工作台组合开关SA3扳到圆工作台接通位置。此时SA3-1断，SA3-3断，SA3-2通。准备就绪后，按下主轴启动按钮SB3或SB4，则接触器KM1与KM3相继吸合。主轴电机M1与进给电机M2相继启动并运转，而进给电动机仅以正转方向带动圆工作台作定向回转运动。其通路为：12—15—16—17—22—21—19—20—KM3线圈—0，由上可知，圆工作台与工作台进给有互锁，即当圆工作台工作时，不允许工作台在左右、前后、上下方向上有任何运动。若误操作而扳动进给运动操纵手柄（即压下 SQ1－SQ4、SQ5 中任一个），M2 立即停转。

4.1.3　X62W 万能铣床电气线路的故障与维修

铣床电气控制线路与机械系统的配合十分密切，其电气线路的正常工作往往与机械系统的正常工作是分不开的，这就是铣床电气控制线路的特点。正确判断是电气线路故障还是机械故障以及熟悉机电部分配合情况，是迅速排除电气故障的关键。这就要求维修电工不仅要熟悉电气控制线路的工作原理，而且还要熟悉有关机械系统的工作原理及机床操作方法。下面通过几个实例来叙述 X62W 铣床的常见故障及其排除方法。

1. 主轴电动机停车时无制动

主轴电动机无制动时要首先检查按下停止按钮 SB1 或 SB2 后，反接制动接触器 KM2 是否吸合，KM2 不吸合，则故障原因一定在控制电路部分。检查时可先操作主轴变速冲动手柄，若有冲动，故障范围就缩小到速度继电器和按钮支路上。若 KM2 吸合，则故障原因就较复杂一些，其故障原因之一是在主电路的 KM2、R 制动支路中，至少有缺相的故障存在；其二是，速度继电器的常开触点过早断开。但在检查时，只要仔细观察故障现象，这两种故障原因是能够区别的，前者的故障现象是完全没有制动作用的，而后者则是制动效果不明显。

由以上分析可知，主轴电动机停车时无制动的故障原因较多是由于速度继电器 KS 发生故障引起的。如 KS 常开触点不能正常闭合的原因有：推动触点的胶木摆杆断裂；KS 轴伸端圆销扭弯、磨损或弹性连接元件损坏；螺丝销钉松动或打滑等。若 KS 常开触点过早断开，其原因有 KS 动触点的反力弹簧调节过紧；KS 的永久磁铁转子的磁性衰减等。

2. 主轴电动机停车后产生短时反向旋转

这一故障一般是由于速度继电器 KS 动触点弹簧调整得过松，使触点分断过迟引起的，只要重新调整反力弹簧便可消除。

3. 按下停止按钮后主轴电动机不停转

X62W 万能铣床电气故障图如附录 B 所示，产生该故障的原因有：接触器 KM1 主触点熔焊；反接制动时两相运行；SB3 或 SB4 在启动 M1 后绝缘被击穿。这三种故障原因，在故障的现象上是能够加以区别的：如按下停止按钮后，KM1 不释放，则可断定故障是由熔焊引起的；如按下停止按钮后，接触器的动作顺序正确，即 KM1 能释放，KM2 能吸合，同时伴有嗡嗡声或转速过低，则可断定是制动时主电路有缺相故障存在；若制动时接触器动作顺序正确，电动机也能进行反接制动，但放开停止按钮后，电动机又再次自启动，则可断定故障是由启动按钮绝缘击穿引起的。

4. 工作台不能做向上进给运动

由于铣床电气线路与机械系统的配合密切和工作台向上进给运动的控制是处于多回路线路之中的，因此，不宜采用按部就班逐步检查的方法。在检查时，可先依次进行快速进给、进给变速冲动或圆工作台向前进给，向左进给及向后进给的控制，来逐步缩小故障的范围（一般可从中间环节的控制开始），然后再逐个检查故障范围内的元器件、触点、导线及接点，从而查出故障点。在实际检查时，还必须考虑到由于机械磨损或移位使操纵失灵等因素，若发现此类故障原因，应与机修钳工互相配合进行修理。

X62W 万能铣床电气故障图如附录 B 所示，假设故障点在图区 25 上行程开关 SQ4-1 由于安装螺钉松动而移动位置，造成操纵手柄虽然到位，但触点 SQ4-1（18－24）仍不能闭合，在检查时，若进行进给变速冲动控制正常后，也就说明向上进给回路中，线路 12－21－22－17 是完好的，再通过向左进给控制正常，又能排除线路 17－18 和 24－25－0 存在故障的可能性。这样就将故障的范围缩小到 18－SQ4－1－24 内，再经过仔细检查或测量，就能很快找出故障点。

5. 工作台不能做纵向（即左右方向）进给运动

X62W 万能铣床电气故障图如附录 B 所示，应先检查横向或垂直进给是否正常，如果正常，说明进给电动机 M2、主电路、接触器 KM3、KM4 及纵向进给相关的公共支路都正常，此时应重点检查附录 B 故障图中图区 19 上的行程开关 SQ5（12-15）、SQ4-2 及 SQ3-2，即线号为 12－15－16－17 支路，因为只要三对动断触点中有一对不能闭合，或连接的导线脱落就会使纵向不能进给。然后再检查进给变速冲动是否正常，如果也正常，则故障的范围已缩小到在 SQ5（12-15）及 SQ1-1、SQ2-1 上，但一般 SQ1-1、SQ2-1 两副常开触点同时发生故障的可能性甚小，而 SQ5（12-15）由于进给变速时，常因用力过猛而容易损坏，所以可先检查 SQ5（12-15）触点，直至找到故障点并予以排除。

6. 工作台各个方面都能进给

X62W 万能铣床电气故障图如附录 B 所示，可先进行进给变速冲动或圆工作台控制，如果正常，则故障可能在开关 SA3-1 及引接线 17、18 号上；若进给变速也不能工作，要注意接触器 KM3 是否吸合，如果 KM3 不能吸合，则故障可能发生在控制电路的电源部分，即 12－15－16－18－20 号线路及 0 号线上；若 KM3 能吸合，则应着重检查主电路，包括电动机的接线及绕组是否存在故障。

7. 工作台不能快速进给

常见的故障原因是牵引电磁铁电路不通，多数是由线头脱落、线圈损坏或机械卡死引起。X62W 万能铣床电气故障图如附录 B 所示，如果按下 SB5 或 SB6 后接触器 KM5 不吸合，则故障在控制电路部分，若 KM5 能吸合，且牵引电磁铁 YA 也吸合正常，则故障大多是杠杆卡死或离合器摩擦片间隙调整不当引起的，应与机修钳工配合进行修理。需强调的是：在检查 12－15－16－17 支路和 12－21－22－17 支路时，一定要把 SA3 开关扳到中间空挡位置，否则，由于这两条支路是并联的，将检查不出故障点。

⭐ 说明

机床电气的故障不是千篇一律的，所以在维修中，不可生搬硬套，而应该采用理论与实践相结合的灵活处理方法。

4.1.4　X62W 万能铣床模拟装置的安装与试运行操作

1. 准备工作

（1）查看各电器元件上的接线是否紧固，各熔断器是否安装良好。

（2）独立安装好接地线，设备下方垫好绝缘垫，将各开关置分断位置。

（3）插上三相电源。

2. 操作试运行

插上电源后，各开关均应置分断位置。参看附录 A 电气原理图，按下列步骤进行机床电气模拟操作运行。

（1）使漏电保护装置接触器先吸合，合上刀闸开关 QS，此时电源指示灯亮，说明模板电源已接通。

（2）SA5 置左位（或右位），电动机 M1 正转或反转指示灯亮，说明主轴电动机可能运转的转向。

（3）旋转 SA4 开关，照明灯亮。转动 SA1 开关，冷却泵电动机工作，指示灯亮。

（4）按下 SB3 按钮（或 SB1 按钮），电动机 M1 起动（或反接制动）；按下 SB4 按钮（或 SB2 按钮），M1 起动（或反接制动）。注意：不要频繁操作启动与停止按钮，以免电气元件过热而损坏。

（5）主轴电动机 M1 变速冲动操作。实际机床的变速是通过变速手柄操作的，瞬间压动 SQ6 行程开关，使电动机产生微转，从而能使齿轮较好实现换挡啮合。

本模板要用手动操作 SQ6，模仿机械的瞬间压动效果。采用迅速的点动操作，使电动机 M1 通电后，立即停转，形成微动或抖动。操作要迅速，以免出现连续运转现象。当出现连续运转时间较长，会使 R 发烫，此时应拉下刀闸后，重新送电操作。

（6）主轴电动机 M1 停转后，可转动 SA5 转换开关，按启动按钮 SB3 或 SB4，使电动机换向。

（7）进给电动机控制操作（SA3 开关状态：SA3-1、SA3-3 闭合，SA3-2 断开）。实际机床中的进给电动机 M2 用于驱动工作台横向（前、后）、升降和纵向（左、右）移动的动力源，均通过机械离合器来实现控制状态的选择，电动机只做正、反转控制，机械状态手柄与电气开关的动作对应关系为：①工作台横向、升降控制（机床由十字复式操作手柄控制，既控制离合器又控制相应开关）；②工作台向后、向上运动—电动机 M2 反转—SQ4 压下；③工作台向前、向下运动—电动机 M2 正转—SQ3 压下；④模板操作：按动 SQ4，M2 反转，按动 SQ3，M2 正转。

（8）工作台纵向（左、右）进给运动控制（SA3 开关状态同上）。实际机床专用纵向操作手柄，既控制相应离合器，又压动对应的开关 SQ1 和 SQ2，使工作台实现了纵向的左和右运动。其模板操作为按动 SQ1，M2 正转；按动 SQ2，M2 反转。

（9）工作台快速移动操作。在实际机床中，按动 SB5 或 SB6 按钮，电磁铁 YA 动作，改变机械传动链中间传动装置，实现各方向的快速移动。其模板操作为：在按动 SB5 或 SB6 按钮，KM5 吸合，相应指示灯亮。

（10）进给变速冲动（功能与主轴冲动相同，便于换挡时，齿轮的啮合）。实际机床中变速冲动的实现过程为：在变速手柄操作中，通过联动机构瞬时带动冲动行程开关 SQ5，使电动机产生瞬动。其模拟冲动操作为：按 SQ5，电动机 M2 转动。操作此开关时应迅速压与放，以模仿瞬动压下效果。

（11）圆工作台回转运动控制。将圆工作台转换开关 SA3 扳到所需位置，此时，SA3-1、SA3-3 触点分断，SA3-2 触点接通。在起动主轴电动机后，M2 电动机正转，实际中即为圆工作台转动（此时工作台全部操作手柄扳在零位，即 SQ1～SQ4 均不压下）。

3. 故障排除步骤

（1）先熟悉原理，再进行正确的通电试车操作。

（2）熟悉电气元件的安装位置，明确各电气元件作用。

（3）教师示范故障分析检修过程（故障可人为设置）。

（4）教师设置让学生知道的故障点，指导学生如何从故障现象着手进行分析，逐步引导到采用正确的检查步骤和检修方法。

（5）教师设置人为的自然故障点，由学生检修。

4．X62W 型万能铣床电气故障说明

X62W 型万能铣床电气故障现象如表 4-1 所示。

表 4-1　　　　　　　　　　　X62W 型万能铣床电气故障说明

故障开关	故障现象	备　注
K1	主轴、进给电动机均不能启动	照明工作正常
K2	主轴无变速冲动	主电机的正、反转及停止制动均正常
K3	按停止按钮 1 时无制动	停止按钮 2 制动正常
K4	主轴电动机无制动	按停止按钮 1、停止按钮 2 停止时主轴均无制动
K5	主轴电动机不能启动	主轴不能启动，按下主轴冲动可以冲动
K6	主轴不能启动	主轴不能启动，按下主轴冲动可以冲动
K7	进给电动机不能启动	主轴能启动，进给电动机不能启动
K8	冷却泵电动机不能启动	主轴能启动，进给电动机能启动
K9	进给电动机不能变速冲动、圆工作台不能工作	主轴能启动，进给电动机能启动
K10	进给电动机不能启动	能进行进给变速冲动，圆工作台工作不正常、上（后）下（前）可以动作
K11	进给电动机工作不正常	工作台左右没有，上（后）下（前）可以动作、圆工作台没有，进给冲动没有
K12	工作台不能进给	圆工作台工作正常，能进行进给变速冲动
K13	工作台不能右进给	向左、向上（或向后）、向下（或向前）进给正常，能进行进给变速冲动，圆工作台工作正常
K14	进给电动机不能正转	进给变速无冲动，向右、向下（或向前）进给不正常，圆工作台不动作
K15	工作台不能向下（或向前）进给	圆工作台不工作时，不能向下（或向前）进给，其他方向进给正常
K16	圆工作台不工作	能进行进给变速冲动，其他方向进给正常
K17	工作台不能向左进给	圆工作台不工作时，不能向左进给，其他方向进给正常
K18	圆形工作台不能工作	不能进给冲动、上（后）下（前）不动作
K19	圆形工作台不能工作	不能进给冲动、上（后）下（前）不动作
K20	工作台不能向上（或向后）进给	圆工作台不工作时，不能向上（或向后）进给，其他方向进给正常
K21	进给电动机不能反转	圆工作台工作正常，圆工作台不工作时，不能左进给，不能上（或后）进给
K22	只能一地快进操作	进给电动机启动后，按快进扭不能快进
K23	只能一地快进操作	进给电动机启动后，按快进按扭不能快进
K24	电磁阀不动作	进给电动机启动后，按下快进按扭，KM5 吸合，YA、不动作

5. 操作注意事项

（1）设备应在指导教师指导下操作，安全第一。设备通电后，严禁在电气侧随意扳动电气件。进行排除故障训练时，尽量采用不带电检修。若带电检修，则必须有指导教师在现场监护。

（2）必须安装好各电动机、支架接地线、设备下方垫好绝缘橡胶垫，厚度不小于 8mm。操作前要仔细查看各接线端，有无松动或脱落，以免通电后发生意外或损坏电气元件。

（3）在操作中若发出不正常声响，应立即断电，查明故障原因待修。故障噪声主要来自电动机缺相运行，接触器、继电器吸合不正常等。

（4）发现熔芯熔断，应找出故障后，方可更换同规格熔芯。

（5）在维修设置故障中不要随便互换线端处号码管。

（6）操作时用力不要过大，速度不宜过快；操作频率不宜过于频繁。

（7）实习结束后，应拔出电源插头，将各开关置分断位。

（8）作好实习记录。

4.1.5　设备维护

（1）操作中，若发出较大噪声，要及时处理，如接触器发出较大嗡嗡声，一般可将该电气元件拆下，修复后使用或更换新电气元件。

（2）设备在经过一定次数的教学排故训练使用后，可能出现导线过短，一般可按原理图进行第二次连接，即可重复使用。

（3）更换电气配件或新电气元件时，应按原型号配置。

（4）电动机在使用一段时间后，需加少量润滑油，做好电动机保养工作。

4.2　T68 卧式镗床电气维修

镗床是指主要用镗刀对工件已有的预制孔进行镗削的机床。通常，镗刀旋转为主运动，镗刀或工件的移动为进给运动。它主要用于加工高精度孔或一次定位完成多个孔的精加工，此外还可以从事与孔精加工有关的其他加工面的加工。使用不同的刀具和附件还可进行钻削、铣削、切等工作。它的加工精度和表面质量要高于钻床。镗床是大型箱体零件加工的主要设备。

4.2.1　T68 卧式镗床结构及运动形式

1. T68 卧式镗床结构

主轴水平布置、主轴箱能沿前立柱导轨垂直移动的 T68 卧式镗床如图 4-4 所示。使用卧式镗床加工时，刀具装在主轴、镗杆或平旋盘上，通过主轴箱可获得需要的各种转速和进给量，同时可随着主轴箱沿前立柱的导轨上下移动。工件安装在工作台上，工作台可随下滑座和上滑座做纵横向移动，还可绕上滑座的圆导轨回转至所需的角度，以适应各种加工情况。当镗杆较长时，可用后立柱上的尾架来支承其一端，以增加刚度。为了加工大孔距工件或长箱体，有的卧式镗床把工作台横向行程加大两倍左右，或采用加大床身主导轨宽度和带辅助导轨的方法增加下滑座刚度。

2. 运动形式

（1）主运动。镗杆（主轴）旋转或平旋盘（花盘）旋转。

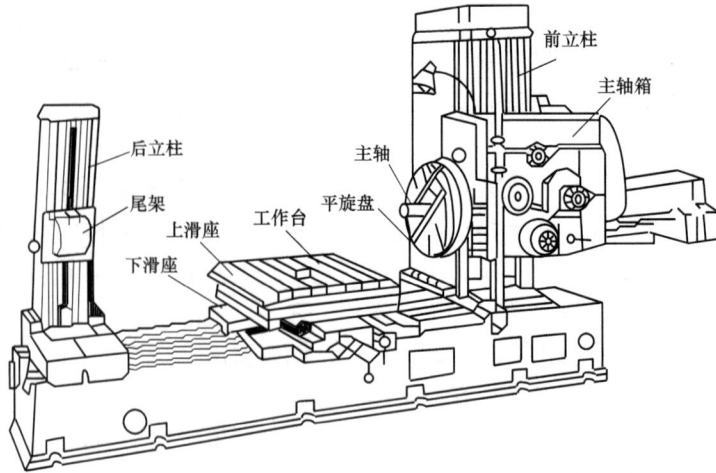

图 4-4　T68 卧式镗床结构图

（2）进给运动。主轴轴向（进、出）移动、主轴箱（镗头架）的垂直（上、下）移动、花盘刀具溜板的径向移动、工作台的纵向（前、后）和横向（左、右）移动。

（3）辅助运动。有工作台的旋转运动、后立柱的水平移动和尾架垂直移动。

主体运动和各种常速进给由主轴电动机 M1 驱动，但各部分的快速进给运动是由快速进给电动机 M2 驱动。

4.2.2　T68 卧式镗床电气控制线路的特点

T68 卧式镗床电气原理图如附录 C 所示。

（1）因机床主轴调速范围较大，且恒功率，主轴与进给电动机 M1 采用△/丫丫双速电动机。低速时，1U1、1V1、1W1 接三相交流电源，1U2、1V2、1W2 悬空，定子绕组接成三角形，每相绕组中两个线圈串联，形成的磁极对数 P=2；高速时，1U1、1V1、1W1 短接，1U2、1V2、1W2 端接电源，电动机定子绕组联接成双星形（丫丫），每相绕组中的两个线圈并联，磁极对数 P=1。高、低速的变换，由主轴孔盘变速机构内的行程开关 SQ7 控制，其动作说明如表 4-2 所示。

表 4-2　　　　　　　　　　　主轴电动机高、低速变换行程开关动作说明

触点 ＼ 位置	主轴电动机低速	主轴电动机高速
SQ7（11-12）	关	开

（2）主轴电动机 M1 可正、反转连续运行，也可点动控制，点动时为低速。主轴要求快速准确制动，故采用反接制动，控制电气元件采用速度继电器。为限制主轴电动机的启动和制动电流，在点动和制动时，定子绕组串入电阻 R。

（3）主轴电动机低速时直接启动，高速运行时由低速启动延时后再自动转成高速运行，以减小启动电流。

（4）在主轴变速或进给变速时，主轴电动机需要缓慢转动，以保证变速齿轮进入良好啮合状态。主轴和进给变速均可在运行中进行，变速操作时，主轴电动机便做低速断续冲动，变速完成后又恢复运行。主轴变速时，电动机的缓慢转动是由行程开关 SQ3 和 SQ5，进给变

速时是由行程开关 SQ4 和 SQ6 以及速度继电器 KS 共同完成的，如表 4-3 所示。

表 4-3　　　　　　　　　　　　　主轴变速和进给变速时行程开关动作说明

位置 触点	变速孔盘拉出 （变速时）	变速后变速 孔盘推回	位置 触点	变速孔盘拉出 （变速时）	变速后变速 孔盘推回
SQ₃ （4-9）	—	+	SQ₄ （9-10）	—	+
SQ₃ （3-13）	+	—	SQ₄ （3-13）	+	—
SQ₅ （15-14）	+	—	SQ₆ （15-14）	+	—

注　表中"＋"表示接通；"—"表示断开。

4.2.3　T68 卧式镗床电气控制线路的分析

T68 卧式镗床电气原理图如附录 C 所示，线路的分析也可根据此图进行。

1. 主轴电动机的启动控制

（1）主轴电动机的点动控制。主轴电动机的点动有正向点动和反向点动，分别由按钮 SB4 和 SB5 控制。按 SB4，接触器 KM1 线圈通电吸合，KM1 的辅助动合触点（3-13）闭合，使接触器 KM4 线圈通电吸合，三相电源经 KM1 的主触点，电阻 R 和 KM4 的主触点接通主轴电动机 M1 的定子绕组，接法为三角形，使电动机在低速下正向旋转。松开 SB4 主轴电动机断电停止。

反向点动与正向点动控制过程相似，由按钮 SB5、接触器 KM2、KM4 来实现。

（2）主轴电动机的正、反转控制。当要求主轴电动机正向低速旋转时，行程开关 SQ7 的触点（11-12）处于断开位置，主轴变速和进给变速用行程开关 SQ3（4-9）、SQ4（9-10）均为闭合状态。按 SB2，中间继电器 KA1 线圈通电吸合，KA1 动合触点（4-5）闭合自锁，KA1 动合触点（10-11）和动合触点（17-14）闭合，此时接触器 KM3 线圈通电吸合，KM3 主触点闭合，电阻 R 短接；KM3 的辅助动合触点（4-17）闭合，使接触器 KM1 线圈通电吸合，并将 KM1 线圈自锁。KM1 的辅助动合触点（3-13）闭合，接通主轴电动机低速用接触器 KM4 线圈，使其通电吸合。由于接触器 KM1、KM3、KM4 的主触点均闭合，故主轴电动机在全电压、定子绕组三角形连接下直接启动，低速运行。

当要求主轴电动机为高速旋转时，行程开关 SQ7 的触点（11-12）、SQ3（4-9）、SQ4（9-10）均处于闭合状态。按 SB2 后，一方面 KA1、KM3、KM1、KM4 的线圈相继通电吸合，使主轴电动机在低速下直接启动；另一方面由于 SQ7（11-12）的闭合，使时间继电器 KT（通电延时式）线圈通电吸合，经延时后，KT 的通电延时断开的动断触点（13-20）断开，KM4 线圈断电，主轴电动机的定子绕组脱离三相电源，而 KT 的通电延时闭合的动合触点（13-22）闭合，使接触器 KM5 线圈通电吸合，KM5 的主触点闭合，将主轴电动机的定子绕组接成双星形后，重新接到三相电源，故从低速启动转为高速旋转。

主轴电动机的反向低速或高速的启动旋转过程与正向启动旋转过程相似，但是反向启动旋转所用的电气元件为按钮 SB3、中间继电器 KA2，接触器 KM3、KM2、KM4、KM5、时间继电器 KT。

2. 主轴电动机的反接制动的控制

当主轴电动机正转时，速度继电器 KS 正转，动合触点 KS（13-18）闭合，而正转的动断触点 KS（13-15）断开。主轴电动机反转时，KS 反转，动合触点 KS（13-14）闭合，为主轴电动机正转或反转停止时的反接制动做准备。按停止按钮 SB1 后，主轴电动机的电源反接，迅速制动，转速降至速度继电器的复位转速时，其动合触点断开，自动切断三相电源，主轴电动机停转。具体的反接制动过程如下：

（1）主轴电动机正转时的反接制动。设主轴电动机为低速正转时，KA1、KM1、KM3、KM4 的线圈通电吸合，KS 的动合触点 KS（13-18）闭合。按 SB1，SB1 的动断触点（3-4）先断开，使 KA1、KM3 线圈断电，KA1 的动合触点（17-14）断开，又使 KM1 线圈断电，一方面使 KM1 的主触点断开，主轴电动机脱离三相电源；另一方面使 KM1（3-13）分断，使 KM4 断电。SB1 的动合触点（3-13）随后闭合，使 KM4 重新吸合，此时主轴电动机由于惯性转速还很高，KS（13-18）仍闭合，故使 KM2 线圈通电吸合并自锁，KM2 的主触点闭合，使三相电源反接后经电阻 R、KM4 的主触点接到主轴电动机定子绕组，进行反接制动。当转速接近零时，KS 正转，动合触点 KS（13-18）断开，KM2 线圈断电，反接制动完毕。

（2）主轴电动机反转时的反接制动。反转时的制动过程与正转制动过程相似，但是所用的电气元件是 KM1、KM4 和 KS 的反转动合触点 KS（13-14）。

（3）主轴电动机工作在高速正转及高速反转时的反接制动。主轴电动机工作在高速正转及高速反转时的反接制动过程可根据上述过程自行分析。在此仅指明，高速正转时反接制动所用的电气元件是 KM2、KM4、KS（13-18）动合触点；高速反转时反接制动所用的电气元件是 KM1、KM4、KS（13-14）动合触点。

3. 主轴或进给变速时主轴电动机的缓慢转动控制

主轴或进给变速既可以在停车时进行，又可以在镗床运行中变速。为使变速齿轮更好的啮合，可接通主轴电动机的缓慢转动控制电路。

当主轴变速时，将变速孔盘拉出，行程开关 SQ3 动合触点 SQ3（4-9）断开，接触器 KM3 线圈断电，主电路中接入电阻 R，KM3 的辅助动合触点（4-17）断开，使 KM1 线圈断电，主轴电动机脱离三相电源。所以，该机床可以在运行中变速，主轴电动机能自动停止。旋转变速孔盘，选好所需的转速后，将孔盘推入。在此过程中，若滑移齿轮的齿和固定齿轮的齿发生顶撞时，则孔盘不能推回原位，行程开关 SQ3、SQ5 的动断触点 SQ3（3-13）、SQ5（15-14）闭合，接触器 KM1、KM4 线圈通电吸合，主轴电动机经电阻 R 在低速下正向启动，接通瞬时点动电路。

主轴电动机转动转速达某一转时，速度继电器 KS 正转动断触点 KS（13-15）断开，接触器 KM1 线圈断电，而 KS 正转常开触点 KS（13-18）闭合，使 KM2 线圈通电吸合，主轴电动机反接制动。当转速降到 KS 的复位转速后，则 KS 动断触点 KS（13-15）又闭合，动合触点 KS（13-18）又断开，重复上述过程。这种间歇的启动、制动，使主轴电动机缓慢旋转，以利于齿轮的啮合。若孔盘退回原位，则 SQ3、SQ5 的动断触点 SQ3（3-13）、SQ5（15-14）断开，切断缓慢转动电路。SQ3 的动合触点 SQ3（4-9）闭合，使 KM3 线圈通电吸合，其动合触点（4-17）闭合，又使 KM1 线圈通电吸合，主轴电动机在新的转速下重新启动。

进给部分变速时的缓慢转动控制过程与主轴部分变速相同，不同的是其使用的行程开关是 SQ4、SQ6。

4. 主轴箱、工作台或主轴的快速移动

该机床各部件的快速移动，是由快速手柄操纵快速移动电动机 M2 拖动完成的。当快速手柄扳向正向快速位置时，行程开关 SQ9 被压动，接触器 KM6 线圈通电吸合，快速移动电动机 M2 正转。同理，当快速手柄扳向反向快速位置时，行程开关 SQ8 被压动，KM7 线圈通电吸合，M2 反转。

5. 主轴进刀与工作台联锁

为防止镗床或刀具的损坏，主轴箱和工作台的机动进给，在控制电路中必须相互联锁，不能同时接通，它是由行程开关 SQ1、SQ2 实现的。若同时有两种进给时，SQ1、SQ2 均被压动，切断控制电路的电源，避免机床或刀具的损坏。

4.2.4　T68 卧式镗床电气线路的故障与维修

这里仅选一些有代表性的故障作分析和说明。

1. 主轴的转速与转速指示牌不符

这种故障一般有两种现象：一种是主轴的实际转速比标牌指示数增加一倍或减少 1/10；另一种是电动机的转速没有高速挡或者没有低速挡。这两种故障现象，前者大多由于安装调整不当引起，因为 T68 卧式镗床有 18 种转速，是采用双速电动机和机械滑移齿轮来实现的。变速后，1、2、4、6、8……挡是电动机以低速运转驱动，而 3、5、7、9……挡是电动机以高速运转驱动。主轴电动机的高低速转换是靠微动开关 SQ7 的通断来实现的，微动开关 SQ7 安装在主轴调速手柄的旁边，主轴调速机构转动时推动一个撞钉，撞钉推动簧片使微动开关 SQ7 通或断，如果安装调整不当，使 SQ7 动作恰恰相反，则会发生主轴的实际转速比标牌指示数增加一倍或减少 1/10。

后者的故障原因较多，常见的是时间继电器 KT 不动作，或微动开关 SQ7 安装的位置移动，造成 SQ7 始终处于接通或断开的状态等。如 KT 不动作或 SQ7 始终处于断开状态，则主轴电动机 M1 只有低速；若 SQ7 始终处于接通状态，则 M1 只有高速。但要注意，如果 KT 虽然吸合，但由于机械卡住或触点损坏，使动合触点不能闭合，则 M1 也不能转换到高速挡运转，而只能在低速挡运转。

2. 主轴变速手柄拉出后，主轴电动机不能冲动

产生这一故障一般有两种现象：一种是变速手柄拉出后，主轴电动机 M1 仍以原来转向和转速旋转；另一种是变速手柄拉出后，M1 能反接制动，但制动到转速为零时，不能进行低速冲动。产生这两种故障现象的原因，前者多数由于行程开关 SQ3 的动合触点 SQ3（4-9）质量等原因绝缘被击穿造成。而后者则由于行程开关 SQ3 和 SQ5 的位置移动、触点接触不良等，使触点 SQ3（3-13）、SQ5（14-15）不能闭合或速度继电器的动断触点 KS（13-15）不能闭合所致。

3. 主轴电动机 M1 不能进行正反转点动、制动及主轴和进给部分变速冲动控制

产生这种故障的原因，往往在上述各种控制电路的公共回路上出现故障。如果伴随着不能进行低速运行，则故障可能在控制线路 13—20—21—0 中有断开点，否则，故障可能在主电路的制动电阻器 R 及引线上有断开点，若主电路仅断开一相电源时，电动机还会伴有缺相运行时发出的嗡嗡声。

4. 主轴电动机正转点动、反转点动正常，但不能正反转

故障可能在控制线路 4—9—10—11—KM3 线圈—0 中有断开点。

5. 主轴电动机正转、反转均不能自锁

故障可能在 KM3 辅助动合触点（4-17）中。

6. 主轴电动机不能制动

可能原因有：

（1）速度继电器损坏。

（2）SB1 中的动合触点接触不良。

（3）3、13、14、16 号线中有脱落或断开。

（4）KM2（14-16）、KM1（18-19）触点不通。

7. 主轴电动机点动、低速正反转及低速接制动均正常，但高、低速转向相反，且当主轴电动机高速运行时，不能停机

可能的原因是误将三相电源在主轴电动机高速和低速运行时，都接成了同相序。解决方法为：把 1U2、1V2、1W2 中任两根对调即可。

8. 不能快速进给

故障可能在 2—24—25—26—KM6 线圈—0 中有断路。

4.2.5　T68 卧式镗床电气模拟装置的试运行操作

1. 准备工作

（1）查看装置背面各电气元件上的接线是否紧固，各熔断器是否安装良好。

（2）独立安装好接地线，设备下方垫好绝缘垫，将各开关置分断位。

（3）插上三相电源。

2. 操作试运行

（1）使装置中漏电保护部分接触器先吸合，再合上 QS1，电源指示灯亮。

（2）确认主轴变速开关 SQ3、SQ5，进给变速转换开关 SQ4、SQ6 分别处于主轴运行位（中间位置），然后对主轴电动机、快速移动电动机进行电气模拟操作。必要时也可先试操作主轴变速冲动、进给变速冲动。

（3）主轴电动机低速正向运转。条件：SQ7（11-12）断开（实际中 SQ7 与速度选择手柄联动）。操作：按 SB2，KA1 吸合并自锁，KM3、KM1、KM4 吸合，主轴电动机 M1△接低速运行。按 SB1，主轴电动机制动停转。

（4）主轴电动机高速正向运行。条件：SQ7（11-12）闭合（实际中 SQ7 与速度选择手柄联动）。操作：按 SB2，KA1 吸合并自锁，KM3、KT、KM1、KM4 相继吸合，使主轴电动机 M1 接成△低速运行；延时后，KT（13-20）断，KM4 释放，同时 KT（13-22）闭合，KM5 通时吸合，使 M1 换接成丫丫高速运行。按 SB1，主轴电动机制动停转。

主轴电动机的反向低速、高速操作可按 SB3，参与的电气元件有 KA2、KT、KM3、KM2、KM4、KM5，可参照上面（3）、（4）步骤进行操作。

（5）主轴电动机正反向点动操作。按 SB4 可实现电动机的正向点动，参与的电气元件有 KM1、KM4；按 SB5 可实现电动机的反向点动，参与的电气元件有 KM2、KM4。

（6）主轴电动机反接制动操作。当按 SB2，主轴电动机 M1 正向低速运行，此时，KS（13-18）闭合，KS（13-15）断。在按下 SB1 按钮后，KA1、KM3 释放，KM1 释放，KM4 释放，SB1 按到底后，KM4 又吸合，KM2 吸合，主轴电动机 M1 在串入电阻下反接制动，转速下降至 KS（13-18）断，KS（13-15）闭合时，KM2 失电释放，制动结束。

当按 SB2，主轴电动机 M1 正向高速运行，此时，KA1、KM3、KT、KM1、KM5 为吸合状态，速度继电器 KS（13-18）闭合，KS（13-15）断。在按下 SB1 按钮后，KA1、

KM3、KT、KM1 释放，而 KM2 吸合，同时 KM5 释放，KM4 吸合，电动机工作于△接法下，并串入电阻反接制动至停止。

在按 SB3，电动机工作于低速反转或高速反转时的制动操作分析，可参照上述分析对照进行。

（7）主轴变速与进给变速时的主轴电动机瞬动模拟操作。

① 主轴变速（主轴电动机运行或停止均可）。操作：将 SQ3、SQ5 置主轴变速位，此时主轴电动机工作于间隙地启动和制动。获得低速旋转，便于齿轮啮合。电气元件状态为：KM4 吸合，KM1、KM2 交替吸合，若将此开关复位，变速停止。

注：实际机床中，变速时，变速机械手柄与 SQ3、SQ5 有机械联系，变速时带动 SQ3、SQ5 动作，而后复位。

② 进给变速（主轴电动机运行或停止均可）。操作：将 SQ4、SQ6 置主轴进给变速位，电气控制与效果同上。

注：实际机床中，进给变速时，进给变速机械手柄与 SQ4、SQ6 开关有机械联系，变速时带动 SQ4、SQ6 动作，而后复位。

（8）主轴箱、工作台或主轴的快速移动操作。均由快进电动机 M2 拖动，电动机只工作于正转或反转，由行程开关 SQ9、SQ8 完成电气控制。

注：实际机床中，SQ9、SQ8 均有快速移动机械手柄连动，电动机只工作于正转或反转，拖动均有机械离合器完成。

（9）SQ1、SQ2 为互锁开关，主轴运行时，同时压动，电动机即为停转；压动其中任一个，电动机不会停转。

⭐ **特 别 说 明**

装置初次试运行时，可能会出现主轴电动机 M1 正转、反转均不能停机的现象，这是由于电源相序接反引起，此时应马上切断电源，把电源相序调换即可。

---

3. T68 卧式镗床电气故障说明

T68 卧式镗床电气故障现象如表 4-4 所示。

表 4-4　　　　　　　　　**T68 卧式镗床电气故障说明**

故障开关	故障现象	备　注
K1	机床不能启动	主轴电动机、快速移动电动机都无法启动
K2	主轴正转不能启动	按下正转启动按钮无任何反应
K3	主轴正转不能启动	按下正转启动按钮无任何反应
K4	机床不能启动	主轴电动机、快速移动电动机都无法启动
K5	主轴反转不能启动	按下反转启动按钮无任何反应
K6	主轴反转不能启动	按下反转启动按钮无任何反应
K7	主轴正转不能启动	正转启动，KA1 吸合，其他无动作； 反转启动，KA2 吸合，其他无动作
K8	反转启动只能点动	正转启动正常，按下 SB3 反转启动时只能点动

续表

故障开关	故障现象	备 注
K9	主轴不能启动	正转启动，KA1 吸合，其他无动作； 反转启动，KA2 吸合，其他无动作
K10	主轴无高速	选择高速时，KT、KM5 无动作
K11	主轴、快速移动电动机不能启动	正转启动，KA1、KM3 吸合，其他无动作； 反转启动，KA2、KM3 吸合，其他无动作； 按下 SQ8、SQ9 无任何反应
K12	停止无制动	
K13	停止无制动	
K14	主轴电动机不能正转	反转正常
K15	主轴只能电动控制	正、反不能启动，只能电动控制
K16	主轴电动机不能反转	正转正常
K17	主轴、快速电动机不能启动	KM4、KM5 不能吸合；按 SQ8、SQ9 无反应
K18	主轴正转只能点动	KM4（低速）、KM5（高速）不能保持
K19	主轴无高速	KT 动作，KM4 不会释放，KM5 不能吸合
K20	主轴反转只能点动	KM4（低速）、KM5（高速）不能保持
K21	主轴无高速	KT 动作，KM4 释放，KM5 不能吸合
K22	不能快速移动	主轴正常
K23	快速电动机不能正转	
K24	快速电动机能反转	

4.2.6 设备维护

（1）操作中，若发出较大噪声，要及时处理，如接触器发出较大"嗡嗡"声，一般可将该电气设备拆下，修复后使用或更换新电气设备。

（2）设备在经过一定次数的排故训练使用后，可能出现导线过短，一般可按原理图进行第二次连接，即可重复使用。

（3）更换电气配件或新电气设备时，应按原型号配置。

（4）电动机在使用一段时间后，需加少量润滑油，做好电动机保养工作。

（5）当主轴电动机运行时，按下停止按钮 SB1 后，主轴电动机出现正反振荡现象。解决办法：打开速度继电器 KS 后盖，调整弹簧，重新试车，直到振荡现象消除。

4.3 桥式起重机

桥式起重机是一种用来起吊和下放重物，以及在固定范围内装卸、搬运物料的起重机械。它广泛应用于工矿企业、车站、港口、仓库、建筑工地等场所，是现代化生产不可缺少的机械设备。

4.3.1 起重机的结构和控制要求

1. 桥式起重机的结构

桥式起重机主要由桥架、大车运行机构和装有起升、运行机构的小车及电气部分组成。

桥式起重机结构简图如图 4-5 所示。

机架是桥式起重机的基本构件，主要由主梁、端梁和走台等部分组成。主梁上铺设有供小车运行的钢轨，两主梁的外侧装有走台，装有驾驶室一侧的走台为安装及检修大车运行机构而设，另一侧走台为安装小车导电装置而设。在主梁一端的下方悬挂着全视野的驾驶室。

大车运行机构由驱动电动机、制动器、减速器和车轮等部件组成。常见的驱动方式有集中驱动和分别驱动两种，目前我国生产的桥式起重机大多采用分别驱动方式。分别驱动方式指的是用一个控制电路同时对两台驱动电动机、减速装置和制动器实施控制，分别用来驱动安装在桥架两端的大车车轮。

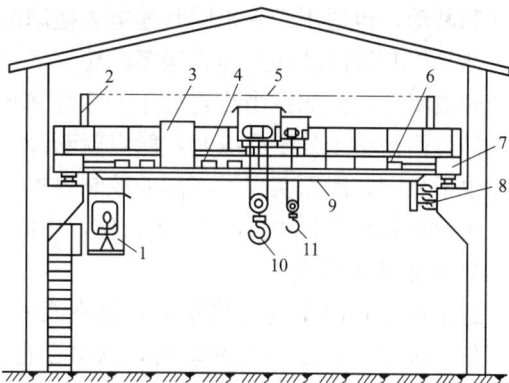

图 4-5　桥式起重机结构简图
1—驾驶室；2—辅助滑线架；3—交流磁力控制盘；
4—电阻箱；5—起重小车；6—大车驱动电动机；
7—端梁；8—主滑线；9—主梁；10—主钩；11—吊钩

小车由安装在小车架上的运行机构和起升机构组成。小车运行机构也由驱动电动机、减速机、制动器和车轮组成，在小车运行机构的驱动下，小车可沿桥架主梁上的轨道移动。小车起升机构用以吊运重物，它由电动机、减速器、卷筒、制动器组成。起重量超过 10t 时，设两个提升机构：主钩和副钩，一般情况下两个钩不能同时起吊重物。

2. 起升机构的控制要求

（1）空钩能快速升降，轻载的起升速度应大于额定负载时的起升速度，以减少辅助工作时间。

（2）应具有一定的调速范围，普通起重机调速范围为 3∶1，要求较高的起重机调速范围可达 5∶1～10∶1。

（3）具有适当的低速区，一般在 30％额定速度内应分为几挡，以便灵活操作。

（4）起升第一挡的作用是为了消除传动间隙，将钢丝绳张紧，称之为预备级。这一挡的电动机，启动转矩不能过大，以免产生过强的机械冲击，一般在额定转矩的一半以下。

（5）在负载下降时，根据负载的大小，起升电动机可以工作在电动、倒拉制动、回馈制动等工作状态下，以满足对不同下降速度的要求。

（6）为确保设备和人身安全，起重机采用断电制动方式的机械抱闸制动，以避免因停电造成无制动力矩，导致重物自由下落引发事故。同时也还要具备电气制动方式，以减小机械抱闸的磨损。

大车小车的运行机构，只要求具有一定的调速范围和分几挡控制。启动的第一级也应具有消除传动机构间隙的作用。为了启动平稳和准确停车，要求能实现恒加速和恒减速控制。停车应采用电气和电磁机械双重制动。

采用电磁铁式制动器，要求电动机通电时，制动电磁铁也通电，闸靴松开，电动机旋转。当电动机停止工作时，制动电磁铁同时失电，闸轮紧抱在制动轮上，达到断电制动的目的。

3. 凸轮控制器

凸轮控制器主要用于起重设备中控制小型绕线式转子异步电动机的启动、停止、调速、换向和制动，也适用于有相同其他电力拖动的场合，如卷扬机等。

凸轮控制器的转轴上套着很多凸轮片（一般为 12 片），当手轮经转轴带动转位时，使触点断开或闭合。例如：当凸轮处于一个位置时（滚子在凸轮的凹槽中），触点是闭合的；当凸轮转位而使滚子处于凸缘时，触点就断开。由于这些凸轮片的形状不相同，因此触点闭合规律也不相同，因而实现了不同的控制要求。

手轮在转动过程中共有 11 个挡位，中间为零位，向左、向右都可以转动 5 挡。

4. 起重机的供电方式

起重机工作时是经常移动的，故不能采用固定连接的供电方式。常用的供电方式一种是用软电缆供电，起重机移动时，软电缆也随着伸展与叠卷，此种供电方式仅适用于小型起重机；另一种供电方式是采用滑线和集电器（电刷）传送电能。滑线一般由圆钢、角钢或轻轨做成。接上车间低压供电电源、沿车间长度方向敷设的滑线为主滑线，通过集电器将主滑线上的电能引入到大车的保护框内，为安装在大车上的电控设备供电。对小车和起升机构的电动机及其他电器的用电，则由沿大车敷设的滑线和小车上装置的集电器来完成。

4.3.2　电气控制图的原理分析

这里以 20/5t 桥式起重电气控制电路为例进行分析。该起重机有两个卷扬机构，主钩起重量为 20t，副钩起重量为 5t。电路由两大部分组成：凸轮控制器控制大车、小车、主副钩等 5 台电动机的电路；用 GQR-GECDD 型保护柜保护 5 台电动机正常工作的保护控制电路。

20/5t 桥式起重机的电路原理图和元器件明细表分别见图 4-6 和表 4-5 所示。

1. 20/5t 桥式起重机电气设备及保护装置

20/5t 桥式起重机的电路原理图如图 4-6 所示。桥式起重机的大车桥架跨度较大，两侧装置两个主动轮，分别由两台同型号、同规格的电动机 M3 和 M4 驱动，两台电动机的定子并联在同一电源上，由凸轮控制器 AC3 控制，沿大车轨道纵向两个方向同速运动。限位开关 SQ3 和 SQ4 作为大车前后两个方向的终端限位保护，安装在大车端梁的两侧。YB3 和 YB4 分别为大车两台电动机的电磁抱闸制动器，当电动机通电时，电磁抱闸制动器的线圈得电，使闸瓦与闸轮分开，电动机可以自由旋转；当电动机断电时，电磁抱闸制动器失电，闸瓦抱住闸轮使电动机被制动停转。

小车运行机构由电动机 M2 驱动，由凸轮控制器 AC2 控制，沿固定在大车桥架上的小车轨道横向两个方向运动。YB2 为小车电磁抱闸制动器，限位开关 SQ1、SQ2 为小车终端限位提供保护，安装在小车一轨道的两端。

副钩升降由电动机 M1 驱动，由凸轮控制器 AC1 控制，YB1 为副钩电磁抱闸制动器，SQ6 为副钩提供上升限位保护。

主钩升降由电动机 M5 驱动，由主令控制器 AC4 配合交流电磁控制柜（PQR）控制。YB5、YB6 为主钩电磁抱闸制动器，限位开关 SQ5 为主钩提供上升限位保护。

起重机的保护环节由交流保护控制柜和交流电磁控制柜来实现，各控制电路用 FU1、FU2 作为短路保护。总电源及各台电动机分别采用过电流继电器 KA0～KA5 实现过载和过电流保护（过电流继电器的整定值一般为被保护的电动机额定电流的 2.25 至 2.5 倍）。

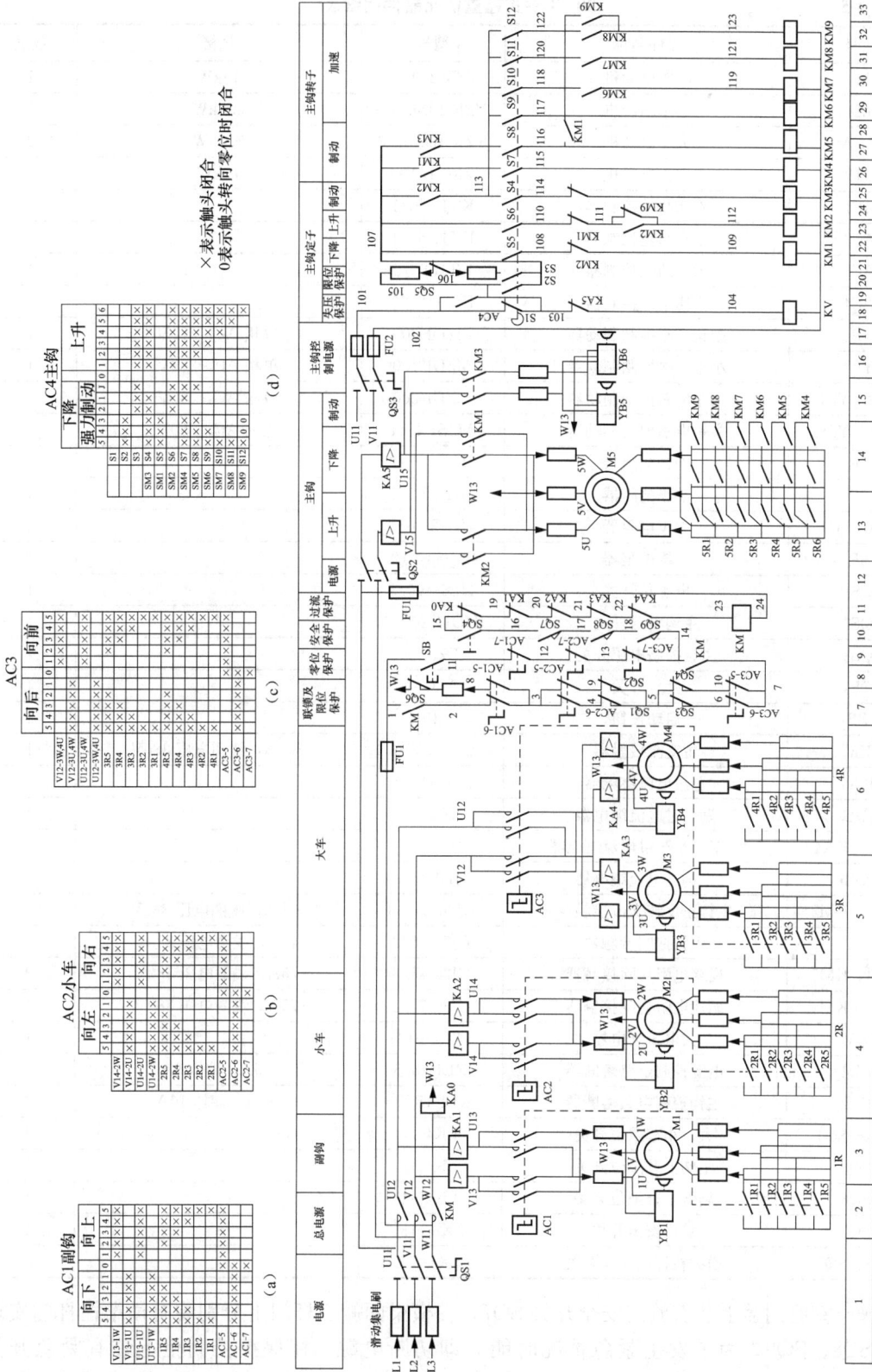

图 4-6　20/5t 桥式起重机的电路原理图

表 4-5　　　　　　　　　　　　20/5t 桥式起重机元器件明细表

代号	元件名称	型号	规格	数量
M1	副钩电动机	YZR-200L-8	15kW	1
M2	小车电动机	YZR-13M2B-6	3.7kW	1
M3，M4	大车电动机	YZR-160MB-6	7.5kW	2
M5	主钩电动机	YZR-315M-10	75kW	1
AC1	副钩凸轮控制器	KTJ1-50/1		1
AC2	小车凸轮控制器	KTJ1-50/1		1
AC3	大车凸轮控制器	KTJI-50/5		1
AC4	主钩主令控制器	LK1-12/90		1
YB1	副钩电磁抱闸制动器	MZD1-300	单相 AC，380V	1
YB2	小车电磁抱闸制动器	MZD1-100	单相 AC，380V	1
YB3，YB4	大车电磁抱闸制动器	MZD1-200	单相 AC，380V	2
YB5，YB6	主钩电磁抱闸制动器	MZS1-45H	三相 AC，380V	2
1R	副钩电阻器	2K1-41-8/2		1
2R	小车电阻器	2K1-12-6/1		1
3R，4R	大车电阻器	4K1-22-6/1		2
5R	主钩电阻器	4P5-63-10/9		1
QS1	电源总开关	HD9-400/3		1
QS2	主钩电源开关	HD11-200/2		1
QS3	主钩控制电源开关	DZ5-50		1
QS4	紧急开关	A-3161		1
SB	启动按钮	LA19-11		1
KM	主交流接触器	CJ20-300/3	300A，线圈电压 380V	1
KA0	总过电流继电器	JL4-150/1		1
KA1	副钩过电流继电器	JL4-40		1
KA2~KA4	大车、小车过电流继电器	JL4-15		1
KA5	主钩过电流继电器	JL4-150		1
KM1，KM2	主钩正反转交流接触器	CJ20-250/3	250A，线圈电压 380V	2
KM3	主钩抱闸接触器	CJ20-75/2	45A，线圈电压 380V	1
KM4，KM5	反接电阻切除接触器	CJ20-75/3	75A，线圈电压 380V	2
KM6~KM9	调速电阻切除接触器	CJ20-75/3	75A，线圈电压 380V	4
KV	欠电压继电器	JT4-10P		1
FU1	电源控制电路熔断器	RL1-15/5	15A，熔体 5A	2
FU2	主钩控制电路熔断器	RL1-15/10	15A，熔体 10A	2
SQ1~SQ4	大、小车限位开关	LK4-11		4
SQ5	主钩上升限位开关	LK4-31		1
SQ6	副钩上升限位开关	LK4-31		1
SQ7	舱门安全开关	LX2-11H		1
SQ8，SQ9	横梁栏杆门安全开关	LX2-111		2

　　操作室舱门盖上装有舱门安全开关 SQ7，在横梁两侧栏杆门上分别装有横梁栏杆门安全开关 SQ8、SQ9，为了发生紧急情况时能立即切断电源，在保护控制柜上装有紧急开关 QS4。以上各开关在电路中均使用常开触头与副钩小车、大车的过电流继电器及总过电流继

电器的动断触头相串联。当操作室舱门或横梁栏杆门开启时，主交流接触器 KM 将不能获电运行。

2. 主交流接触器 KM 的控制

将副钩、小大车凸轮控制器的手柄置于"0"位，联锁触头 AC1-7、AC2-7、AC3-7（9区）处于闭合状态，关好横梁栏杆门（SQ8、SQ9 闭合）及驾驶舱门（SQ7 闭合），合上紧急开关 QS4，按下启动按钮 SB，交流接触器 KM 线圈得电，主触点闭合，两副动合辅助触点闭合自锁。

KM 线圈得电路径：

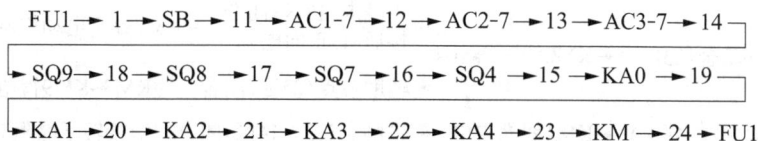

$$FU1 \rightarrow 1 \rightarrow SB \rightarrow 11 \rightarrow AC1\text{-}7 \rightarrow 12 \rightarrow AC2\text{-}7 \rightarrow 13 \rightarrow AC3\text{-}7 \rightarrow 14$$
$$\rightarrow SQ9 \rightarrow 18 \rightarrow SQ8 \rightarrow 17 \rightarrow SQ7 \rightarrow 16 \rightarrow SQ4 \rightarrow 15 \rightarrow KA0 \rightarrow 19$$
$$\rightarrow KA1 \rightarrow 20 \rightarrow KA2 \rightarrow 21 \rightarrow KA3 \rightarrow 22 \rightarrow KA4 \rightarrow 23 \rightarrow KM \rightarrow 24 \rightarrow FU1$$

KM 线圈闭合自锁路径：

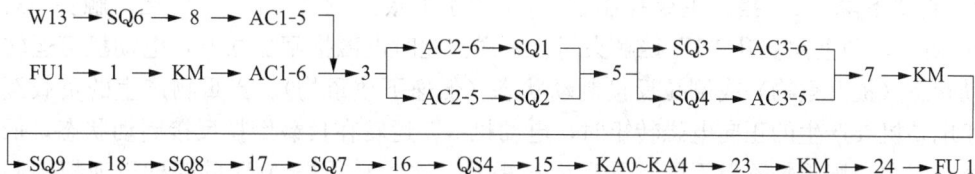

$$W13 \rightarrow SQ6 \rightarrow 8 \rightarrow AC1\text{-}5$$
$$FU1 \rightarrow 1 \rightarrow KM \rightarrow AC1\text{-}6 \rightarrow 3 \begin{array}{l} \rightarrow AC2\text{-}6 \rightarrow SQ1 \\ \rightarrow AC2\text{-}5 \rightarrow SQ2 \end{array} \rightarrow 5 \begin{array}{l} \rightarrow SQ3 \rightarrow AC3\text{-}6 \\ \rightarrow SQ4 \rightarrow AC3\text{-}5 \end{array} \rightarrow 7 \rightarrow KM$$
$$\rightarrow SQ9 \rightarrow 18 \rightarrow SQ8 \rightarrow 17 \rightarrow SQ7 \rightarrow 16 \rightarrow QS4 \rightarrow 15 \rightarrow KA0\text{\textasciitilde}KA4 \rightarrow 23 \rightarrow KM \rightarrow 24 \rightarrow FU1$$

KM 吸合将两相电源（U12、V12）引入各凸轮控制器，另一相电源经总过电流继电器 KA0 后（W13）直接引入各电动机定子接线端。此时由于各凸轮控制器手柄均在零位，电动机不会运转。

3. 主钩控制电路

主钩电动机采用主令控制器配合电磁控制柜进行控制，主令控制器类似凸轮控制器。

（1）主钩启动准备。将主令控制器 AC4 手柄置于零位，触头 S1（18 区）处于闭合状态，合上电源开关 QS1（1 区）、QS2（12 区）、QS3（16 区），接通主电器的控制器电源。此时欠电压继电器 KV 线圈（18 区）得电吸气，其动合触头（19 区）闭合自锁，为主钩电动机 M5 启动控制做好准备。（KV 为电路和提供失电压与欠电压保护以及主令控制器的零位保护）。

（2）主钩上升控制。它由主令控制器 AC4 通过接触器控制，控制流程如下：

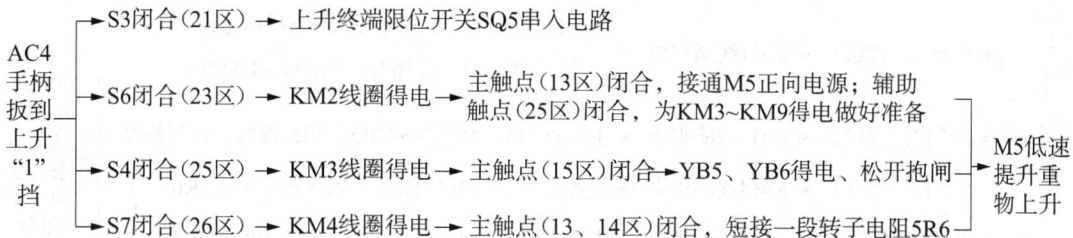

AC4 手柄扳到上升"1"挡
- S3 闭合（21 区）→ 上升终端限位开关 SQ5 串入电路
- S6 闭合（23 区）→ KM2 线圈得电 → 主触点（13 区）闭合，接通 M5 正向电源；辅助触点（25 区）闭合，为 KM3~KM9 得电做好准备
- S4 闭合（25 区）→ KM3 线圈得电 → 主触点（15 区）闭合 → YB5、YB6 得电、松开抱闸
- S7 闭合（26 区）→ KM4 线圈得电 → 主触点（13、14 区）闭合，短接一段转子电阻 5R6

→ M5 低速提升重物上升

若将 AC4 手柄逐级扳向"2"至"6"挡，主令控制器的动合触头 S8 至 S12 逐次闭合，依次使交流接触器 KM5～KM9 线圈得电，接触器的主触点对称短接相应段主钩电动机转子

回路电阻 5R5～5R1，使主钩上升速度逐步增加。

（3）主钩下降控制。主钩下降有 6 挡位置。"J""1""2"挡为控制下降位置，防止在吊有重载下降时速度过快，电动机处于倒拉反接制动运行状态；"3""4""5"挡为强力下降位置，主要用于轻负载时快速强力下降。主令控制器在下降位置时，6 个挡的工作情况如下：

1）制动下降"J"挡。制动下降"J"挡是下降准备挡，虽然电动机 M5 加上正相序电压，由于电磁抱闸未打开，电动机不能启动旋转。该挡停留时间不宜过长，以免电动机烧坏。

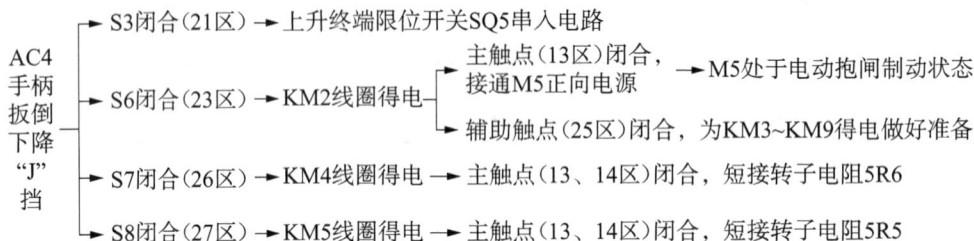

AC4 手柄扳倒下降"J"挡
- → S3 闭合（21区）→ 上升终端限位开关 SQ5 串入电路
- → S6 闭合（23区）→ KM2 线圈得电
  - → 主触点（13区）闭合，接通 M5 正向电源 → M5 处于电动抱闸制动状态
  - → 辅助触点（25区）闭合，为 KM3～KM9 得电做好准备
- → S7 闭合（26区）→ KM4 线圈得电 → 主触点（13、14区）闭合，短接转子电阻 5R6
- → S8 闭合（27区）→ KM5 线圈得电 → 主触点（13、14区）闭合，短接转子电阻 5R5

2）制动下降"1"挡。主令控制器 AC4 的手柄扳到制动下降"1"挡，触头 S3、S4、S6、S7 闭合，和主钩上升"1"挡触头闭合一样。此时电磁抱闸器松开，电动机可运转于正向电动状态（提升重物）或倒拉反接制动状态（低速下放重物）。当重物产生的负载倒拉力矩大于电动机要产生的正向电磁转矩时，电动机 M5 运转在负载倒拉反接制动状态，低速下放重物；反之，则重物不但不能下降反而被提升，这时必须把 AC4 的手柄迅速扳到制动下降"2"挡。接触器 KM3 通电吸合后，与 KM2 和 KM1 辅助动合触点（25 区、26 区）并联的 KM3 的自锁触点（27 区）闭合自锁，以保证主令控制器 AC4 从控制下降"2"挡向强力下降"3"挡转换时，KM3 线圈仍通电吸合，电磁抱闸制动器 YB5 和 YB6 保持得电状态，防止换挡时出现高速制动而产生强烈的机械冲击。

3）制动下降"2"挡。主令控制器触头 S3、S4、S6 闭合，触头 S7 分断，接触器 KM4 线圈断电释放，外接电阻器全部接入转子回路，使电动机产生的正向电磁转矩减小，重负载下降速度比"1"挡时加快。

4）强力下降"3"挡。下降速度与负载有关，若负载较轻（空钩或轻载），电动机 M5 处于反转电动状态；若负载较重，下放重物的速度会提高，可能使电动机转速超过同步速度，电动机 M5 将进入再生发电制动状态。

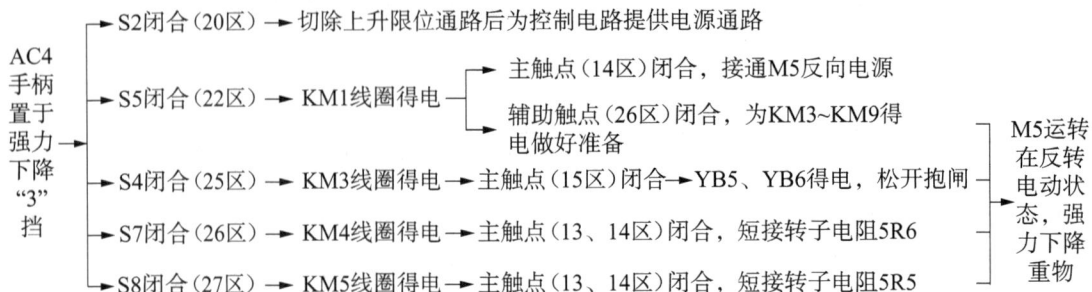

AC4 手柄置于强力下降"3"挡
- → S2 闭合（20区）→ 切除上升限位通路后为控制电路提供电源通路
- → S5 闭合（22区）→ KM1 线圈得电
  - → 主触点（14区）闭合，接通 M5 反向电源
  - → 辅助触点（26区）闭合，为 KM3～KM9 得电做好准备
- → S4 闭合（25区）→ KM3 线圈得电 → 主触点（15区）闭合 → YB5、YB6 得电，松开抱闸
- → S7 闭合（26区）→ KM4 线圈得电 → 主触点（13、14区）闭合，短接转子电阻 5R6
- → S8 闭合（27区）→ KM5 线圈得电 → 主触点（13、14区）闭合，短接转子电阻 5R5

→ M5 运转在反转电动状态，强力下降重物

5）强力下降"4"挡。主令控制器 AC4 的触头在强力下降"3"挡闭合的基础上，触头 S9 闭合，使接触器 KM6（29 区）线圈得电吸合，电动机转子回路电阻 5R4 被切除，电动机

M5 进一步加速反向旋转，下降速度加快。另外 KM6 辅助动合触点（30 区）闭合，为接触器 KM7 线圈得电做好准备。

6）强力下降"5"挡。主令控制器 AC4 的触头在强力下降"4"挡闭合的基础上，又增加了触头 S10、S11、S12 闭合，接触器 KM7～KM9 线圈依次得电吸合，电动机转子回路电阻 5R3、5R2、5R1 依次逐级切除，以避免过大的冲击电流，同时电动机 M5 旋转速度逐渐增加，待转子电阻全部切除后，电动机以最高转速运转，负载下降速度最快。

此挡若下降的负载很重，当实际下降速度超过电动机的同步转速时，电动机将进入再生发电制动状态，电磁转矩变成制动力矩，由于转子回路未串任何电阻，保证了负载的下降速度不至太快，且在同一负载下，"5"挡下降速度要比"4"挡和"3"挡速度底。

4. 副钩控制电路

副钩凸轮控制器 AC1 共有 11 个位置，中间位置是零位，左、右两边各有 5 个位置，用来控制电动机 M1 在不同转速下的正反转，即用来控制副钩的升降。AC1 共用了 12 副触头，其中 4 对动合主触头控制 M1 定子绕组的电源，并换接电源相序以实现 M1 的正反转；5 对动合辅助触头控制 M1 转子电阻 1R 的切换；3 对动断辅助触头作为联锁触头，其中 AC1-5 和 AC1-6 为 M1 正反转联锁触头，AC1-7 为零件随联锁触头。

（1）副钩上升控制。在主交流接触器 KM 线圈获电吸合的情况下，转动凸轮控制器 AC1 的手轮至向上"1"挡，AC1 的主触头 V13-1W 和 U13-1U 闭合，触头 AC1-5 闭合，AC1-6 和 AC1-7 断开，电动机 M1 接通三相电源正转，同时电磁抱闸制动器 YB1 获电，闸瓦与闸轮分开，M1 转子回路中串接的全部外接电阻器启动，M1 以最低转速、较大的启动力矩带动副钩上升。

转动 AC1 手轮，依次到向上的"2"至"5"挡位时，AC1 的 5 对动合辅助触头（2 区）依次闭合，短接电阻 1R5 至 1R1，电动机 M1 的提升转速逐渐升高，直到预定转速。

由于 AC1 拔置向上挡位，AC1-6 触头断开，KM 线圈自锁回路电源通路只能通过串入副钩上升限位开关 SQ6（8 区）支路，副钩上升到调整的限位位置时 SQ6 被挡铁分断，KM 线圈失电，切断 M1 电源；同时 YB1 失电，电磁抱闸制动器在反作用弹簧的作用下对电动机 M1 进行制动，实现终端限位保护。

（2）副钩下降控制。凸轮控制器 AC1 的手轮转至向下挡位时，触头 V13-1U 和 U13-1W 闭合，改变接入电动机 M1 的电源的相序，M1 反转，带动副钩下降。依次转动手轮，AC1 的 5 对动合辅助触头（2 区）依次闭合，短接电阻 1R5 至 1R1，电动机 M1 的下降转速逐渐升高，直到预定转速。

将手轮依次回拨时，电动机转子回路串入的电阻增加，转速逐渐下降。将手轮转至"0"挡位时，AC1 的主触头切断电动机 M1 电源，同时电磁抱闸制动器 YB1 也断电，M1 被迅速制动停转。

5. 小车控制电路

小车的控制与副钩的控制相似，转动凸轮控制器 AC2 手轮，可控制小车在小车轨道上左右运行。

6. 大车控制电路

大车的控制与副钩和小车的控制相似。由于大车由两台电动机驱动，因此，采用同时控制两台电动机的凸轮控制器 AC3，它比小车凸轮控制器多 5 对触头，以供短接第二台大车电动机的转子外接电阻。大车两台电动机的定子绕组是并联的，用 AC3 的 4 对触头进行控制。

4.3.3　控制线路的典型故障分析

1. 主交流接触器 KM 不吸合

合上电源总开关 QS1 并按下启动按钮 SB 后，主交流接触器 KM 不吸合。

故障的原因可能是：线路无电压，熔断器 FU1 熔断，紧急开关 QS4 或门安全开关 SQ7、SQ8、SQ9 未合上，主交流接触器 KM 线圈断路，有凸轮控制器手柄没在零位，或凸轮控制器零位触头 AC1-7、AC2-7、AC3-7 触头分断，过电流继电器 KA0 至 KA4 动作后未复位。检测流程如图 4-7 所示。

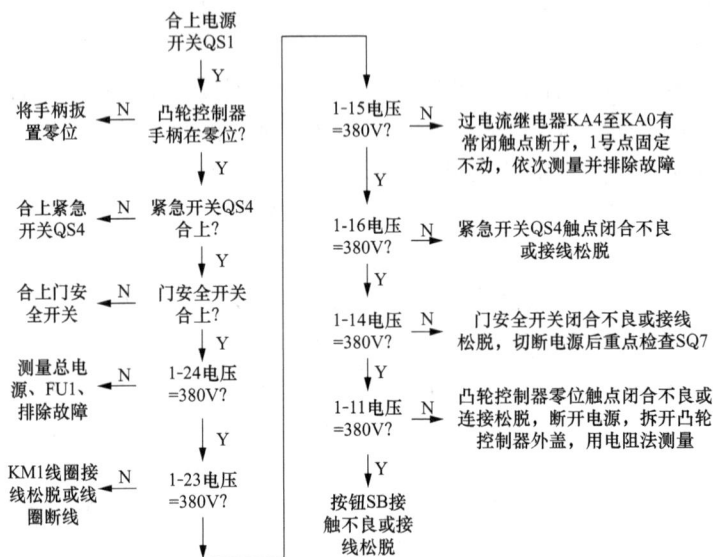

图 4-7　接通电源启动后主交流接触器 KM 不吸合的检测流程

注意

该故障发生概率较高，排除时先目测检查，然后在保护控制柜中和出线端子上测量、判断。确定故障大致位置后，切断电源，再用电阻法测量、查找故障具体部位。

2. 副钩能下降但不能上升

副钩能下降但不能上升的检测流程如图 4-8 所示。

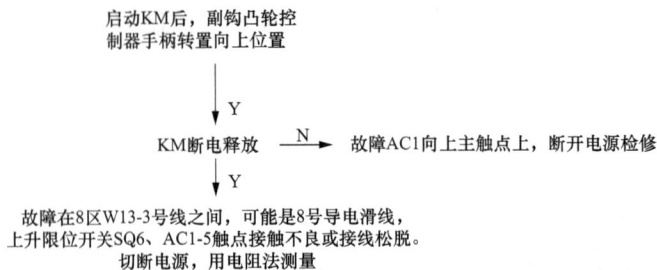

图 4-8　副钩能下降但不能上升的检测流程

对于小车、大车向一个方向工作正常，而向另一个方向不能工作的故障，判断方法类似。在检修试车时不能朝一个运行方向试车行程太大，以免又产生终端限位故障。

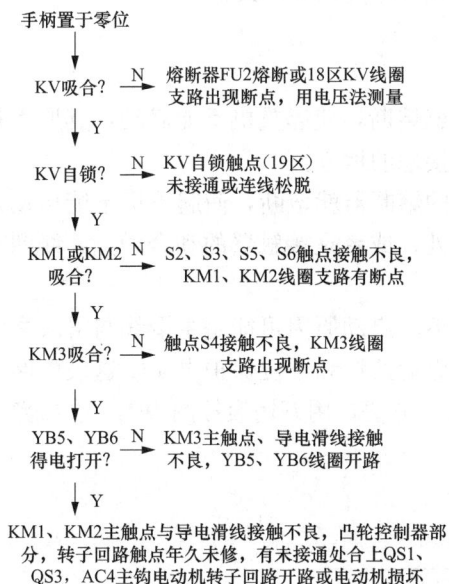

手柄置于零位

KV吸合? —N→ 熔断器FU2熔断或18区KV线圈
支路出现断点，用电压法测量

↓Y

KV自锁? —N→ KV自锁触点(19区)
未接通或连线松脱

↓Y

KM1或KM2 —N→ S2、S3、S5、S6触点接触不良，
吸合? KM1、KM2线圈支路有断点

↓Y

KM3吸合? —N→ 触点S4接触不良，KM3线圈
支路出现断点

↓Y

YB5、YB6 —N→ KM3主触点、导电滑线接触
得电打开? 不良，YB5、YB6线圈开路

↓Y

KM1、KM2主触点与导电滑线接触不良，凸轮控制器部
分，转子回路触点年久未修，有未接通处合上QS1、
QS3，AC4主钩电动机转子回路开路或电动机损坏

图 4-9　主钩既不能上升又不能下降的检测流程

3. 主钩既不能上升又不能下降

故障原因有多方面，可从主钩电动机运转状态、电磁抱闸制动器吸合声音、继电器动作状态来判断故障。交流电磁保护柜装于桥架上，观察交流电磁保护柜中继电器动作状况，测量需与吊车操作人员配合进行，注意高空操作安全。测量尽量在操作室端子排上测量并判断故障大致位置。主要检测流程如图 4-9 所示。

4. 某一电动机不转动或转矩很小

由于其他机构电动机正常，说明控制电路没问题，故障发生在电动机的主电路内。在确定定子回路正常的情况下，故障一般是发生在转子回路，转子三个绕组有断路处，没有形成回路，就会出现这种故障。

（1）电动机转子集电环部分。①转子绕组引出线接地或者与集电环相联接的铜片 90°弯角处断裂；②集电环和电刷接触不良、电刷太短、电刷架的弹簧压力不够、电刷架的引出线的连接螺栓松动。

（2）滑线部分。①滑线与滑块（集电托）接触不良；②滑块的软接线折断。

（3）电阻器部分。①电阻元件断裂，特别是铸铁元件容易断裂；②电阻器接线螺栓松动，电火花烧断接线。

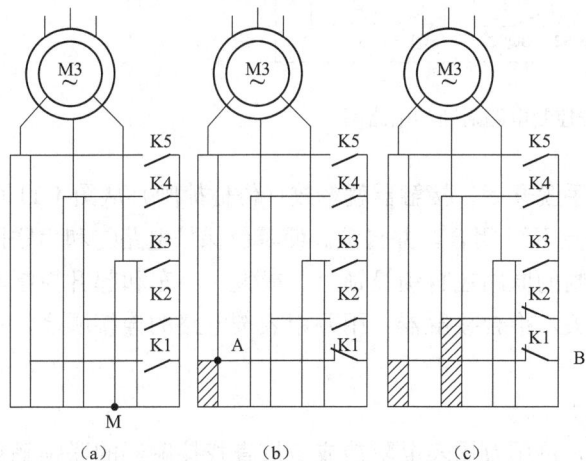

图 4-10　电阻器短接示意图

（a）手柄置于第 1 挡；（b）手柄置于第 2 挡；（c）手柄置于第 3 挡

5. 电阻器短接

控制手柄置于第 1 挡时，电动机启动转矩很小；置于第 2 挡时，转速也比正常时低；置于第 3 挡时，电动机突然加速，甚至使车身振动。这种故障一般发生在电阻器、电阻元件末端、短接线部分有断开处，如图 4-10 所示在 M 处断开，就会出现这种现象。

由图 4-10（a）可知，当控制器手柄置于第 1 挡时，电阻元件短接线在 M 处折断，故转子不能短接，所以转矩很小，只能空载启动。

由图 4-10（b）可知，当控制器手

柄置于第 2 挡时，K1 闭合，转子回路电流流通状况交汇于 A 点，串接全部电阻，比原正常线路第 2 挡转速低。

由图 4-10（c）可知，当控制器手柄置于第 3 挡时，K1、K2 闭合，电流交汇于 B 点，突然切除两段电阻（画剖面线部分），电动机突然加速，启动较猛，致使整个机身振动。

故障排除的方法：可将三组电阻元件末端短接线开路处用导电线短接。

6. 起重机不能启动

起重机不能启动的控制电路故障有：

（1）合上保护箱的刀开关，控制电路的熔断器就熔断，使起重机不能启动，其原因是控制电路中相互连接的导线或集电器元件有短路或有接地的地方。

（2）按下启动按钮，接触器吸合后，控制电路的熔断器就熔断，使起重机不能启动，其原因是大车、小车、升降电路或串联回路有接地之处，或者是接触器的动合触点、线圈有接地之处。

（3）按下启动按钮，接触器不吸合，使起重机不能启动原因可能是主滑线与滑块之间接触不良或保护箱的刀开关有问题，或者是熔断器、启动按钮和零位保护电路①这段电路有断路，串联回路②有不导电之处，如图 4-11 所示。检查方法，用万用表按图中①、②线路，逐段测量，查出断路和不导电处并处理。

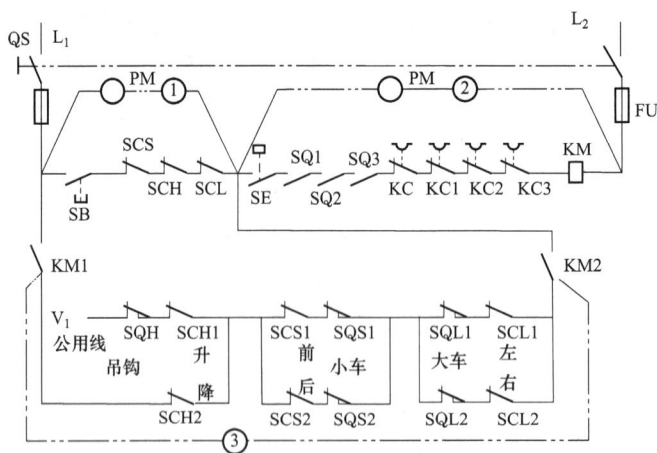

图 4-11　检查控制电路通断的电路图

（4）按下启动按钮，接触器吸合，但手脱开后，接触器就释放（俗称掉闸）从图 4-11 可知，当接触器线圈 KM 得电，它的动合触点 KM 闭合，并自锁。使零位保护电路①和串联回路②导通，说明这部分电路工作正常。掉闸的原因在自锁没锁上，或大、小车和起升控制电路中。检查的方法同前面一样，拉下刀开关，推合接触器，用万用表按电路的连接顺序，一段段检查。

7. 吊钩下降时，接触器就释放（掉闸）

吊钩下降时，接触器释放。这种情况，可用万用表电阻挡或试灯查找接触器的联锁触点 KM、熔断器 FU 的连接导线和升降控制器下降方向的联锁触点 SCH2。这两点任何一个部位未闭合，都会出现吊钩下降时接触器掉闸的现象。

4.4　设备电气控制原理图的识读与分析

4.4.1　设备电气控制原理图的识读

1. 电气控制原理图的读图

（1）必须熟悉图中各元器件的符号和作用。

（2）首先阅读主电路。

（3）其次阅读控制电路。对于机、电、液配合得比较紧密的生产机械，必须进一步了解有关机械传动和液压传动的情况，有时还要借助于工作循环图和动作顺序表，配合电器动作来分析电路中的各种联锁关系，以便掌握其全部控制过程。

（4）最后阅读照明、信号指示、监测、保护等各辅助电路环节。

2. 电气控制原理图的分析

（1）分析主电路。从主电路入手，根据每台电动机和执行电气的控制要求去分析各电动机和执行电器的控制内容，如电动机的起动、正反转、调速和制动等基本电路。

（2）分析控制电路。根据主电路中各电动机和执行电气的控制要求，逐一找出控制电路中的控制环节，将控制电路"化整为零"，按功能不同划分成若干个局部控制电路来进行分析。

（3）分析信号、显示电路与照明电路。控制电路中执行元件的工作状态显示、电源显示、参数测定、故障报警和照明电路等部分，多数是由控制电路中的元件来控制的，因此还要对照控制电路对这部分电路进行分析。

（4）分析联锁与保护环节。生产机械对于安全性、可靠性有很高的要求，要想实现这些要求，除了合理地选择拖动、控制方案以外，在控制电路中还设置了一系列电气保护和必要的电气联锁。

（5）分析特殊控制环节。在某些控制电路中，还设置了一些与主电路、控制电路关系不密切、相对独立的某些特殊环节，如自动检测系统、晶闸管触发电路、产品计数装置和自动调温装置等。

（6）总体检查。经过"化整为零"，逐步分析每一局部电路的工作原理及各部分之间的控制关系后，还必须用"集零为整"的方法，检查整个控制电路，看是否有遗漏。

4.4.2　机床电气图的测绘方法

机械设备的电气原理图是安装、调试、使用和维修设备的重要依据，但有时会遇到原有机床设备的电气线路图丢失或损坏，需要重新测绘机床电气原理图。

测绘电气线路图时，首先应熟悉该机械设备的基本控制环节，如启动、停止、制动、调速等。测绘机械设备电气控制电路的一般方法有两种。

1. 电器布置图—电气接线图—电气原理图法

此种方法是绘制电气控制原理图的最基本方法，既简便直观，又容易掌握。具体步骤如下：

（1）将机械设备停电，并使所有的元器件处于正常（不受力）状态。

（2）找到并打开机床的电气控制柜（箱），按实物画出设备的电气布置图。

（3）绘制所有内部电气接线图，先画主电路图，再画控制线路；先画输入端，再画输出端；先画主干线，再画各分支；先简单后复杂。

（4）在所有接线端子处标记好线号，画出设备电气安装接线图，避免大拆大卸，对去掉的线头要做好记号。

（5）根据电气安装接线图和绘图原则绘制电气原理图。

2. 查对法

（1）根据电气原理图，对机床电气控制原理和相关电气控制特点加以分析研究，将控制原理读通读透。

（2）对于电气安装接线图的掌握也是电气测绘工作的重要部分。有些电气线路和电气元件、开关等不是装在机床的外部，而是装在机床内部，不易发现。若单纯熟悉电气控制工作原理，而不清楚线路走向、元器件的具体位置、操作方式等是不能将维修工作做好的。

（3）测绘人员应具备由实物→电气图和由电气图→实物的分析能力，因为在测绘中会经常对电路中的某一个点或某一条线加以分析和判别，这种能力是靠平时经常锻炼、不断积累的。

测 试 题

1. X62W 铣床的主电路由电源总开关 QS、熔断器 FU1、接触器 KM1～KM6、热继电器 FR1～FR3、电动机 M1～M3、（　　）等组成。

A. 按钮 SB1～SB6　　　　　　　　　B. 速度继电器 KS

C. 位置开关 SQ1～SQ7　　　　　　　D. 快速移动电磁铁 YA

2. 分析 X62W 铣床主电路工作原理时，首先要看懂主轴电动机 M1 的（　　）、制动及冲动电路，然后再看进给电动机 M2 的正反转电路，最后看冷却泵电动机 M3 的电路。

A. 能耗制动电路　　B. 降压启动电路　　C. Ｙ-△启动电路　　D. 正反转电路

3. X62W 铣床的三台电动机由（　　）实现过载保护。

A. 速度继电器　　　B. 热继电器　　　　C. 过电流继电器　　D. 熔断器

4. X62W 铣床的主轴电动机 M1 采用了（　　）的启动方法。

A. 全压　　　　　　B. 定子减压　　　　C. Ｙ-△　　　　　　D. 变频

5. X62W 铣床使用圆形工作台必须把前后（横向）和升降十字操作手柄置于（　　）位置。

A. 上升　　　　　　B. 中间　　　　　　C. 下降　　　　　　D. 横向

6. X62W 铣床主轴电动机不能启动的可能原因有（　　）。

A. 快速移动电磁铁损坏　　　　　　　B. 速度继电器损坏

C. 控制变压器无输出　　　　　　　　D. 三相电源缺相

7. X62W 铣床三相电源缺相会造成（　　）不能启动。

A. 快速移动电磁铁　　　　　　　　　B. 主轴和进给电动机

C. 三台电动机都　　　　　　　　　　D. 主轴一台电动机

8. 测绘 X62W 铣床电气位置图时，要先画出电源开关、电动机、按钮、行程开关、（　　）等在机床中的具体位置。

　　A. 接触器　　　　　　　B. 熔断器　　　　　　　C. 电器箱　　　　　　　D. 热继电器

　　9. 测绘 X62W 铣床主电路工作原理时，要先画出（　　）、熔断器 FU1、接触器 KM1～KM6、热继电器 FR1～FR3、电动机 M1～M3 等。

　　A. 按钮 SB1～SB6　　　　　　　　　　B. 行程开关 SQ1～SQ7

　　C. 电源开关 QS　　　　　　　　　　　D. 转换开关 SA1～SA2

　　10. X62W 铣床电气线路的控制电路由控制变压器 TC、熔断器 FU2～FU3、按钮 SB1～SB6、位置开关 SQ1～SQ7、（　　）、转换开关 SA1～SA3、热继电器 FR1～FR3 等组成。

　　A. 电动机 M1～M3　　　　　　　　　　B. 速度继电器 KS

　　C. 快速移动电磁铁 YA　　　　　　　　D. 电源总开关 QS

　　11. X62W 铣床的主轴电动机 M1 采用了（　　）的停车方法。

　　A. 能耗制动　　　　　　B. 反接制动　　　　　　C. 回馈制动　　　　　　D. 再生制动

　　12. X62W 铣床主轴电动机 M1 的冲动控制是由位置开关 SQ7 接通（　　）而形成的。

　　A. 反转接触器 KM2　　　　　　　　　　B. 反转接触器 KM4

　　C. 正转接触器 KM1　　　　　　　　　　D. 正转接触器 KM3

　　13. X62W 铣床进给电动机 M2 的左右（纵向）操作手柄有（　　）位置。

　　A. 快、慢、上、下、中 5 个　　　　　　B. 上、下、中 3 个

　　C. 上、下、前、后、中 5 个　　　　　　D. 左、中、右 3 个

　　14. X62W 铣床使用圆形工作台必须把左右（纵向）操作手柄置于（　　）位置。

　　A. 中间　　　　　　　　B. 左边　　　　　　　　C. 右边　　　　　　　　D. 纵向

　　15. X62W 铣床使用圆形工作台时必须将圆形工作台转换开关 SA1 置于（　　）位置。

　　A. 右转　　　　　　　　B. 接通　　　　　　　　C. 左转　　　　　　　　D. 断开

　　16. X62W 铣床工作台的终端极限保护由（　　）实现。

　　A. 热继电器　　　　　　B. 控制手柄　　　　　　C. 位置开关　　　　　　D. 速度继电器

　　17. X62W 铣床的进给电动机 M2 采用了（　　）的启动方法。

　　A. 全压　　　　　　　　　　　　　　　　B. 自耦变压器

　　C. 转子串频敏变阻器　　　　　　　　　　D. 定子串电抗器

　　18. 测绘 X62W 铣床电气线路控制电路图时要画出（　　）、按钮 SB1～SB6、行程开关 SQ1～SQ7、速度继电器 KS、转换开关 SA1～SA3、热继电器 FR1～FR3 等。

　　A. 电源开关 QS　　　B. 熔断器 FU1　　　C. 电动机 M1～M3　　　D. 控制变压器 TC

　　19. T68 镗床的主轴电动机 M1 采用了（　　）的停车方法。

　　A. 能耗制动　　　　　　B. 再生制动　　　　　　C. 回馈制动　　　　　　D. 反接制动

　　20. 分析 T68 镗床电气控制主电路原理图时，首先要看懂主轴电动机 M1 的正反转电路和（　　），然后再看快速移动电动机的正反转电路。

　　A. 高低速切换电路　　B. 能耗制动电路　　　C. 降压启动电路　　　D. Y-△启动电路

　　21. 测绘 T68 镗床电气线路的控制电路图时要正确画出控制变压器 TC、按钮 SB1～SB5、行程开关 SQ1～SQ8、（　　）、速度继电器 KS、时间继电器 KT 等。

　　A. 电源开关 QS　　　　　　　　　　　B. 中间继电器 KA1 和 KA2

　　C. 熔断器 FU1 和 FU2　　　　　　　　D. 电动机 M1 和 M2

　　22. T68 镗床电气控制主电路由电源开关 QS、熔断器 FU1 和 FU2、接触器 KM1～

KM7、热继电器 FR、（　　　）等组成。

　　A. 速度继电器 KS

　　B. 行程开关 SQ1～SQ8

　　C. 时间继电器 KT

　　D. 电动机 M1 和 M2

　　23. 测绘 T68 镗床电器位置图时，重点要画出两台电动机、电源总开关、按钮、（　　　）以及电气箱的具体位置。

　　A. 接触器　　　　　B. 行程开关　　　　　C. 熔断器　　　　　D. 热继电器

　　24. 分析 T68 镗床电气控制主电路原理图时，首先要看懂主轴电动机 M1 的（　　　）和高低速切换电路，然后再看快速移动电动机的正反转电路。

　　A. Y-△启动电路　　B. 正反转电路　　C. 能耗制动电路　　D. 降压启动电路

　　25. 测绘 T68 镗床电气控制主电路时要画出电源开关 QS、熔断器 FU1～FU2、接触器 KM1～KM7、热继电器 FR、（　　　）等。

　　A. 按钮 SB1～SB5

　　B. 行程开关 SQ1～SQ8

　　C. 电动机 M1 和 M2

　　D. 中间继电器 KA1 和 KA2

　　26. 测绘 T68 镗床电气控制线路的控制电路图时，要正确画出控制变压器 TC、按钮 SB1～SB5、行程开关 SQ1～SQ8、中间继电器 KA1～KA2、速度继电器 KS、（　　　）等。

　　A. 电动机 M1 和 M2

　　B. 时间继电器 KT

　　C. 熔断器 FU1～FU2

　　D. 电源开关 QS

　　27. T68 镗床电气线路控制电路由控制变压器 TC、按钮 SB1～SB5、行程开关 SQ1～SQ8、中间继电器 KA1 和 KA2、速度继电器 KS、（　　　）等组成。

　　A. 电动机 M1 和 M2

　　B. 制动电阻 R

　　C. 时间继电器 KT

　　D. 开关电源 QS

　　28. T68 镗床的主轴电动机采用了（　　　）方法。

　　A. 自耦变压器启动　　B. Y-△启动　　　C. 定子串电阻启动　　D. 全压启动

　　29. T68 镗床的主轴电动机采用了（　　　）调速方法。

　　A. △-YY变极　　　　B. Y-YY变极　　　C. 变频　　　　　　D. 变转差率

　　30. T68 镗床主轴电动机的正反转互锁由（　　　）实现。

　　A. 接触器动断触点

　　B. 时间继电器动断触点

　　C. 速度继电器动合触点

　　D. 接触器动合触点

　　31. T68 镗床主轴电动机只能工作在低速挡，不能高速挡工作的原因是（　　　）。

　　A. 熔断器故障

　　B. 热继电器故障

　　C. 速度继电器故障

　　D. 时间继电器 KT 故障

　　32. T68 镗床的主电路、控制电路和照明电路由（　　　）实现短路保护。

　　A. 速度继电器　　　B. 中间继电器　　　C. 熔断器　　　　　D. 热继电器

　　33. 20/5t 桥式起重机的小车电动机可以由凸轮控制器实现（　　　）的控制。

　　A. 减压启动

　　B. 能耗制动

　　C. 启停和调速、正反转

　　D. 回馈制动

　　34. 20/5t 桥式起重机的主钩电动机一般用（　　　）实现正反转的控制。

　　A. 接触器　　　　　B. 频敏变阻器　　　C. 凸轮控制器　　　D. 断路器

　　35. 20/5t 起重机的保护电路由（　　　）、过电流继电器 KA1～KA5、欠电压继电器

KV、熔断器 FU1~FU2、限位开关 SQ1~SQ4 等组成。

  A. 电阻器 1R~5R　　　　　　　　　　B. 热继电器 FR1~FR5

  C. 紧急开关 QS4　　　　　　　　　　　D. 接触器 KM1~KM2

  36. 20/5t 桥式起重机的主接触器 KM 吸合后，过电流继电器立即动作的可能原因是（　　）。

  A. 电阻器 1R~5R 的初始值过大　　　　B. 热继电器 FR1~FR5 额定值过小

  C. 熔断器 FU1~FU2 太粗　　　　　　　D. 凸轮控制器 SA1~SA3 电路接地

  37. 20/5t 桥式起重机电气线路的控制电路中包含了主令控制器 SA4、紧急开关 QS4、启动按钮 SB、过电流继电器 KC1~KC5、（　　）、欠电压继电器 KV 等。

  A. 电动机 M1~M5　　　　　　　　　　B. 限位开关 SQ1~SQ4

  C. 电磁制动器 YB1~YB6　　　　　　　D. 电阻器 1R~5R

  38. 20/5t 桥式起重机的小车电动机一般用凸轮控制器实现（　　）的控制。

  A. 减压启动　　　B. 正反转　　　C. 能耗制动　　　D. 回馈制动

  39. 20/5t 桥式起重机的主钩电动机一般用（　　）实现调速的控制。

  A. 断路器　　　　B. 频敏变阻器　　　C. 凸轮控制器　　　D. 热继电器

  40. 20/5t 桥式起重机的保护电路由紧急开关 QS4、（　　）、欠电压继电器 KV、熔断器 FU1~FU2、限位开关 SQ1~SQ4 等组成。

  A. 电阻器 1R~5R　　　　　　　　　　B. 热继电器 FR1~FR5

  C. 过电流继电器 KA1~KA5　　　　　　D. 接触器 KM1~KM2

  41. 20/5t 桥式起重机接通电源，扳动凸轮控制器手柄后，电动机不转动的可能原因是（　　）。

  A. 热继电器 FR1~FR5 额定值过小　　　B. 熔断器 FU1~FU2 太粗

  C. 凸轮控制器主触点接触不良　　　　　D. 电阻器 1R~5R 的初始值过小

  42. 读图的基本步骤有：看图样说明，（　　），看安装接线图。

  A. 看主电路　　　B. 看电路图　　　C. 看辅助电路　　　D. 看交流电路

  43. 电气控制线路图测绘的方法是先画主电路，再画控制电路，先画输入端，再画输出端，（　　），先简单再复杂。

  A. 先画电气、再画机械　　　　　　　　B. 先画主干线、再画各支路

  C. 先画机械、再画电气　　　　　　　　D. 先画支路、再画干线

  44. 电气控制线路图测绘的一般步骤是将机械设备停电，先画电器布置图，再画（　　），最后再画出电气原理图。

  A. 电机位置图　　　B. 电器接线图　　　C. 按钮布置图　　　D. 开关布置图

  45. 电气控制线路图测绘的方法是先画主电路；再画控制线路；（　　）；先画主干线，再画各分支；先简单后复杂。

  A. 先画机械，再画电气　　　　　　　　B. 先画电气，再画机械

  C. 先画输入端，再画输出端　　　　　　D. 先画输出端，再画输入端

  46. 电气控制线路测绘时要避免大拆大卸，对去掉的线头要（　　）。

  A. 保管好　　　B. 做好记号　　　C. 用新线接上　　　D. 安全接地

  47. 维修电工以电气原理图、（　　）和平面布置最为重要。

A. 配线方式图　　　　B. 安装接线图　　　　C. 接线方式图　　　　D. 组件位置图

48. 维修电工以（　　　　）、安装接线图和平面布置最为重要。

A. 电气设备图　　　　B. 电气原理图　　　　C. 电气安装图　　　　D. 电气组装图

49. 电气控制线路测绘中发现有掉线或接线错误时，应该首先（　　　　）。

A. 把线接上　　　　　B. 断开电源　　　　　C. 做好记录　　　　　D. 安全接地

第5章　可编程控制器的应用（FX2N 系列）

5.1　可编程控制器概述

5.1.1　PLC 的产生与发展

1. PLC 的产生

可编程控制器（Programmable Logic Controller，简称 PLC），是一种专门为在工业环境下应用而设计的数字运算操作的电子系统，是为满足不断发展的大规模工业生产控制要求而逐步发展起来的工业专用的计算机。用 PLC 控制取代继电器控制线路，可以节省大量继电—接触器控制电路中的中间继电器和时间继电器。最初其功能基本限于开关量的逻辑控制以及执行逻辑运算、定时、计数等顺序控制。随着自动化技术、微电子技术和计算机技术的飞速发展，PLC 采用可编程序的存储器，用来在其内部存储执行逻辑运算、顺序控制、定时、计数和算术运算等操作的指令，并通过数字的、模拟的输入和输出，控制各种类型的机械或生产过程。PLC 系统的实际组成与计算机控制系统的组成基本相同，其也是由硬件系统和软件系统两大部分组成的。PLC 现已在工业生产的各个领域得到了广泛应用。

目前国内外各生产厂家生产的 PLC 产品种类繁多、型号各异、规格也不统一，较为普遍的有日本三菱公司的 F 系列、OMRON 公司的 C 系列、德国西门子公司的 S 系列、美国 GE 公司的 GE 系列；国内也有嘉华公司的 JH 系列等。

2. PLC 的发展

（1）向高速度、大容量、多功能、网络化方向发展。

（2）向小型化、低成本、简易实用方向发展。

（3）提高系统的可靠性。

（4）编程语言多样化。

5.1.2　PLC 的分类

1. 按结构形式分类

按照结构形式的不同，PLC 可分为整体式和模块式两种。

（1）整体式。整体式结构的 PLC 是将 CPU、存储器、I/O 和电源等部件集中于一体，安装在一个金属或塑料机壳的基本单元内，机壳的上下两侧是输入输出接线端子，并配有反映输入输出状态的微型发光二极管。整体式结构的 PLC 具有结构紧凑、体积小巧、重量轻、价格低等优势，适用于嵌入控制设备的内部，常用于单机控制。一般 256 点以下的小型 PLC 多采用这种结构，如三菱公司的 FX2N、FX1N、FX1S 系列。

（2）模块式。模块式结构的 PLC 是把各个组成部分如 CPU、I/O、电源等分开，做成各自独立的模块，各模块做成插件式，插入机架底板的插座上。用户可以按照控制要求，选用不同档次的 CPU 模块、各种 I/O 模块和其他特殊模块，从而构成不同功能的控制系统。模块式结构的 PLC 优点为配置灵活、组装方便、扩展容易；其缺点是结构较复杂，造价也较高。一般大、中型 PLC 都采用这种结构。

2. 按 I/O 点数分类

按 I/O 点数、内存容量和功能来分，PLC 可分为微型、小型、中型、大型和超大型 5 类。I/O 点数小于 64 点的 PLC 称为微型（超小型）PLC。小型 PLC 的存储器容量一般在 2～4KB 之间，I/O 点数一般在 64～128 之间。中型 PLC 的存储器容量一般在 4～16KB 之间，I/O 点数一般在 128～512 之间。大型 PLC 的存储器容量一般在 16～64KB 之间，I/O 点数一般在 512～8192 之间。存储器容量和 I/O 点数比大型 PLC 更大、更高的 PLC 称为超大型 PLC。以上 PLC 的 5 种分类并非是绝对的，各种类型机种之间可能会有重叠，其分类的界线也将随 PLC 的发展而变化。

5.1.3 PLC 的功能

目前 PLC 已经广泛应用于汽车装配、数控机床、机械制造、电力石化、冶金钢铁、交通运输、轻工纺织等行业。PLC 的主要功能有以下几个方面：

（1）逻辑控制。用 PLC 取代传统的继电器控制系统，实现逻辑控制和顺序控制。如机床电气控制、电动机控制、注塑机控制、电镀流水线、电梯控制等。PLC 既可用于单机控制，也可用于多机群和生产线的控制。

（2）过程控制。PLC 能控制连续变化的模拟量。如温度、压力、速度、流量、液位、电压和电流等均为模拟量，通过各种传感器将相应的模拟量转化为电信号，然后通过 A/D 模块将它们转换为数字量送 PLC 内部 CPU 处理，处理后的数字量再经过 D/A 转换为模拟量进行输出控制。如果使用专用的智能 PID 模块，可以实现对模拟量的闭环过程控制。

（3）运动控制。运动控制是指 PLC 使用专用的运动控制模块来控制步进电动机或伺服电动机，从而实现对各种机械构件的运动控制，如控制构件的速度、位移、运动方向等。PLC 的运动控制的典型应用有：机器人的运动控制、机械手的位置控制、电梯运动控制等；PLC 还可与计算机数控（CNC）装置组成数控机床，以数字控制方式控制零件的加工、金属的切削等，从而实现高精度的加工。

（4）数据处理。目前 PLC 都具有数据处理指令、数据传送指令、算术与逻辑运算指令和循环移位与移位指令，所以由 PLC 构成的监控系统，可以方便地对生产现场的数据进行采集、分析和加工处理。数据处理通常用于诸如柔性制造系统、机器人和机械手的控制系统等大、中型控制系统中。

（5）联网通信。PLC 与 PLC 之间、PLC 与上位计算机之间的通信，要采用其专用通信模块，并利用 RS-232C 或 RS-422A 接口，用双绞线或同轴电缆或光缆将它们连成网络。由一台计算机与多台 PLC 组成的分布式控制系统采用"集中管理、分散控制"的方式，建立工厂的自动化网络。PLC 还可以连接 CRT 显示器或打印机，实现文件的显示和打印。

5.1.4 PLC 的主要技术指标

虽然各厂家所生产的 PLC 产品的型号、规格和性能各不相同，但通常可以按照以下指标来描述 PLC 的主要性能。

（1）I/O 总点数。I/O 总点数是指 PLC 输入信号和输出信号的数量，也就是输入、输出的端子数总和。不过其他的端子，如电源、各 COM 等端子是不能作为 PLC 的输入/输出端子计入的。I/O 总点数是描述 PLC 性能的重要技术指标。

（2）存储容量。存储容量是指在 PLC 中的用户程序存储器的容量，也就是用户 RAM 的存储容量。

（3）扫描速度。扫描速度是指 PLC 扫描 1000 步用户指令所需的时间，通常以 ms/千步为单位。也有用扫描 1 步指令所需要的微秒数来表示，即 μs/步。

（4）内部寄存器。PLC 内部寄存器用以存放输入/输出变量的状态、逻辑运算的中间结果、定时器/计数器的数据。内部寄存器的种类多少、容量大小，将影响到用户编程的效率。因此，内部寄存器的配置及容量也是衡量 PLC 硬件功能的一个重要指标。

（5）编程语言与指令系统。PLC 的编程语言一般有顺序梯形图（LD）、语句表（IL）、功能图（SFC）、功能块图（FBD）、结构化文本（ST）等。PLC 的编程语言越多，用户编程的选择性就越大。不同的 PLC 厂家，采用的编程语言往往并不兼容。在 PLC 的指令系统中，分为基本指令和特殊功能指令包含的指令种类越多，其功能就越强。

（6）特殊功能模块。PLC 除了基本单元外，还可以选配各种各样的特殊功能模块。PLC 的特殊功能模块越多，其适应性就越强。特殊功能模块种类的多少、功能的强弱是衡量 PLC 技术水平高低的一个重要指标。常用的特殊功能模块有 A/D 和 D/A 转换模块、通信模块、高速计数模块、位置和速度控制模块、温控模块、诊断监控模块和高级语言模块等。若 PLC 配置了高级语言模块后，用户就可以用高级语言来编制应用程序。

5.1.5 PLC 产品的技术特点

（1）高可靠性与高抗干扰能力。PLC 产品是专为工业控制环境设计的，适应于各种恶劣的工业环境，这是它优于普通计算机控制系统的首要特点。

（2）通用、灵活、方便。PLC 作为专用计算机控制系统产品，控制规模又可以根据控制对象的信号数量与所需功能进行灵活方便的模块组合，具有接线简单，使用、维护方便等优点。

（3）编程简单，易于掌握。PLC 面向问题和控制过程的编程语言直观、清晰，修改方便且易于掌握。当然，不同机型的 PLC 在编程语言上是多样化的，但同一等级、不同机型的控制功能可以方便地相互转换。

（4）开发周期短。PLC 完成一套电气控制系统，只要电气总体设计完成，I/O 点数分配完毕，则软件设计模拟调试与硬件设计施工就可以同时分别进行。在软件调试方面，控制程序可以反复修改；在硬件施工方面，安装接线只涉及输入和输出装置，不涉及复杂的继电器控制线路，硬件投资较少，故障率低。在软、硬件设计分别完成之后的正式调试中，控制逻辑的修改也仅涉及软件修改，大大缩短了开发周期。

（5）功能强，体积小，重量轻。由于 PLC 产品是以微型计算机为核心的，所以具有许多计算机控制系统的优越性。无论在体积、重量上，还是在执行速度、控制功能上，都是常规继电器控制系统所无法相比的。

5.1.6 PLC 的基本工作原理

1.PLC 的工作方式

PLC 确定了工作任务，装入了专用程序成为一种专用机，它采用循环扫描的工作方式，系统工作任务管理及用户程序的执行都通过循环扫描的方式来完成。PLC 的工作过程可以分为 4 个阶段：一般内部处理扫描阶段、通信服务与自诊断阶段、执行用户程序扫描阶段、数据输入/输出扫描阶段。PLC 工作过程如图 5-1 所示。

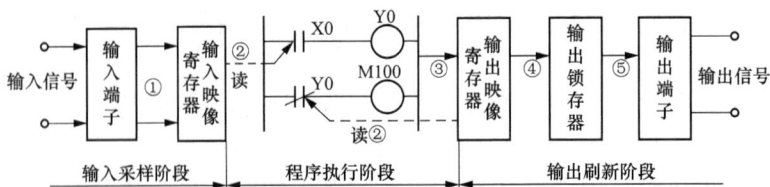

图 5-1　PLC 工作过程原理图

在输入处理阶段，PLC 以扫描工作方式按顺序对所有输入端的输入信号（开或关）读入到与之对应的输入映像寄存器中寄存起来，此时输入映像寄存器被刷新。接着进入程序执行阶段，在程序执行阶段或其他阶段，即使输入状态发生变化，输入映像寄存器的内容也不会改变，输入状态的变化只有在下一个扫描周期的输入处理阶段才被重新读入。

在程序执行阶段，PLC 对程序按顺序进行扫描执行。若程序用梯形图来表示，则按先上后下，先左后右的顺序进行。每扫描到一条指令时，所需要的输入状态或其他元素的状态分别从输入映像寄存器和元素映像寄存器中读出，然后进行由程序确定的逻辑运算或其他数字运算，最后根据程序中的相关指令将运算结果存入确定的输出映像寄存器区的相关单元。

在输出处理阶段，当所有程序执行完毕后，进入输出处理阶段。此时 PLC 将输出映像寄存器中与输出有关的状态转存到输出锁存器中，并通过一定方式输出，驱动用户输出设备（外部负载）。这就是 PLC 的本次工作周期运行结果的实际输出。

2. PLC 的扫描周期

PLC 每次扫描所用的时间为一个扫描周期，它是 PLC 的一个重要指标。PLC 响应时间由 PLC 扫描周期、继电器动作时间、I/O 模块响应时间组成，因此 PLC 的响应时间大于其扫描周期。

3. PLC 的 I/O 响应时间

当输入滤波器有时间常数，输出继电器有机械滞后、循环操作时，进行公共处理、刷新和执行用户程序等产生扫描周期、程序语句的安排，使得响应比一般微型计算机构成的工业控制系统慢得多，其响应时间至少等于一个扫描周期，一般均大于一个扫描周期甚至更长，产生滞后现象。可采用快速响应模块、高速计数模块以及中断处理等措施来尽量减少滞后时间。

5.2　FX2N 系列可编程控制器

FX2N 系列可编程序控制器是日本三菱公司的产品，它采用整体式结构，是 FX 系列中功能最强、速度最高的微型可编程控制器。它的基本指令执行速度高达 0.08s，用户储存容量可扩展到 16K 步，最大可以扩展到 256 个 I/O 点，拥有模拟量输入/输出模块、高速计数器模块、脉冲输出模块、4 种位置控制模块、RS-232C/RS-422A/RS-485 串行通信模块或功能扩展板以及模拟定时器功能扩展板。使用特殊功能模块和功能扩展板，可以实现模拟量控制、位置控制和联网通信等功能。

FX2N 系列可编程序控制器面板由外部接线端子、状态指示部分和接口部分组成。其中状态指示部分包括输入状态指示灯、输出状态指示灯、供电电源指示灯（POWER）、运行状态指示灯（RUN）、用户程序存储器备用电池指示灯（BATT）和程序错误或 CPU 出错指示灯（PROGE 和 CPU-E）等，用于反映输入输出（I/O）的状态和机器的各种状态。用户程序存储器备用电池指示灯（BATT）正常为绿色，显示红色时为电量低，若更换新的锂电池后，LED 灯仍然亮着，此 PLC 的 CPU 已出现故障。

　　FX2N 基本单元型号表示方法为：FX2N-××M×：FX2N 表示系列名称；前部分×× 表示输入、输出（I/O）的总点数，有 16、24、32、48、64 和 806 种规格；M 表示基本单元；后部分×用字符表示输出类型（R 表示继电器输出，有接点、交流、直流负载两用；T 表示三极管输出，无接点、直流负载用；S 表示三端双向晶闸管开关元件输出，无接点、交流负载用）。如 FX2N-32MR 表示 FX2N 系列的基本单元，输入、输出（I/O）的总点数为 32 点，其中 16 点为直流 24V 输入，16 点为继电器输出。

5.2.1　PLC 的硬件组成及各部分作用

　　PLC 的硬件结构如图 5-2 所示。PLC 常见硬件故障类型有 I/O 模块故障、电源模块故障、CPU 模块故障。

　　1. 中央处理单元（CPU）

　　CPU 是工业控制专用微机的系统，其功能是：

　　（1）接收并存储从编程器输入的用户程序和数据。

　　（2）用扫描的方式接收现场输入设备状态或数据，并存入输入映像寄存器或数据寄存器中。

　　（3）检查电源、PLC 内部电路工作状态和编程过程中的语法错误等。

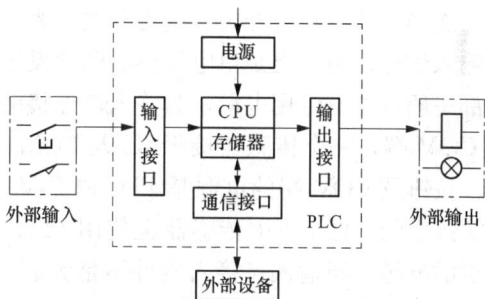

图 5-2　PLC 硬件结构图

　　（4）PLC 进入运行状态后，从存储器中读取用户程序并进行编译，执行并完成用户程序中规定的逻辑或算术运算等任务。

　　（5）根据运算的结果，完成指令规定的各种操作，再经输出部件实现输出控制、制表打印或数据通信等功能。

　　2. 存储器

　　存储器有两种：一种是可进行读/写操作的随机存取的存储器 RAM，用来储存用户编写的控制程序和用户数据，该区域用户可读可写，可随意增加或删减。在 PLC 中一般采用锂电池对用户程序进行掉电保护（一般能保持 5～10 年，经常带负载可保存 2～5 年）。RAM 一般分为程序存储区和数据存储区，程序存储区用以存储用户程序；数据存储区用以存储输入、输出与接点和线圈的状态以及特殊功能要求的有关数据。另一种为只读存储器 ROM，包括 PROM、EPROM、EEPROM。现在许多 PLC 直接采用 EEPROM 作为用户程序存储器。用于储存 PLC 产品生产厂编写的各种系统工作程序，用户只能读出不能写入，不能更改或调用。

　　3. I/O 接口电路

　　I/O 接口是 PLC 与工业生产现场被控对象之间的连接部件。I/O 接口的输入/输出信号有数字量、开关量和模拟量 3 种形式，用户涉及量最多的是开关量。PLC 的对外功能就是通过各类 I/O 接口的外接线，实现对工业设备或生产过程的检测与控制。I/O 接口一般都具有光电隔离和滤波作用,把 PLC 与外部电路隔离开来,以提高 PLC 的抗干扰能力。凡 PLC 的内部元件,如输入继电器 X 与输出继电器 Y 等,一般称为软元件,而与输入与输出端相接的外部元件一般称为硬元件。

(1)输入接口。输入接口电路的作用是将来自现场设备的输入信号通过电平变换、速度匹配、信号隔离和功率放大等步骤,转换成可供 CPU 处理的标准电平信号。图 5-3 为 PLC 产品中常见的一种直流 24V 传感器输入电路。若输入器件为按钮、开关类无源器件,+24V 端子仍需接 24V 电源,但输入按钮或开关则可直接连在输入端子和 COM 端之间,电路更为简单。只要程序运行,PLC 内部就可以识别输入端子和 COM 之间的通或断。

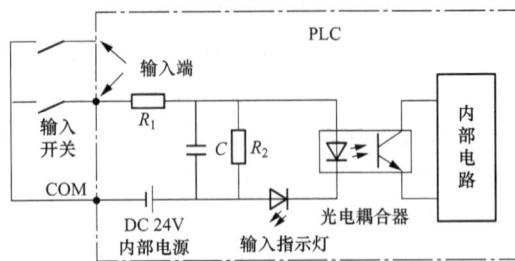

图 5-3　PLC 输入模块电路

PLC 外围设备接线如图 5-4 所示,输入接口接受和采集的信号有两类型,一类是由按钮、选择开关、行程开关、接近开关、光电开关、数字拨码开关、继电器触点等送来的开关量输入信号;另一类是由电位器、测速发电机和各种变送器等送来的模拟量输入信号。PLC 内部一般设置有专用电源,为输入口连接的这些设备供电,如图 5-4 所示为一个按钮接入 X1 及 COM 端,一个传感器接于 X6 及 COM 端,按钮及 COM 端的电源是 PLC 内 24V 电源提供的,图 5-4 中传感器也使用 PLC 提供的电源,当输入点接入器件不是无源触点而是传感器时,要注意传感器的极性,选择正确的电流方向接入电路,在 PLC 中一般 COM 端为机器内部电源的负极。PLC 更换输入模块时,要在断电状态下进行。

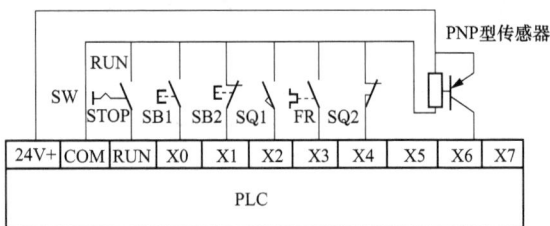

图 5-4　PLC 外围设备接线图

为了防止输入信号中间带的杂散电磁波干扰 CPU 的正常工作,在输入接口中一般都设置光电耦合电路,以隔离 CPU 与输入信号之间的联系。由于信号的输入和输出是靠光信号的耦合,在电气上完全隔离,因此,强电产生的电磁干扰不能进入 PLC 内部,大大提高了 PLC 的抗干扰能力。

FX2N 系列可编程控制器输入继电器编号范围为 X0~X177(128 点)输入继电器与 PLC 的输入端相连,是 PLC 接收外部开关信号的元件,外部开关信号如开关、传感器等输入信号,输入继电器必须由外部信号来驱动,不能用程序驱动。输入继电器可提供无数对动合触点、动断触点,这些触点在 PLC 内部可以自由使用。FX2N 型 PLC 输入继电器采用八进制地址编号(X0~X7,X10~X17……),最多可达 128 点(X0~X177)。

PLC 外围输入常见的故障的有按钮开关短接、传感器故障、接近开关故障。

PLC 输入模块故障有传感器故障、输入电源故障、PLC 软件故障。输入模块出现的故障主要是由控制程序编制错误所造成的。输入模块电源极性接反会烧毁某些输入端口的元器件,如传感器元件等。PLC 输入使用内部电源,若接通信号时指示灯不亮,很可能是内部电源烧坏。没有输入信号,输入模块指示灯不亮是输入模块的常见故障。此故障处理方法有:有输入信号但是输入模块指示灯不亮时,应检查输入直流电源正负极是否接反;检查 LED

电源指示器是否响应现场元件（如按钮、行程开关等）。若一个 LED 逻辑指示灯变暗，而且根据编程器件监视器，处理器未识别输入，则输入模块可能存在故障。

（2）输出接口（晶闸管输出型）。输出接口电路的作用是将 CPU 的程序运行结果经过电平转换、隔离和功率放大等步骤，转换成能带一定负载的具体的输出状态。PLC 开关量输出接口按输出开关器件的种类不同分为 3 种形式：

1）继电器输出型。CPU 输出时接通或断开继电器的线圈，继电器的触点闭合或断开，通过继电器触点控制外部电路的通断，继电器输出型有较大的输出电流，既可带直流负载，也可带交流负载。

2）晶体管输出型。通过光电耦合使开关三极管截止或饱和导通以控制外部电路，只能带直流负载。三极管输出型和双向晶闸管输出型的输出电流都较小。

3）双向晶闸管输出型。采用的是光触发型双向晶闸管，只能带交流负载。

FX2N 系列可编程控制器输出继电器编号范围为 Y0～Y177（128 点）。输出继电器是 PLC 用来输送信号到外部负载的元件，输出继电器只能用程序指令驱动，如图 5-5 所示为 PLC 输出原理图。每一个输出继电器有一个外部输出的动合触点。而内部的软接点，不管是动合还是动断，都可以无限次地自由使用，输出继电器的地址是八进制（Y0～Y7，Y10～Y17……），最多可达 128 点。

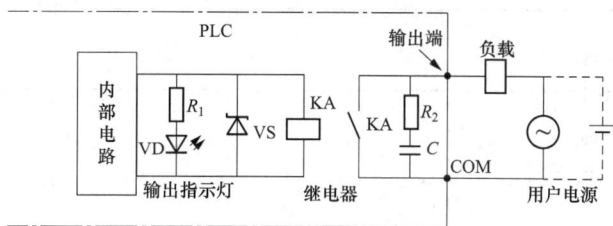

图 5-5 PLC 输出原理图

输出回路的连接如图 5-6 所示。输出电路驱动的外部负载有接触器、继电器、电磁阀、指示灯等。为了满足工业自动化生产更加复杂的控制需要，PLC 还配有很多 I/O 扩展模块接口。

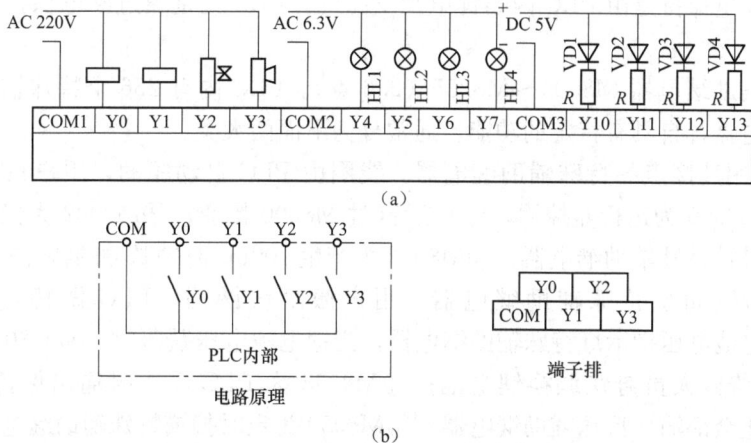

图 5-6 PLC 输出回路的外部连接图

（a）外部接线；（b）内部接线

PLC 外围输出故障有继电器故障、电动机故障、电磁阀故障等。

PLC 输出模块故障包括输出模块没有电压、输出模块 LED 指示灯常亮不熄灭、输出模拟 LED 指示灯不亮、供电电源故障、端子接线故障、模块安装故障、现场操作故障等。故障解决要首先检查供电电源是否错误、断电后使用万用表检查端子接线、考虑模板安装是否出现问题。PLC 输出模块没有输出信号可能是由于输出供电有问题、输出电路出现断路接线有松动、输出模块安装时出现问题、输出模块的元器件损坏等原因。

4. 辅助继电器 (M)

PLC 内部有很多辅助继电器,辅助继电器与输出继电器一样只能用程序指令驱动,外部信号无法驱动它的动合动断接点,在 PLC 内部编程时可以无限次地自由使用。但是这些接点不能直接驱动外部负载,外部负载必须由输出继电器的外部接点来驱动。

在逻辑运算中经常需要一些中间继电器用于辅助运算,这些器件往往用作状态暂存、移位等运算,另外,辅助继电器还具有一些特殊功能。下面是几种常见的辅助继电器。

(1) 通用辅助继电器 M0~M499 (500 点)。通用辅助继电器按十进制地址编号(在 FX 型 PLC 中除了输入/输出继电器外,其他所有器件都是十进制编号)。例:以下程序是对输入信号 X0 进行二分频。

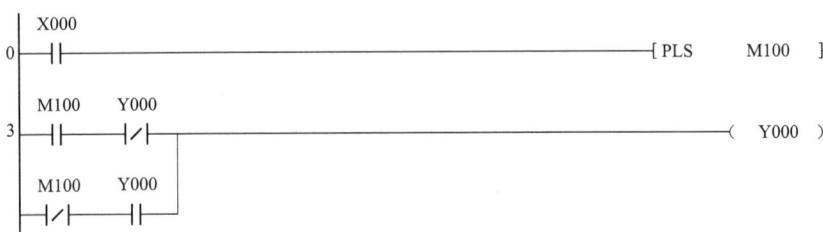

(2) 断电保持辅助继电器 M500~M1023 (524 点)。PLC 在运行时若发生停电,输出继电器和通用辅助继电器全部成为断开状态。上电后,除了 PLC 运行时被外部输入信号接通的以外,其他的仍断开。不少控制系统要求保持断电瞬间状态,断电保持辅助继电器就是用于此场合的,断电保持是由 PLC 内装锂电池支持的。PLC 就是通过断电保持寄存器保持数据的。

(3) 特殊辅助继电器 M8000~M8255 (256 点)。PLC 内有 256 个特殊辅助继电器,这些特殊辅助继电器各自具有特定的功能。通常分为下面两大类。

1) 只能利用其接点的特殊辅助继电器。线圈由 PLC 自动驱动,用户只可以利用其接点。例如:①M8000 为运行监控用,PLC 运行时 M8000 接通;②M8002 为仅在运行开始瞬间接通的初始脉冲特殊辅助继电器;③M8012 为产生 100ms 时钟脉冲的特殊辅助继电器。

2) 可驱动线圈型特殊辅助继电器。用户激励线圈后,PLC 做特定动作。例如:①M8030 为锂电池电压指示灯特殊辅助继电器,当锂电池电压跌落时,M8030 动作,指示灯亮,提醒 PLC 维修人员赶快调换锂电池;②M8033 为 PLC 停止时输出保持辅助继电器;③M8034 为禁止全部输出特殊辅助继电器;④M8039 为定时扫描特殊辅助继电器。

需要说明的是,未定义的特殊辅助继电器可在用户程序中使用。辅助继电器的动合动断触点在 PLC 内可无限次地使用。

5. 状态器（S）

状态器（S）是构成状态转移图的重要器件，它与后述的步进顺控指令配合使用。通常，状态器软件有下面 5 种类型：

（1）初始状态器 S0～S9，共 10 点。

（2）回零状态器 S10～S19，共 10 点。

（3）通用状态器 S20～S499，共 480 点。

（4）保持状态器 S500～S899，共 400 点。

（5）报警用状态器 S900～S999，共 100 点。

这 100 个状态器器件可用作外部故障诊断输出。S0～S499 没有断电保持功能，但是用程序可以将它们设定为有断点保持功能的状态。状态器的动合动断接点在 PLC 内可以使用，且使用次数不限。不用步进顺控指令时，状态器 S 可以作辅助继电器 M 在程序中使用。此外，每一个状态继电器还提供一个步进触点，称为 STL 触点，用符号—[　]—表示，在步进控制的梯形图中使用。

6. 定时器（T）

FX2N 系列 PLC 的定时器（T）有以下 4 种类型。

（1）100ms 定时器。T0～T199，200 点，定时范围为 0.1～3276.7S。

（2）10ms 定时器。T200～T245，46 点，定时范围为 0.01～327.67S。

（3）1ms 累积型定时器。T246～T249，4 点，执行中断保持，定时范围为 0.001～32.767S。

（4）100ms 累积型定时器。T250～T255，6 点，定时中断保持，定时范围为 0.1～3276.7S。

7. 计数器（C）

FX2N 系列 PLC 的计数器（C）分为 16 位增计数器（一般用 C0～C99，停电保持用 C100～C199）、32 位增/减双向计数器（停电保持用 C200～C219，特殊用 C220～C234）以及 32 位增/减双向计数器（停电保持用 C235～C255 中的 6 点）。

8. 电源

电源的性能将直接影响 PLC 的功能和工作的可靠性。PLC 一般采用高质量的开关式稳压电源为内部电路供电，向 CPU、存储器及输入/输出接口提供各自所需的直流电压。该电源可为 CPU、存储器提供 DC5V 的工作电源，还可以为外部输入元件提供 DC24V 的稳压电源，从而简化了外围配置，给用户带来了极大的方便。

无论更换输入模块还是更换输出模块，都要在 PLC 断电状态下进行。PLC 中 24VDC 灯熄灭表示无相应的直流电源输出。若 AC 灯闪烁表示 PLC 的交流总电源报警。

5.2.2　PLC 的编程语言

PLC 的软件是其工作所用各种程序的组合，包括系统软件和应用软件。PLC 的系统软件主要是系统的管理程序和用户指令的解释程序，由 PLC 的制造厂家编写，已固化在系统程序存储器中，用户不能直接读写和修改。它一般包括系统诊断程序、编译程序、信息传送程序、监控程序等。PLC 的应用软件又称用户程序，是用户根据现场不同的控制要求，用 PLC 的编程语言编制的应用程序，这相当于设计继电器—接触器控制系统的控制电路图。程序由编程器输入到 PLC 的内存中，可以方便地读出、检查和修改。

PLC 的编程语言有很多种，不同的 PLC 厂家采用的编程语言有所不同，但基本可分为两大类：一是用文字符号来表达程序；二是用图形符号来表达程序。FX2N 的编程语言有顺序功能图（SFC）、梯形图（LD）、语句表（IL）、功能块图（FBD）和结构化文本（ST）等。结构化文本（ST）和语句表（IL）属于的 PLC 文本化编程语言。PLC 编程语言用得最普遍的是梯形图。

梯形图编程语言（Ladder Diagram）是目前 PLC 使用最广、最受电气技术人员欢迎的一种编程语言。因为，梯形图不但与传统继电器控制电路图相似，设计思路也与继电器控制图基本一致，还很容易由电气控制线路转化而来。逻辑关系清晰直观，编程容易，可读性强，容易掌握，通过丰富的指令系统可实现许多继电器—接触器电路难以实现的功能，充分体现了计算机控制的特点。例：如下梯形图实现的基本控制。

PLC 的起、保、停控制：

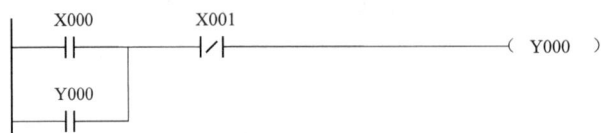

```
      X000            X001
  ├────┤├──────┬───────┤/├──────────────────────（  Y000  ）
      Y000      │
  │   ├────┤├──┘
```

PLC 梯形图构成的基本规则：

（1）梯形图中 PLC 的内部寄存器触点的基本符号有动合触点及动断触点两种。同一标号的触点可反复多次地使用。

（2）梯形图中的输出线圈也用符号表示，在一个程序中同一地址的线圈只能出现一次，但其触点可反复多次地使用。

（3）梯形图按从左至右、从上至下的顺序画出，每一逻辑行必须从起始母线开始画起，左侧先画动合触点或动断触点，并注意要把并联接点多的画在最左端；最右侧是输出变量（即输出继电器线圈），输出变量可以并联但不能串联。

在输出变量的右侧也不能有动合触点或动断触点，梯形图构成的一个原则是左重右轻，上重下轻。

对于小型 PLC 在生产现场编制、调试程序时，可使用手持编程器进行，但它的屏幕较小，只能采用助记符语言来表示操作命令输入到 PLC 中。它类似于计算机的汇编语言，但更为简单易于使用。其记符语言如下所示：

操作码	操作数
LD	X001
OR	Y001
ANI	X002
OUT	Y001
LD	X003
OUT	Y002
END	

5.2.3 FX2N 系列 PLC 的指令系统

PLC 的基本指令一般由指令助记符和操作数两部分组成。助记符指令为英文的缩写；操作数表示执行指令的对象，通常为各种软元件的编号或寄存器的地址。

1. LD、LDI 和 OUT 指令

LD（读取）：用于动合接点接到母线上的逻辑运算起始。

LDI（读取反）：用于动断接点接到母线上的逻辑运算起始。

OUT：驱动线圈的输出指令，可以用于 Y、M、T、C、S。OUT 指令不能用于输入继电器 X，线圈和输出类指令应放在梯形图的最右边。OUT 指令可以连续使用若干次，相当于线圈的并联。

指令格式：LD 元件号；LDI 元件号。

其操作元件包括 X、Y、M、S、T、C。

另外，与后续的 ANB 指令组合，在分支点处也可使用。

2. AND 指令和 ANI 指令

AND：与指令，用于单个动合接点的串联。

ANI：与非指令，用于单个动断接点的串联。

指令格式：AND 元件号；ANI 元件号。

其操作元件包括 X、Y、M、S、T、C。

AND 与 ANI 这两条指令可以多次重复使用。

3. OR 指令和 ORI 指令

OR：或指令，用于单个动合接点的并联。

ORI：或非指令，用于单个动断接点的并联。

指令格式：OR 元件号；ORI 元件号。

其操作元件包括 X、Y、M、S、T、C。

说明：

（1）OR、ORI 指令用于单个触点的并联连接指令。

（2）两个以上接点串联连接电路块并联连接时，要用后述的 ORB 指令。

（3）OR、ORI 是从该指令的当前步开始，对前面的 LD、LDI 指令并联连接的，并联的次数无限制。

4. END 指令

END：结束指令。功能：程序结束标示。END 指令没有操作数。程序最后写入 END 指令，则 END 指令以后的程序不再执行，直接输出处理。

5. ANB 指令

ANB 即与块指令，两个或两个以上接点并联的电路称为并联电路块，分支电路并联电路块与前面电路串联连接时，应使用 ANB 指令。

指令格式：ANB　无操作元件

分支的起点用 LD、LDI 指令，并联电路块结束后，使用 ANB 指令与前面电路串联。

6. ORB 指令

两个或两个以上的接点串联连接的电路叫串联电路块。对串联电路块并联连接时，有：

（1）分支开始用 LD、LDI 指令，分支终点用 ORB 指令。

（2）ORB 指令为无目标元件，它不表示触点。

（3）可以看成电路块之间的一段连接线。

7. 多路输出指令

（1）MPS/MRD/MPP 指令。多路输出是指一个触点或触点组控制多个逻辑行的梯形图结构。

MPS：入栈指令。功能：记忆到 MPS 为止的状态。

MRD：读栈指令。功能：读出用 MPS 指令记忆的状态。

MPP：出栈指令。功能：读出用 MPS 指令记忆的状态。并清除这些状态。

MPS、MRD、MPP 指令不带元件编号，都是独立指令。MPS 和 MPP 指令必须成对使用，而且连续使用应少于 11 次。

（2）MC/MCR 指令。MC 指令（主控指令）通过 MC 指令的操作元件 Y 或 M 的动合触点将左母线临时移到一个所需的位置，产生一个临时左母线，形成一个主控电路块。MCR 指令（主控复位指令）取消临时左母线，即将左母线返回到原来位置，结束主控电路块。MCR 指令是主控电路块的终点。

8. 微分指令

PLS：上升沿微分输出指令，在输入信号上升沿产生一个扫描周期的脉冲输出。PLF：下降沿微分输出指令，在输入信号下降沿产生一个扫描周期的脉冲输出。PLS、PLF 指令的目标元件为 Y 和 M，可以利用 PLS 和 PLF 产生脉冲信号。在 FX2N 系列 PLC 中配合使用 PLS 可以实现分频和防止输入信号抖动功能。

9. SET 与 RST

SET 为置位指令；RST 为复位指令。FX2N 系列可编程序控制器在使用计数器指令时需要配合使用 RST 指令。FX2N 系列 PLC 中使用 SET 指令时必须配合使用 RST 指令。ZRST 为区间复位指令。

5.3　PLC 控制系统设计

5.3.1　可编程控制器应用系统设计与调试的主要步骤

在 PLC 系统设计时，应详细分析工艺过程的特点、控制要求，明确控制任务和范围，确定所需的操作和动作，然后根据控制要求，估算输入输出点数、确定 PLC 的功能、外部设备特性等，最后选择有较高性能价格比的 PLC 和设计相应的控制系统。

（1）深入了解和分析被控对象的工艺条件和控制要求。这是整个系统设计的基础，以后的选型、编程、调试都是以此为目标的。

（2）根据被控对象的功能要求确定 I/O 设备。确定系统所需的输入、输出设备。常用的输入设备有按钮、选择开关、行程开关、传感器、编码器等，常用的输出设备有继电器、接触器、指示灯、电磁阀、变频器、伺服电动机、步进电动机等。

（3）选择合适的 PLC 类型。根据已确定的用户 I/O 设备，统计所需的输入信号和输出信号的点数，选择合适的 PLC 类型，包括机型的选择、I/O 模块的选择、特殊模块、电源模块的选择等。

（4）分配 I/O 点，分配 PLC 的输入输出点。编制出输入/输出分配表或者画出输入/输出端子的接线图。确定硬件配置，画出硬件接线图，考虑必要的安全保护措施，必要时设计控制柜。接着就可以进行 PLC 程序设计，同时可进行控制柜或操作台的设计和现场施工。

　　（5）编写梯形图程序。根据工作功能图表或状态流程图等设计出梯形图即编程。这一步是整个应用系统设计的核心工作，也是比较困难的一步，要设计好梯形图，首先要十分熟悉控制要求，同时还要有一定的电气设计的实践经验。

　　（6）进行软件测试。将程序下载到 PLC 后，应先进行测试工作。因为在程序设计过程中，难免会有疏漏的地方。因此在将 PLC 连接到现场设备上去之前，必需进行软件测试，以排除程序中的错误，同时也为整体调试打好基础，缩短整体调试的周期。

　　（7）应用系统整体调试。在 PLC 软硬件设计和控制柜及现场施工完成后，就可以进行整个系统的联机调试，如果控制系统是由几个部分组成的，则应先做局部调试，然后再进行整体调试；如果控制程序的步序较多，则可先进行分段调试，然后再连接起来总调。调试中发现的问题，要逐一排除，直至调试成功。

　　（8）编制技术文件。系统技术文件包括说明书、电气原理图、电器布置图、电气元件明细表、PLC 梯形图等。

5.3.2　PLC 型号的选择

1. 通讯功能的选择

　　根据系统的工艺要求，首先应确定系统用 PLC 单机控制，还是用 PLC 形成网络，以及是否和其他设备有通信，如触摸屏、变频器、检测控制设备等。这样就可以根据通信接口数量、类型（RS-232，422，485）及通信协议、规划 PLC 类型和通信扩充卡或通信扩充模块。

2. 控制功能的选择

　　根据系统的工艺要求，应确定系统是否有 A/D、D/A 转换、温度采集控制、比例阀门控制等工艺要求，选择相应的模块，同时根据模块数量选择相应的主机。

3. 高速计数及高速脉冲输出的选择

　　根据系统的工艺要求，确认系统是否有高速计数或高速脉冲输出及相应的点数和频率，来选择相应型号的主机。

4. I/O 点数及输入输出形式的选择

　　要先弄清楚控制系统的 I/O 总点数，再按实际所需总点数的 10%～20% 留出备用量（为系统的改造等留有余地）后确定所需 PLC 的点数，然后根据系统的外部电路选择合适的输入输出形式。

5.3.3　PLC 控制系统设计原则

　　（1）保证控制系统的安全、可靠。

　　（2）最大限度地满足生产机械或生产流程对电气控制的要求。

　　（3）在满足控制系统要求的前提下，力求使系统简单、经济、操作和维护方便。

　　在使用 FX2N 可编程序控制器控制交通灯时，将相对方向的同色灯并联起来，是为了节省 PLC 输出口。

5.4　PLC 编程软件的使用及通信

　　三菱公司全系列 PLC 的通用编程软件为 GX Developer。运行环境为 Microsoft Windows NT4.0 或 Microsoft Windows95 或以上版本。FX2N 系列 PLC 编程软件具有读取程序、监

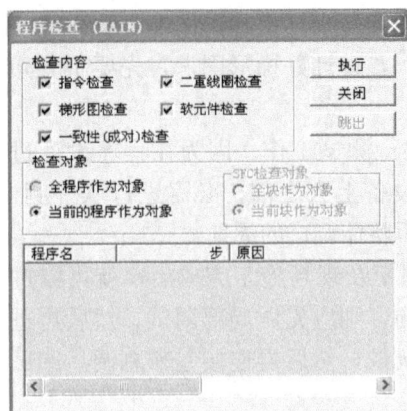

图 5-7　程序检查界面

控、仿真、程序检查、仿真模拟、上载等功能。PLC 模拟仿真前要对程序进行程序检查，其软件界面如图 5-7 所示，检查的内容有指令检查、梯形图检查、软元件检查、语法错误检查，二重线圈检查、一致性（成对）检查、电路错误检查等。软元件可以被强制执行：强制 ON，强制 OFF、强制取反。

5.4.1　编程软件安装

1. 安装编程软件环境

在安装 GX Developer 编程软件之前首先要安装编程软件环境。

2. 安装 GX Developer 编程软件

软件环境安装完成后，再安装编程软件。安装 GX Developer 编程软件的时候，要确定下载文件的大小及文件名称，最好把其他应用程序关掉，包括杀毒软件、防火墙、IE 和办公软件。因为这些软件会调用系统的其他文件，影响系统的正常运行。在安装选项中，有些选项无需打勾。

5.4.2　软件 GX Developer 编程

1. 打开编程软件

编程软件打开界面如图 5-8 所示。

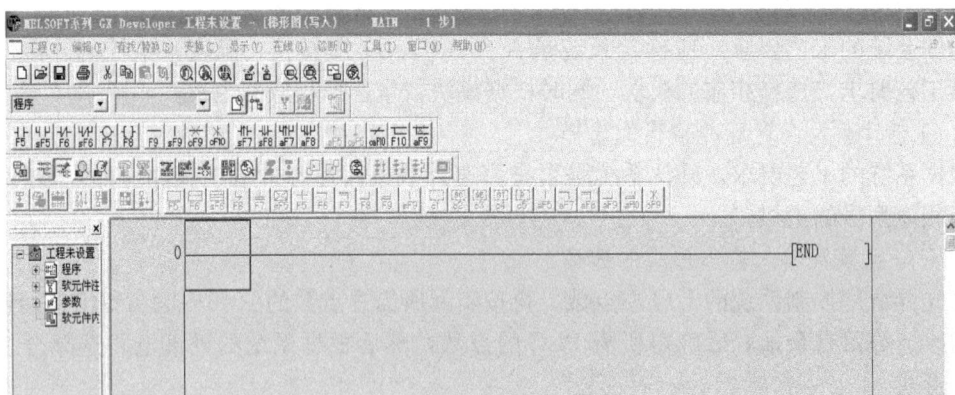

图 5-8　编程软件打开界面

如图 5-9 所示为界面菜单栏（1），其中按钮的作用从左到右依次为：工程新建、打开工程、工程保存、打印、剪切、复制、粘贴、操作返回到原来、软元件查找、指令查找、字符串查找、PLC 写入、PLC 读取、软元件登录监视、软元件成批监视、软元件测试、参数检查。

图 5-9　界面菜单栏（1）

如图 5-10 所示为界面菜单栏（2），其中按钮作用从左到右依次为：梯形图、列表显示切换、读出模式、写入模式、监视模式、监视（写入模式）、监视开始、监视结束、注释编辑、声明编辑、注解项编辑、梯形图登录监视、触电线圈查找、程序批量变换、程序变换、放大显示、缩小显示、程序检查、步执行、部分执行、跳跃执行、梯形图逻辑测试启动/停止。

图 5-10　界面菜单栏（2）

2. 新建工程

单击"新建"按钮，或执行"工程"→"创建新工程"命令，可创建一个新工程，出现如图 5-11 所示的画面。

选择 PLC 所属系列（选 FXCPU）和类型［选 FX2N（C）］。设置项还包括程序类型（选梯形图逻辑）和工程外设置。工程名设置即设置工程的保存路径（可单击"浏览"进行选择工程名和标题）。

3. 梯形图方式编制程序。

如图 5-12 所示为梯形图方式编制界面，首先单击图示程序编辑中的写入模式按钮或按 F2 键，使其为写模式（查看状态栏），然后单击梯形图/指令表切换按钮，选择梯形图

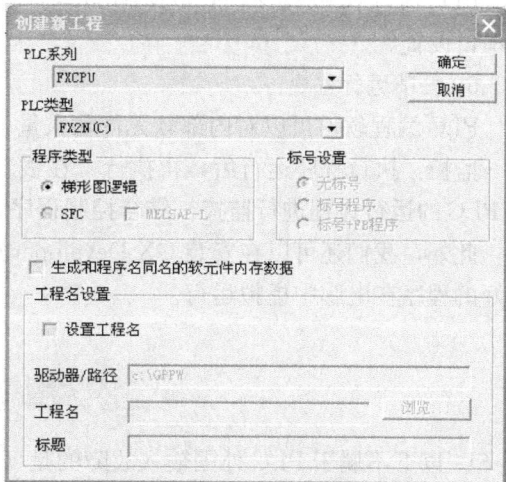

图 5-11　新建工程界面

显示，即程序在编辑区中以梯形图的形式显示。下一步是在编辑区用梯形图编辑工具进行梯形图的编辑，其中未变换的梯形图区域呈灰色。

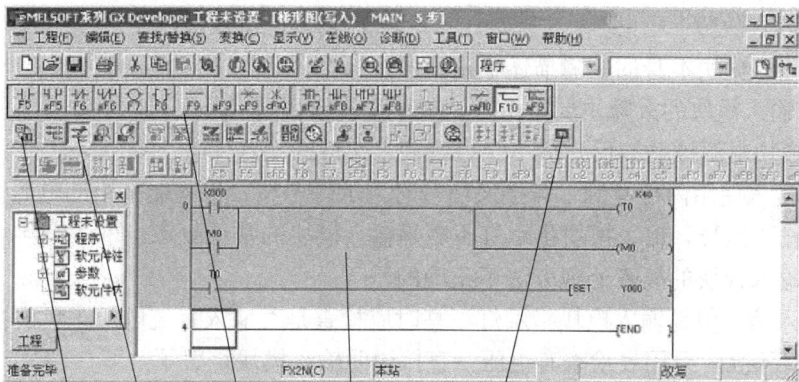

图 5-12　梯形图方式编制界面

4. 梯形图编辑

（1）触点的修改。把光标移在需要修改的触点上，直接输入新的触点，单击回车键即可，则新的触点覆盖原来的触点。

（2）触点的添加。把光标移在需要添加触点上，直接输入新的触点，单击回车键。

（3）触点的删除。把光标点在需要删除的触点上，再按键盘的"Delete"键，即可删除。

（4）行插入。先将光标移到要插入行的地方，点击"编辑/行插入"，则在光标处出现一个空行，就可以输入一行程序，用同样的方法，可以继续插入行。

（5）行删除。先将光标移到要删除行的地方，点击"编辑/行删除"，就删除了一行，用同样的方法可以继续删除。注意："END"行是不能删除的。

5. PLC 通信

PLC 通过 RS-232/RS-422/RS-485 与计算机和 PLC 进行通信。PLC 与计算机通信要进行串口设置。

6. 程序运行监视

PLC 编程软件可以对内部软元件输入量、输出量进行监控。

监控：执行程序运行后，再执行"在线"菜单下的"监视/监视开始全画面"命令，可对 PLC 的运行过程进行监控。结合控制程序，操作有关的输入信号，观察输出状态。

此外，我们还可以在安装 GX Developer 软件的基础上，安装三菱 PLC 仿真软件，将编写好的程序在电脑中虚拟运行。

测 试 题

1. 以下不属于 PLC 外围输入故障的是（　　）。

A. 电动机故障　　　B. 按钮开关短接　　　C. 传感器故障　　　D. 接近开关故障

2. 助记符后附的（　　）表示脉冲执行。

A.（D）符号　　　B.（Z）符号　　　C.（V）符号　　　D.（P）符号

3. 以下不属于 PLC 输入模块本身的故障是（　　）。

A. 传感器故障　　　　　　　　　　B. 光电耦合器故障

C. PLC 软件故障　　　　　　　　　D. 输入电源故障

4. PLC 输入模块本身的故障描述不正确的是（　　）。

A. PLC 输入模块的故障主要是由控制程序编制错误造成的

B. 输入模块电源极性接反一般不会烧毁输入端口的元器件

C. PLC 输入使用内部电源，若接通信号时指示灯不亮，很可能是内部电源烧坏

D. 没有输入信号，输入模块指示灯不亮是输入模块的常见故障

5. PLC 输入模块的故障处理方法不正确的是（　　）。

A. 有输入信号但是输入模块指示灯不亮时应检查是否输入直流电源正负极接反

B. 指示灯不亮，万用表检查有电压，直接说明输入模块烧毁了

C. 出现输入故障时，首先检查 LED 电源指示器是否响应现场元件（如按钮、行程开关等）

D. 若一个 LED 逻辑指示器变暗，而且根据编程器件监视器，处理器未识别输入，则输入模块可能存在故障

6. PLC 输入模块的故障处理方法正确的是（　　）。

① 有输入信号但是输入模块指示灯不亮时，应检查是不是输入直流电源的正负极接反。

② 若一个 LED、逻辑指示灯变暗，而且根据编程器件监视器，处理器未识别输入，则输入模块可能存在故障。

③ 指示灯不亮，万用表检查有电压，直接说明输入模块烧毁了。

④ 出现输入故障时，首先检查 LED、电源指示灯是否响应现场元件（如按钮、行程开关等）。

A. ①②③　　　　　B. ②③④　　　　　C. ①③④　　　　　D. ①②④

7. 以下属于 PLC 外围输出故障的是（　　　）。

A. 继电器故障　　　B. 电动机故障　　　C. 电磁阀故障　　　D. 以上都是

8. PLC 输出模块出现故障可能是由（　　　）造成的。

A. 供电电源　　　　B. 端子接线　　　　C. 模版安装　　　　D. 以上都是

9. PLC 输出模块常见的故障是（　　　）。

①供电电源故障。②端子接线故障。③模版安装故障。④现场操作故障。

A. ①②③④　　　　B. ②③④　　　　　C. ①③④　　　　　D. ①②④

10. PLC 输出模块故障包括（　　　）。

A. 输出模块 LED 指示灯不亮　　　　　　B. 输出模块 LED 指示灯常亮不熄灭

C. 输出模块没有电压　　　　　　　　　　D. 以上都是

11. PLC 输出模块出现故障处理不当的是（　　　）。

A. 出现故障首先检查供电电源是否错误

B. 断电后使用万用表检查端子接线，判断是否断路

C. 考虑模板安装是否出现问题

D. 直接使用万用表欧姆挡检查

12. PLC 输出模块没有输出信号可能是（　　　）造成的。

①输出供电有问题。②输出电路出现断路，接线有松动。③输出模块安装时出现问题。④输出模块的元器件损坏。

A. ①②③④　　　　B. ②③④　　　　　C. ①③④　　　　　D. ①②④

13. 以下属于 PLC 硬件故障类型的是（　　　）。

① I/O 模块故障。②电源模块故障。③状态矛盾故障。④ CPU 模块故障。

A. ①②③　　　　　B. ②③④　　　　　C. ①③④　　　　　D. ①②④

14. PLC 编程软件安装方法不正确的是（　　　）。

A. 安装前，要保证 I/O 接口电路连线正确

B. 在安装的时候，最好把其他应用程序关掉

C. 先安装通用环境，解压后，进入相应文件夹，点击安装

D. 安装前，请确定下载文件的大小及文件名称

15. PLC 编程软件安装方法不对的是（　　　）。

A. 安装前，请确定下载文件的大小及文件名称

B. 在安装的时候，最好把其他应用程序关掉，包括杀毒软件

C. 安装选项中，选项无需都打勾

D. 解压后，直接点击安装

16. PLC 控制系统设计的步骤是（　　　）。

①确定硬件配置，画出硬件接线图。② PLC 进行模拟调试和现场调试。③系统交付前，要根据调试的最终结果整理出完整的技术文件。④深入了解控制对象及控制要求。

A. ①→③→②→④　　　　　　　　　　B. ①→②→④→③

C. ②→①→④→③　　　　　　　　　　D. ④→①→②→③

17. PLC 控制系统的主要设计内容描述不正确的是（　　）。

A. 选择用户输入设备、输出设备、以及由输出设备驱动的控制对象

B. 分配 I/O 点，绘制电气连接图，考虑必要的安全保护措施

C. 编制控制程序

D. 下载控制程序

18.（　　）不是 PLC 控制系统设计的原则。

A. 只需保证控制系统的生产要求即可，其他无需考虑

B. 最大限度地满足生产机械或生产流程对电气控制的要求

C. 在满足控制系统要求的前提下，力求使系统简单、经济、操作和维护方便

D. PLC 的 I/O 点数要留有一定的裕量

19. PLC 控制系统的主要设计内容不包括（　　）。

A. 选择用户输入设备、输出设备以及由输出设备驱动的控制对象

B. PLC 的保养和维护

C. 分配 I/O 点，绘制电气连接图，考虑必要的安全保护措施

D. 必要时设计控制柜

20. 串联电路块并联连接时，分支的结束用（　　）指令。

A. AND/ADI　　　　B. OR/ORI　　　　C. ORB　　　　D. ANB

21. 三菱 FX2N-PLC 中，C200 归类于（　　）。

A. 普通继电器　　　　　　　　　　B. 特殊辅助继电器

C. 通用 32 位双相计数器　　　　　　D. 高速计数器

22. PLC 控制系统设计步骤描述不正确的是（　　）。

A. PLC 的 I/O 点数要大于实际使用数的两倍

B. PLC 程序调试时进行模拟调试和现场调试

C. 系统交付前，要根据调试的最终结果整理出完整的技术文件

D. 确定硬件配置，画出硬件接线图

23. PLC 文本化编程语言包括（　　）。

A. IL 和 ST　　　　B. LD 和 ST　　　　C. ST 和 FBD　　　　D. SFC 和 LD

24. PLC 编程语言用的最普遍的是（　　）。

A. 指令表　　　　B. 梯形图　　　　C. 顺序功能图　　　　D. 结构化文本

25. 以下不是 PLC 编程语言的是（　　）。

A. 梯形图　　　　B. 顺序功能图　　　　C. 指令表　　　　D. VB

26. PLC 编程语言中梯形图是指（　　）。

A. LD 梯形图　　　　　　　　　　B. ST 结构化文本

C. SFC 顺序功能块图　　　　　　　D. FBD 功能块图

27. 　表示编程语言的（　　）。

A. 块转换　　　　B. 转换　　　　C. 注释　　　　D. 以上都不是

28. PLC 与计算机通信要进行（　　）设置。

A. 串口　　　　B. 电平　　　　C. 字节　　　　D. 数据

29. 以下属于 PLC 与计算机正确连接方式的是（　　）。

A. 不需要通信线　　　B. RS232 通信连接　　　C. 不能进行连接　　　D、电缆线连接

30. 以下不属于 PLC 与计算机正确连接方式的是（　　）。

A. RS232 通信连接　　　　　　　　　　B. RS485 通信连接

C. RS422 通信连接　　　　　　　　　　D. 电话线通信连接

31. PLC 程序下载时应注意（　　）。

A. PLC 不能断电　　　　　　　　　　B. 关闭计算机

C. 可以不用数据线　　　　　　　　　　D. 以上都不是

32. 无论更换输入模块还是更换输出模块，都要在 PLC（　　）情况下进行。

A. RUN 状态下　　　B. PLC 通电　　　C. 断电状态下　　　D. 以上都不是

33. （　　）程序的检查内容有指令检查、梯形图检查、软元件检查等。

A. PLC　　　　　B. HMI　　　　　C. 计算机　　　　D. 以上都有

34. PLC 程序的检查内容不包括（　　）。

A. 梯形图检查　　　B. 继电器检查　　　C. 指令检查　　　D. 软元件检查

35. 在一个程序中不能使用（　　）检查的方法。

A. 软元件　　　B. 指令表　　　C. 梯形图　　　D. 直接下载到 PLC

36. PLC 程序能对（　　）进行检查。

A. 双线圈、指令、梯形图　　　　　　　B. 光电耦合器

C. 二极管　　　　　　　　　　　　　　D. 开关量

37. 在一个程序中不能使用（　　）检查纠正的方法。

A. 梯形图　　　B. 双线圈　　　C. 上电　　　D. 指令表

38. （　　）是 PLC 编程软件可以进行监控的对象。

A. 温度传感器类型　　　　　　　　　　B. 输入、输出量

C. 光电传感器位置　　　　　　　　　　D. 行程开关体积

39. FX2N 系列 PLC 编程软件的功能不包括（　　）。

A. 程序检查　　　B. 仿真模拟　　　C. 短路保护　　　D. 上载

40. FX2N 系列 PLC 编程软件的功能不包括（　　）。

A. 读取程序　　　B. 监控　　　C. 仿真　　　D. 绘图

41. 在 PLC 模拟仿真前要对程序进行（　　）。

A. 程序备份　　　B. 程序检查　　　C. 程序备注　　　D. 程序删除

42. ▨ 是 PLC 编程软件中的（　　）按钮。

A. 程序检测按钮　　　B. 仿真按钮　　　C. 打印按钮　　　D. 读取按钮

43. PLC 中 "BATI" 等出现红色表示（　　）。

A. 故障　　　B. 开路　　　C. 欠电压　　　D. 过电流

44. "AC" 灯闪表示 PLC 的（　　）报警。

A. 交流总电源　　　B. VDC24　　　C. VDC5　　　D. 后备电源

45. PLC 中 "24VDC" 灯熄灭表示无相应的（　　）电源输出。

A. 直流　　　B. 后备　　　C. 交流　　　D. 以上都是

46. 用 PLC 控制可以节省大量继电器—接触器控制电路中的（　　）。

A. 中间继电器和时间继电器　　　　　　B. 开关

C. 交流接触器　　　　　　　　　　　　D. 熔断器

47. 在一个程序中同一地址的线圈只能出现（　　）次。

A. 三　　　　　　　B. 二　　　　　　C. 四　　　　　　D. 一

48. PLC 通过（　　）寄存器保持数据。

A. 掉电保持　　　　B. 时间　　　　　C. 硬盘　　　　　D. 以上都不是

49. 在 FX 系列 PLC 控制中可以用（　　）替代中间继电器。

A. S　　　　　　　B. M　　　　　　　C. C　　　　　　D. T

50. 在 FX2n PLC 中，T200 的定时精度为（　　）。

A. 1ms　　　　　　B. 10ms　　　　　C. 100ms　　　　D. 1s

51. 在 FX2N PLC 中，T100 的定时精度为（　　）。

A. 1ms　　　　　　B. 10ms　　　　　C. 100ms　　　　D. 10s

52. 在 FX2N PLC 中，（　　）是积算定时器。

A. T0　　　　　　　B. T100　　　　　C. T245　　　　　D. T255

53. 在 FX 系列 PLC 控制中可以用（　　）替代计数器。

A. M　　　　　　　B. S　　　　　　　C. C　　　　　　D. T

54. 在 FX2N PLC 中 PLF 是（　　）指令。

A. 移位　　　　　　B. 暂停　　　　　C. 上升沿脉冲　　D. 下降沿脉冲

55. 在 FX2N PLC 中配合使用 PLS 可以实现（　　）功能。

A. 计数　　　　　　B. 计时　　　　　C. 分频　　　　　D. 倍频

56. FX2N 系列可编程控制器的上升沿脉冲指令，可以（　　）。

A. 隔离输出　　　　　　　　　　　　　B. 防止输入信号抖动

C. 延时　　　　　　　　　　　　　　　D. 快速读入

57. FX2N 系列可编程序控制器在使用计数器指令时需要配合使用（　　）指令。

A. SET　　　　　　B. MCR　　　　　C. PLS　　　　　D. RST

58. FX2N PLC 中使用 SET 指令时必须（　　）。

A. 串联互锁按钮　　　　　　　　　　　B. 配合使用 RST 指令

C. 配合顺控指令　　　　　　　　　　　D. 并联停止按钮

59. 在使用 FX2N 可编程序控制器控制交通灯时，将相对方向的同色灯并联起来，是为了（　　）。

A. 节省 PLC 输出口　　　　　　　　　　B. 节约用电

C. 简化程序　　　　　　　　　　　　　D. 减少输入口

60. 以下 PLC 梯形图实现的功能是（　　）。

A. 点动控制　　　B. 启保停控制　　　C. 双重联锁　　　D. 顺序启动

61. 以下 PLC 梯形图实现的功能是（   ）。

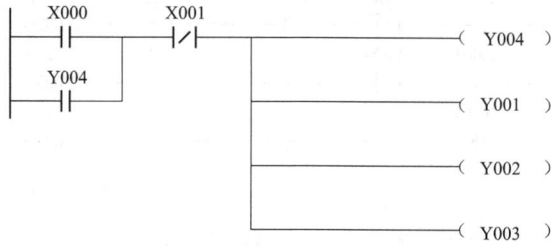

A. 两地控制   B. 双线圈输出   C. 多线圈输出   D. 以上都不对

62. 以下程序出现的错误是（   ）。

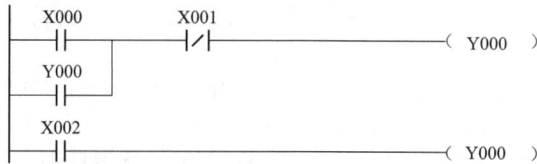

A. 没有计数器   B. 不能自锁   C. 没有错误   D. 双线圈错误

63. 在以下 PLC 梯形图程序中，0 步和 3 步实现的功能是（   ）。

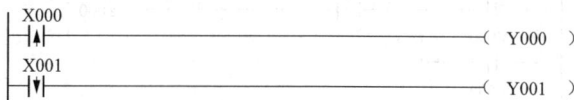

A. 一样

B. 0 步是上升沿脉冲指令，3 步是下降沿脉冲指令

C. 0 步是点动，3 步是下降沿脉冲指令

D. 3 步是上升沿脉冲指令，0 步是下降沿脉冲指令

64. 以下 PLC 梯形图实现的功能是（   ）。

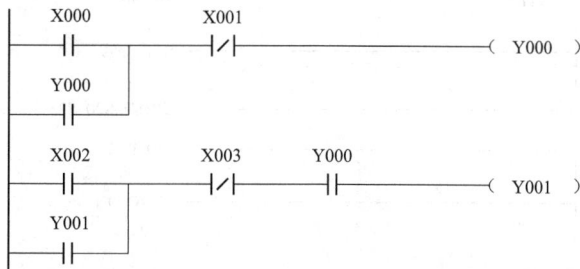

A. 长动控制   B. 点动控制   C. 顺序启动   D. 自动往复

65. 在以下 FX2N 系列 PLC 程序中，优先信号级别最高的是（   ）。

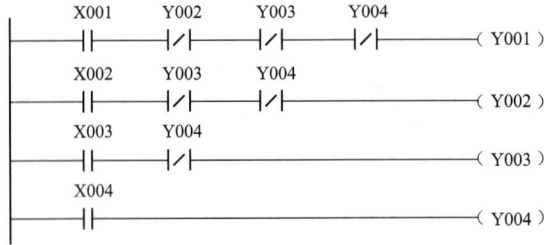

A. X3   B. X2   C. X4   D. X1

66. 以下 FX2N 可编程序控制器控制多速电动机运行时，X0 不使用自锁，是因为（   ）。

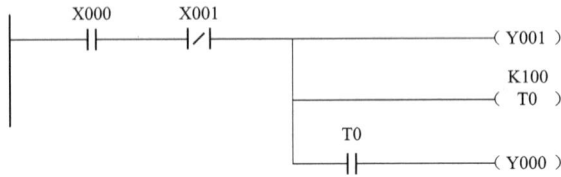

A. X0 是点动按钮   B. Y0 自身能自锁

C. Y0 自身带自锁   D. X0 是自锁开关

67. 以下 FX2N 系列可编程序控制器程序，两步实现的启动功能是（   ）。

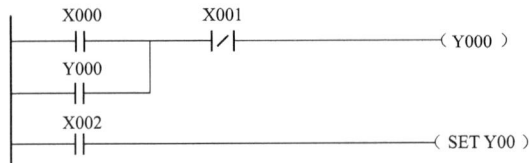

A. 不一样的   B. 一样的

C. 第 2 步中 Y1 不能保持   D. 0 步不对，2 步

68. 使用 FX2N 可编程序控制器控制车床运行时，以下程序中使用了 ZRST 指令（   ）。

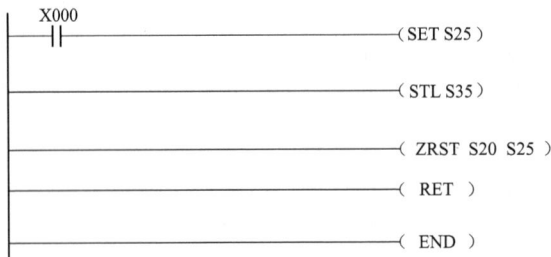

A. 复位 S20 到 S25 顺控继电器   B. 复位 S20 和 S25 顺控继电器

C. 置位 S20 和 S25 顺控继电器   D. 置位 S20 到 S25 顺控继电器

69. 以下 FX2N 系列可编程序控制器程序中，第一行和第二行程序功能相比（   ）。

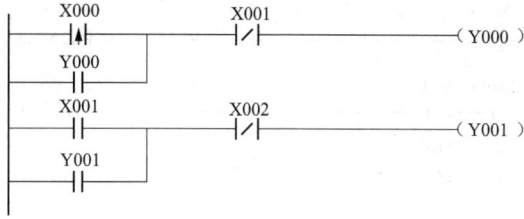

A. 第二行程序是错误的　　　　　　　　B. 工业现场不能采用第二行程序

C. 没区别　　　　　　　　　　　　　　D. 第一行程序可以防止输入抖动

70. 以下 FX2NPLC 程序中存在的问题是（　　　）。

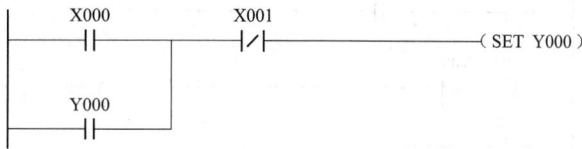

A. 不需要串联 X1 停止信号，不需要 Y0 触点保持

B. 不能使用 X0 上升沿指令

C. 要串联 X1 动合点

D. 要并联 Y0 动断点

71. 以下 FX2N 系列可编程序控制器，实现的功能是（　　　）。

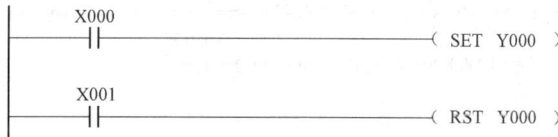

A. X0 停止　　　　　　　　　　　　　B. X1 启动

C. 等同于启保停控制　　　　　　　　　D. Y0 不能得电

72. 在以下 FX2NPLC 程序中，X0 闭合后经过（　　　）时间延时，Y0 得电。

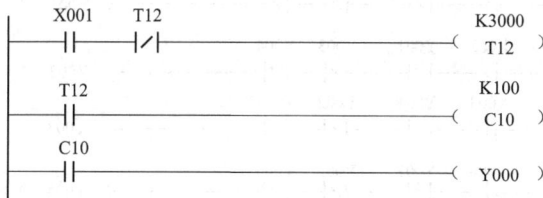

A. 3000s　　　　　　B. 300s　　　　　　C. 30000s　　　　　　D. 3100s

73. 常闭触点与左母线连接时使用（　　　）。

A. AND　　　　　　B. LDI　　　　　　C. OR　　　　　　D. ANB

74. 以下程序是对输入信号 X0 进行（　　　）分频。

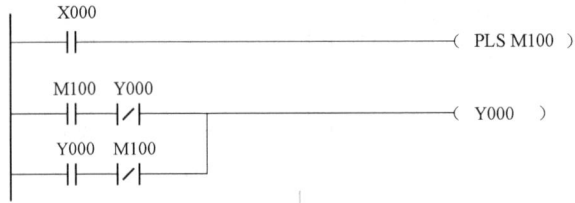

A. 2   B. 4   C. 6   D. 8

75. 以下 FX2N 可编程序控制器实现的是（　　）功能。

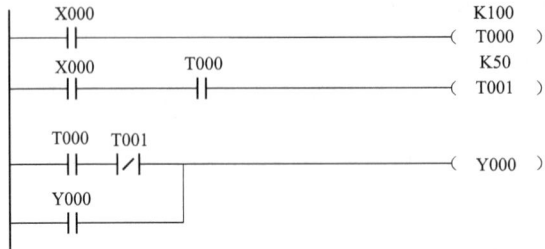

A. Y0 延时 10s 接通，延时 10s 断开   B. Y0 延时 10s 接通，延时 15s 断开

C. Y0 延时 5s 接通，延时 5s 断开   D. Y0 延时 10s 接通，延时 5s 断开

76. 在使用 FX2N 可编程序控制器控制交通灯时，Y0 接通的时间为（　　）。

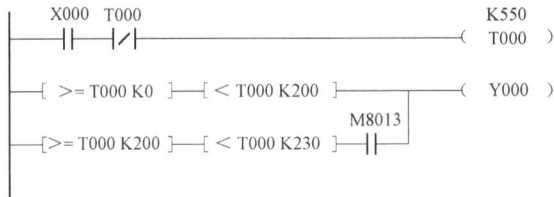

A. 通 20s   B. 通 23s，0~20s 通

C. 20~23s 以 1Hz 闪烁   D. 通 3s

77. 在以下 FX2NPLC 程序中，Y3 得电，是因为（　　）先闭合。

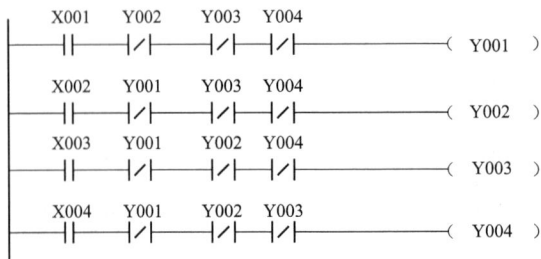

A. X1   B. X2   C. X3   D. X4

78. 在使用 FX2N 可编程序控制器控制车床运行时，顺控质量结束时必须使用（　　）。

A. STL   B. ZRST   C. RET   D. END

第6章 变频器的基本运行原理

6.1 交流异步电动机调速运行原理

6.1.1 交流异步电动机的基本工作原理

当在一台三相异步电动机的定子绕组上加三相交流电压时,其波形与定子绕组接线如图 6-1 所示,该电压将产生一个如图 6-2 所示的旋转磁场,该磁场的速度由定子电压的频率所决定。当磁场旋转时,位于该旋转磁场中的转子绕组将切割磁力线,并在转子的绕组中产生相应的感应电动势和感应电流,而此感应电流又将受到旋转磁场的作用产生电磁力(即转矩),从而使转子跟随旋转磁场旋转。这就是交流异步电动机的基本工作原理。

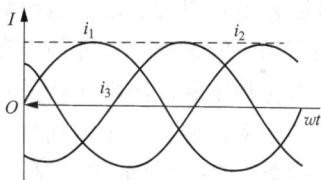

图 6-1 交流电源和定子绕组星形连接

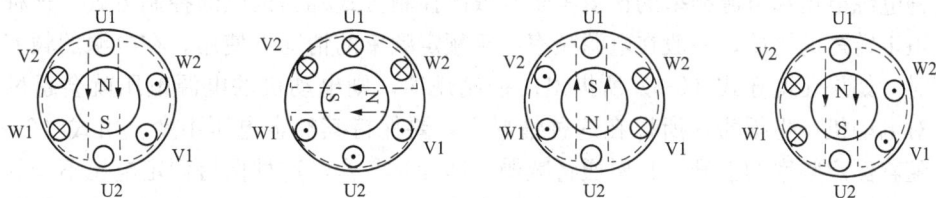

图 6-2 旋转磁场

交流异步电动机定子磁场的转速被称为交流异步电动机的同步转速。定子绕组产生旋转磁场后,转子导条将切割定子旋转磁场的磁力线,由此产生感应电流,转子导条中的感应电流又与旋转磁场相互作用产生电磁力,由电磁力产生的电磁转矩驱动转子沿磁场方向以为 n_1 的转速旋转。一般情况下,电动机的实际转速 n_1 低于定子旋转磁场的转速 n。因为如果 $n = n_1$,转子导条与定子旋转磁场就没有相对运动,也就不会产生电磁转矩,所以转子的实际转速 n_1 必然小于旋转磁场的同步转速 n。

交流异步电动机的同步转速由电动机的磁极对数和电源频率所决定。其同步转速可以表示为

$$n = 60f/p \tag{6-1}$$

式(6-1)中,p 为磁极对数;f 为电源频率。设 s 为交流异步电动机的转差率,可以表示为

$$s = (n - n_1)/n \tag{6-2}$$

若以 n_1 表示交流异步电动机的实际转速,并以同步转速 n 为基准,则其实际转速可以表示为

$$n_1 = 60f(1-s)/p = n(1-s)$$

当电动机为空载时，转差率 s 基本上为零，实际转速基本等于同步转速；当电动机为满负载时，则转差率一般在 $1\%\sim10\%$ 的范围内，实际转速与同步转速有一定的差距。

6.1.2　交流异步电动机调速的基本控制规律

虽然，改变电源的频率能够很容易地改变交流异步电动机的转速，但是要使电动机实现某些控制目的，还需要详细地探讨其运转特性。

$$U_1 \approx E_1 = 4.44 f_1 N_1 K_1 \Phi \tag{6-3}$$

式（6-3）中，f_1 为电源频率；U_1 为电源电压；E_1 为定子电动势；N_1 为定子每相绕组的匝数；K_1 为定子的绕组系数；Φ 为气隙磁通。

由式（6-3）可以看出，如果电源频率发生改变，而电源电压值不变的话，为使等式平衡，磁通将发生相应的变化，同时由于磁通的变化，电动机的机械转矩特性也发生改变。由此可以知道，单纯的改变电源频率来实现调速，它的实际应用意义有限。只有按照特定的规律调节相应的参数，才能使电动机调速运行更有实际意义。

电源频率和电源电压就是在电动机调速过程中经常用到的一组重要相关参数。若只调节电源的频率，使它小于电动机的额定值，由以上分析可知它的磁通就会大于额定值，当磁通上升时会引起过大的励磁电流，同时转矩也会产生变化。为了使磁通保持恒定，即转矩保持相应的稳定性，必须在电源频率变化的同时，相应地改变电源电压值。它们遵循的基本关系是：

$$U_1/f_1 \approx E_1/f_1 = \cos(\mathrm{nt}) \tag{6-4}$$

这种电源电压和电源频率的比值等于常数的控制方式称为恒磁通控制方式。这种控制方式具有恒定转矩的性质，一般在电源频率小于额定频率的情况下使用。在电源的频率大于额定频率时，如果还遵守式（6-3）所提出的控制规律，则电动机的电源电压就会超过其额定电压，对电动机产生损害。所以在这种情况下，要保持其额定电压不变。由式（6-3）可以看出，随着额定频率的上升，其磁通将减弱，即 $\Phi \propto 1/f_1$，这种保持额定电压不变的控制方式称为恒电压控制方式，其具有恒定功率的性质。还有恒流变频调速控制方式，即始终保持定子电流幅值恒定，从它的特点来看其也具有恒定转矩的性质，但是在同等条件下，恒流变频的最大转矩要小于恒磁通变频的最大转矩。由于恒流变频的过载能力也较低，因此只适用于负载变化不大的场合。

6.2　变频器的分类

6.2.1　按变换环节分类

1. 交—直—交变频器

交—直—交变频器首先将频率固定的交流电整流成直流电，经过滤波，再将平滑的直流电逆变成频率连续可调的交流电。由于把直流电逆变成交流电的环节较易控制，因此在频率的调节范围内，以及在改善频率后电动机的特性等方面都有明显的优势，目前，此种变频器已得到普及。

2. 交—交变频器

交—交变频器把频率固定的交流电直接变换成频率连续可调的交流电。其主要优点是没有中间环节，变换效率高。但其连续可调的频率范围窄，一般为额定频率的 1/2 以下，故它主要用于低速大容量的拖动系统中。

6.2.2　按电压的调制方式分类

1. PAM（脉幅调制）

脉幅调剂（Pulse Amplitude Modulation，简称 PAM），它是通过调节输出脉冲的幅值来调节输出电压的一种方式。在调节过程中，逆变器负责调频，相控整流器或直流斩波器负责调压。目前，在中小容量变频器中很少采用，这种方式基本不用。

2. PWM（脉宽调制）

脉宽调剂（Pulse Width Modulation，简称 PWM），它是通过改变输出脉冲的宽度和占空比来调节输出电压的一种方式。在调节过程中，逆变器负责调频调压。目前，普遍应用的是脉宽按正弦规律变化的正弦脉宽调制方式，即 SPWM 方式。中小容量的通用变频器几乎全部采用此类型的变频器。

6.2.3　按滤波方式分类

1. 电压型变频器

在交—直—交变压变频装置中，当中间直流环节采用大电容滤波时，直流电压波形比较平直，在理想情况下可以等效成一个内阻抗为零的恒压源，输出的交流电压是矩形波或阶梯波，这类变频装置称为电压型变频器。一般的交—交变压变频装置虽然没有滤波电容，但供电电源的低阻抗使它具有电压源的性质，也属于电压型变频器。

2. 电流型变频器

在交—直—交变压变频装置中，当中间直流环节采用大电感滤波时，直流电流波形比较平直，因而电源内阻抗很大，对负载来说基本上是一个电流源，输出交流电流是矩形波或阶梯波，这类变频装置称为电流型变频器。有的交—交变压变频装置用电抗器将输出电流强制变成矩形波或阶梯波，具有电流源的性质，也属于电流型变频器。

6.2.4　按输入电源的相数分类

1. 三进三出变频器

变频器的输入侧和输出侧都是三相交流电，绝大多数变频器都属于此类。

2. 单进三出变频器

变频器的输入侧为单相交流电，输出侧是三相交流电，家用电器里的变频器都属于此类，通常容量较小。

6.2.5　按控制方式分类

1. U/F 控制变频器

U/F 控制是在改变变频器输出频率的同时控制变频器输出电压，使电动机的主磁通保持一定，在较宽的调速范围内，电动机的效率和功率因数保持不变。因为是控制电压和频率的比，所以称为 U/F 控制。它是属于转速开环控制，无需速度传感器，控制电路简单，是目前通用变频器中使用较多的一种控制方式。

2. 转差频率控制变频器

转差频率控制是指能够在控制过程中保持磁通 Φ_m 的恒定，能够限制转差频率的变化范围，且能通过转差频率调节异步电动机的电磁转矩的控制方式。转差频率控制需检测出电动机的转速，构成转速闭环控制。速度调节器的输出为转差频率，然后以电动机速度与转差频率之和作为变频器的给定输出频率。与 U/F 控制方式相比，加减速特性和限制过电流的能力较强。另外，转差频率控制有速度调节器，利用速度反馈进行速度闭环控制，其速度的静态误差小，适用于自动控制系统。

3. 矢量控制方式变频器

上述的 U/F 控制方式和转差频率控制方式的控制思想都建立在异步电动机的静态数学模型上，因此动态性能指标不高。为了进一步提高动态性能指标，需要采用矢量变频技术。矢量变换控制技术的基本思想是把三相异步电动机等效于两相 α、β 静止系统模型，再经过旋转坐标变换为磁场方向与 M 轴方向一致的同步旋转的两相 M、T 模型。电流矢量是一个空间矢量，因为它实际上代表电动机三相产生的合成磁势，是沿空间做正弦分布的量，不同于在电路中电流随时间按正弦变化是时间的相量。电流矢量分解为与 M 轴平行的产生磁场的分量——励磁电流 i_M 和与 T 轴平行的产生转矩分量——转矩电流 i_T，前者可理解为励磁磁势，后者可理解为电枢磁势。通过控制 i_M、i_T 大小也就是电流矢量的幅值和方向（M、T坐标系统中的 β 角）去等效地控制三相电流 i_a、i_b、i_c 的瞬时值，从而调节电动机的磁场与转矩以达到调速的目的，提高变频调速的动态性能。

6.2.6 按电压等级分类

1. 低压型变频器

低压型变频器电压单相为 220～240V，三相为 220V 或 380～460V。通常用 200V 类、400V 类标称这类变频器。容量为 0.2～280kW，多则达 500kW。因此，这类变频器又称做中小容量变频器。

2. 高压大容量变频器

高压大容量变频器有两种形式，一种采用升降压变压器形式，称之为"高—低—高"式变频器，也称为间接高压变频器；另一种采用高压大容量 GTO 晶闸管或晶闸管功率元件串联结构，无输入、输出变压器，称为直接高压变频器。

6.2.7 按用途分类

1. 通用型变频器

通用变频器在低频下具有可输出大力矩的功能，其载频任意可调，调节范围为 1～12kHz，并且有很强的抗干扰能力，噪声小。通用型变频器也有采用空间电压矢量随机PWM 控制方法的，其功率因数高、动态性能好、转矩大、噪声低。还有的设三段速、四段速、八段速调节，具有转速提升功能和失速调节功能，还具有模拟通道及端子触发方式选择功能。通用型变频器是用途最为广泛的变频器。

2. 风机、泵类专用变频器

这类变频器具有无水、过电压、过电流、过载等保护功能。水泵控制时采用"一拖一""一拖二"控制模式，U/F 补偿曲线更加适合风机、泵类的负载特性，内置 PID 调节器和软件制动功能模块。变频器运行前的制动保护功能，可保护变频器和风机、泵类不受损害。

3. 注塑机专用变频器

注塑机专用变频器具有更强的过载能力，有更高的稳定性和更快的响应速度，且抗干扰性强。其具有隔离双通道模拟输入，可提供电压型或电流型分离变量的加权比例控制，且控制灵活。还具有模拟量输入输出补偿的电流补偿功能，可提供多种补偿方法和补偿参数。

4. 其他专用变频器

如电梯专用变频器、能量可回馈型变频器、地铁机车变频器、络纱机专用变频器等。

6.3　变频器的组成及结构

变频器是把电压、频率固定的交流电变成电压、频率可调的交流电的一种电力电子装置，其实际电路相当复杂，如图 6-3 所示为变频器的内部组成框图。

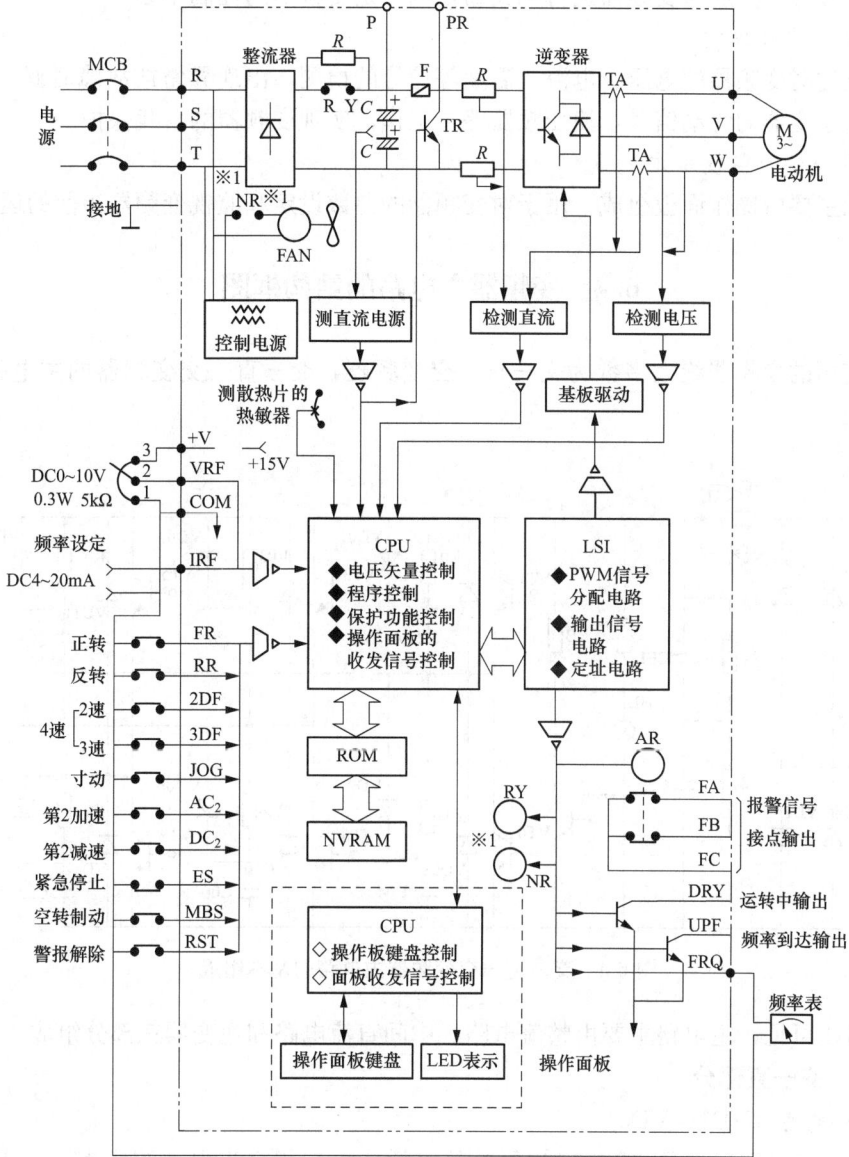

图 6-3　变频器的内部组成框图

从图 6-3 中可以看出，变频器内部主要由以下几部分组成。

1. 主电路单元

主电路单元主要包括整流器和逆变器两个主要功率变换单元，电网电压由输入端（R、S、T）接入变频器，经整流器整流成直流电压，然后由逆变器逆变成电压、频率可调的交流电压，从输出端（U、V、W）输出到交流电动机。

2. 驱动控制单元

驱动控制单元（LSI）主要作用是产生逆变器开关管的驱动信号，受中央处理单元控制。

3. 中央处理单元

中央处理单元（CPU）用来处理各种外部控制信号、内部检测信号以及用户对变频器的参数设定信号等，然后对变频器进行相关的控制，是变频器的控制中心。

4. 保护与报警单元

主要通过对变频器的电压、电流、温度等信号的检测，出现异常或故障时候，该单元将改变或关断逆变器的驱动信号，使变频器停止工作，实现变频器的自我保护。

5. 参数设定与监视单元

该单元主要由操作面板组成，用于对变频器的参数设定和监视变频器当前的运行状态。

6.4　变频器主电路的结构框图

目前使用的变频器绝大多数为交—直—交变频器，交—直—交变频器的主电路如图 6-4 所示。

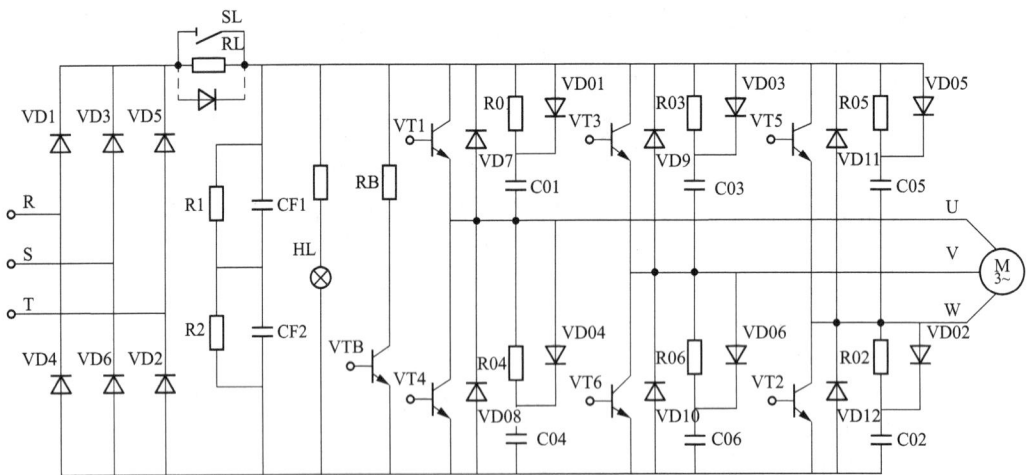

图 6-4　交—直—交变频器主电路的基本组成

由图 6-4 可见，主电路主要由整流电路、中间直流电路和逆变器三部分组成。

6.4.1　交—直部分

1. 整流电路（VD1～VD6）

整流电路由 VD1～VD6 组成三相可控整流桥，将三相交流电整流成直流，平均直流电压可表示为

$$U_d = 1.35U_1 = 1.35 \times 380V = 513(V) \qquad (6-5)$$

式中，U_1 为电源的线电压。

2. 滤波电容（CF）

整流电路输出的整流电压式脉动的直流电压，必须加以滤波。滤波电容 CF 的主要作用

就是对整流电压进行滤波，另外，它在整流电路与逆变器之间起去耦作用，以消除相互干扰。CF 同时还具有储能作用，它是电压型变频器的主要标志。

3. 开启电流吸收回路（RL、SL）

由于在变频器接通电源时，滤波电容 CF 的充电电流很大，该电流过大时能使三相整流桥损坏，还可能形成对电网的干扰。为了限制滤波电容 CF 的充电电流，在变频器开始接通电源的一段时间内，电路串入限流电阻 RL，当滤波电容 CF 充电到一定程度时 SL 闭合，将 RL 短接。

4. 电源指示（HL）

HL 主要有两个作用，一是显示电源是否接通；二是变频器切断电源后，显示电容 CF 存储的电能是否已经释放完毕。

6.4.2　直—交部分

1. 逆变电路（VT1～VT6）

由逆变管 VT1～VT6 组成三相逆变桥，VT1～VT6 交替通断，将整流后的直流电压变成交流电压，这是变频器的核心部分。目前，常用的逆变管有功率三极管（GTR）、绝缘栅双极三极管（IGBT）等。

2. 续流二极管（VD7～VD12）

续流二极管 VD7～VD12 主要有以下功能：

（1）由于电动机是一种感性负载，其电流具有无功分量，工作时，VD7～VD12 为无功电流返回直流电源提供通道。

（2）降速时，电动机处于再生制动状态，VD7～VD12 为再生电流返回直流电源提供通道。

（3）逆变管 VT1～VT6 交替通断，同一桥臂的两个逆变管在切换过程中，VD7～VD12 为线路的分布电感提供释放能量的通道。

3. 缓冲电路（R01～R06、VD1～VD6、C01～C06）

逆变管 VT1～VT6 每次由导通状态切换到截止状态的关断瞬间，集电极和发射极之间的电压 U_{ce} 由 0V 迅速上升到平均直流电压 U_d，过高的电压增长率将导致逆变管的损坏，C01～C06 的作用就是减小电压增长率。

逆变管 VT1～VT6 每次由截止状态切换到导通状态的开通瞬间，C01～C06 上所充的电压（其电压值等于 U_d），将向 VT1～VT6 放电，由于该放电电流很大，能导致逆变管的损坏，R01～R06 的作用就是限制放电电流的大小。

6.4.3　制动部分

1. 制动电阻（RB）

电动机在降速时处于再生制动状态，回馈到直流电路中的能量将使 U_d 不断上升，可能导致危险。因此需要将这部分能量消耗掉，使 U_d 保持在允许的范围内，制动电阻 RB 就是用来消耗这部分能量的。

2. 制动单元（VTB）

制动单元一般由功率三极管 GTR（或 IGBT）及其驱动电路构成，其功能是为流经 RB 的放电电流提供通路并控制其大小。

6.4.4　变频器的控制方式

目前，变频器中常用的控制方式有：U/F 控制、矢量控制、直接转矩控制以及一些智能控制方式等，下面仅介绍前三种控制方式。

1. U/F 控制

(1) U/F 控制的基本原理。在进行电动机调速时，通常希望保持电动机中的每极磁通量为额定值，并保持不变。这是因为磁通过小，等于没有充分利用电动机的铁芯，是一种浪费；磁通过大，将会使铁芯深度饱和，导致励磁电流急剧增大，使绕组过热而损坏电动机。若保持磁通恒定不变，由《电机学》中的相关知识可知，异步电动机定子绕组电压平衡方程式为

$$U = -E_1 + \Delta U \tag{6-6}$$
$$E_1 = 4.44 f_1 N_1 K_1 \Phi_M \tag{6-7}$$

式中　U——加在定子每相绕组上的电压，V；

　　　E_1——每相绕组的反电动势，V；

　　　ΔU——定子阻抗压降，V；

　　　f_1——定子频率，Hz；

　　　K_1——与绕组有关的结构常数；

　　　N_1——定子每相绕组串联匝数；

　　　Φ_M——每极气隙磁通量，Wb。

由于 $4.44 N_1 K_1$ 均为常数，ΔU 往往可以忽略，根据式 (6-6)、式 (6-7) 有

$$U \approx E \propto f_1 \Phi_M \tag{6-8}$$

下面分两种情况讨论：

1) 额定频率以下调速（$f_1 \leqslant f_N$）。当 f_1 小于额定频率 f_N 时，为保证磁通 Φ_M 不变，根据式 (6-8) 可知，必须使 E/f＝常数，但由于定子反电动势 E 不易直接控制，根据式 (6-6) 可知，通过控制 U 可以达到控制 E 的目的，即

$$U/f = 常数 \tag{6-9}$$

由式 (6-9) 表明：额定频率以下调速时，既要调频也要调压，由于磁通恒定不变，所以转矩恒定，调速属于恒转矩调速。

2) 额定频率以上调速（$f_1 \geqslant f_N$）。电动机工作在额定频率 f_N 时，其定子电压也是额定电压 U_N，所以要在额定频率以上调频时，U_N 只能保持不变而不能跟着上调了，因为 U 不能超过额定电压 U_N。由式 (6-7) 可知，磁通随频率升高而降低，最大转矩 T_{KN} 减小，电动机输出功率基本保持不变，所以额定频率以上调速，属于恒功率调速。

在大多数情况下，U/F 线一经设定之后是不能变化的。通常，是以重载时也能带得动负载作为设定 U/F 线的依据。显然，重载时电流 I_1 和铜耗 $I_{12} R_1$ 都较大，需要的补偿量（即 U/f 比）也大，但这样一来，在负载较轻，I_1 和 $I_{12} R_1$ 都较小时，必将引起过分补偿，导致磁路饱和，并使励磁电流的波形发生畸变。就是说，在 U/F 线已经设定的情况下，负载变化时，磁路的饱和程度将随之变化，其结果是：如果在低频轻载时，磁通大小等于额定值的话，重载时，由于 I_1 和 $I_{12} R_1$ 都增大，磁通减小，电动机有可能带不动负载；反之，如果在低频重载时，磁通大小等于额定值的话，轻载时，由于 I_1 和 $I_{12} R_1$ 都减小，磁通增大，电动机励磁电流的波形发生畸变，有可能在励磁电流出现尖峰时因过电流而保护动作。

（2）U/F 控制的特点及应用。U/F 控制变频器结构简单，成本较低，机械特性硬度较好，能够满足一般传动的平滑调速的要求。但是这种控制方式在低频时，由于输出电压较低，转矩受定子阻抗压降的影响较为明显，使最大输出转矩减小，必须进行转矩补偿，以改变低频转矩特性。另外这种变频器采用开环控制方式，不能达到较高的控制性能，故 U/F 控制一般多用于通用型变频器，在风机、泵类机械的节能运转及生产流水线的工作台传动，空调等家用电器也采用 U/F 控制的变频器。

2. 矢量控制

（1）矢量控制的基本思想。矢量控制是一种高性能的异步电动机控制方式，它从直流电动机的调速方法得到启发，利用现代计算机技术解决了大量的计算问题，从而使得矢量控制方式得到了较好的应用。矢量控制的基本思想是模仿直流电动机的控制原理，以三相交流绕组和两相直流绕组产生同样的旋转磁动势为准则，将异步电动机的定子电流矢量分解为产生磁场的电流分量（即励磁电流）和产生转矩的电流分量（即转矩电流）分别加以控制，即通过直/交变换和 2/3 变换来实现，其控制示意图如图 6-5 所示。

图 6-5 中 i_M 是励磁电流分量，i_T 是转矩电流分量，它们都是由变频器的给定信号分解而成的（＊表示变频器中的控制信号）。经过直/交变换，将 i_M^* 和 i_T^* 变换成两个交流分量 i_α^* 和 i_β^*，再经过 2/3 变换得到三相交流控制信号 i_A^*、i_B^*、i_C^* 从而去控制三相逆变器。可以看到，控制 i_M^* 和 i_T^* 中的任意一个，就可以控制信号 i_A^*、i_B^*、i_C^*，也就控制了变频器的交流输出。通过以上变换，可以成功地将交流电动机的调速转化为仅控制两个控制量 i_M^* 和 i_T^*，因此更接近直流电动机的调速。

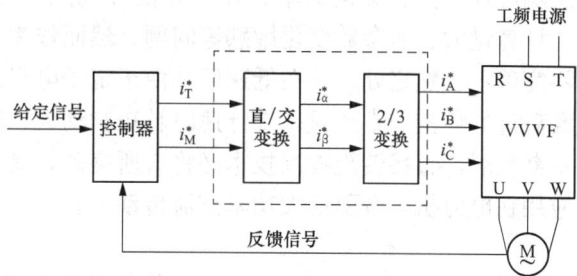

图 6-5 中所示反馈号一般有电流反

图 6-5　矢量控制原理图

馈信号和速度反馈信号两种，电流反馈用于反映负载的状态，使 i_M^* 能随负载变化。速度反馈反映出拖动系统的实际转速和给定值之间的差异，从而以最快的速度进行校正，提高了系统的动态性能。一般的矢量控制系统均需速度传感器，然而速度传感器会使整个传动系统不可靠，且安装也很麻烦，因此现代的变频器又推广使用无速度传感器矢量控制技术，它的速度反馈信号不是来自于速度传感器，而是通过 CPU 对电动机的一些参数进行计算得到的一个转速的实在值。对于很多新系列的变频器都设置了无反馈矢量控制功能。这里无反馈，是指不需用户在变频器的外部再加其他的反馈环节，而矢量控制时变频器内部还是存在反馈的。

（2）矢量控制的特点及应用。矢量控制具有动态响应快、调速范围宽、低频转矩大、控制灵活等优点，同时，也存在着系统结构复杂、通用性差（如一台变频器只能带一台电动机，而且与电动机特性有关）等不足之处。

由于异步电动机的机械结构比直流电动机简单、坚固，且转子无电刷滑环等电气接触点，结合矢量控制的特点，其应用前景还是十分广阔，主要应用在以下一些方面：

1）用于要求高速响应的工作机械，如工业机器人驱动系统。

2）用于恶劣的工作环境，如造纸机、印染机等均要求在高温、高湿并有腐蚀性气体的环境中工作。

3）用于高精度的电力拖动，如钢板和线材卷取机等恒张力控制系统对电力拖动的动、静态精确度都有很高的要求。

4）四象限运转，如高速电梯的拖动，过去均采用直流拖动，现在正逐步用异步电动机矢量控制变频调速系统代替。

3. 直接转矩控制

（1）接转矩控制的基本思想。直接转矩控制是继矢量控制之后发展起来的另一种高性能的异步电动机控制方式，该技术在很大程度上解决了上述矢量控制的不足之处，并因新颖的控制思想、简洁明了的系统结构、优良的动静态性能等优点得到了迅速发展。直接转矩控制的基本思想是在准确观测定子磁链的空间位置和大小并保持其幅值基本恒定以及准确计算负载转矩的条件下，通过控制电动机的瞬时输入电压来控制电动机定子磁链的瞬时旋转速度，改变它对转子的瞬时转差率，从而达到直接控制电动机输出的目的。

直接转矩控制直接在定子坐标系下分析交流电动机的数学模型，控制电动机的磁链和转矩。它不需要将交流电动机等效为直流电动机，因而省去了矢量旋转变换中的许多复杂计算；它不需要模仿直流电动机的控制，也不需要为解耦而简化交流电动机的数学模型。

（2）直接转矩控制的特点及应用。不同于矢量控制，直接转矩控制具有鲁棒性强、转矩动态响应好、控制结构简单、计算简便等优点，它在很大程度上解决了矢量控制中结构复杂、计算量大、对参数变化敏感等问题。然而作为一种诞生不久的新理论、新技术，自然有其不完善不成熟之处，一在低速区，由于定子电阻的变化带来了一系列问题，主要是定子电流和磁链的畸变非常严重；二低速时转矩脉动大，因而限制了调速范围。随着现代科学技术的不断发展，直接转矩控制技术必将有所突破，具有广阔的应用前景。目前，该技术已成功地应用在电力机车牵引的大功率交流传动上。

6.5　负载的类型及拖动系统

在电力拖动系统中，存在两个主要转矩：一个是生产机械的负载转矩 T_L；一个是电动机的电磁转矩 T。这两个转矩与转速之间的关系分别称为负载的机械特性 $n = f(T_L)$ 和电动机的机械特性 $n = f(T)$。电力拖动系统的稳态工作情况取决于电动机和负载的机械特性，因此选择变频器，合理地配置一个电力拖动系统，首先要了解负载的机械特性。不同负载的机械特性和性能要求是不同的，一般可以将其归纳为以下几种类型。

6.5.1　恒转矩负载及其特性

1. 机械特性

恒转矩负载是指负载转矩的大小仅仅取决于负载的轻重，与转速大小无关，即 $T_L = $ 常数。

2. 功率特性

根据负载的功率 P_L 和转矩 T_L、转速之间的关系，有

$$P_L = T_L \cdot n_L / 9550$$

即负载功率与转速成正比。

6.5.2　恒功率负载及其特性

恒功率负载是指负载转矩的大小与转速成反比，而其功率基本维持不变的负载。

1. 机械特性

根据负载的功率 P_L 和转矩 T_L、转速 n_L 之间的关系，有

$$T_L = 9550 P_L / n_L$$

即，负载转矩与转速成反比。

2. 功率特性

在不同的转速下，负载的功率 P_L 基本恒定

$$P_L = 常数$$

即负载的功率与转速的高低无关。

6.5.3　二次方律负载及其特性

二次方律负载是指转矩与速度的二次方成正比例变换的负载，例如：风扇、风机、泵、螺旋桨等机械的负载转矩。此类负载在低速时，由于流体的流速低，所以负载转矩很小，随着电动机转速的增加，流速增快，负载转矩和功率也越来越大，负载转矩 T_L 和功率 P_L 可以表示为

$$T_L = T_0 + K_T \cdot n_L^2$$
$$P_L = P_0 + K_P \cdot n_L^3$$

6.6　变频器的选择

通用变频器的选择包括类型选择和容量选择两个方面。按照机械设备的类型、负载转矩特性、调速范围、静态速度精度、启动转矩和使用环境的要求，然后决定选用何种控制方式和防护结构的变频器最合适。所谓合适是在满足机械设备的实际工艺生产要求和使用场合的前提下，实现变频器应用的最佳性价比。

6.6.1　变频器控制方式的选择

根据负载特性选用不同的控制方法，就可以得到不同性能特点的调速特性。变频器控制方式的性能特点如表 6-1 所示。

表 6-1　　　　　　　　　　　变频器控制方式的性能特点

控制方式		U/F 控制		矢量控制		直接转矩控制
比较项目		开环	闭环	无速度传感器	带速度传感器	
速度控制范围		<1：40	<1：40	1：100	1：1000	1：100
启动转矩		3Hz 时 150%	3Hz 时 150%	1Hz 时 150%	0Hz 时 150%	0Hz 时 150%
静态速度精度		±（2~3)%	±0.03%	±0.2%	±0.2%	±（0.1~0.5)%
反馈装置		无	速度传感器	无	速度传感器	无
零速度运行		不可	不可	不可	可	可
控制响应速度		慢	慢	较快	快	快
特点	优点	结构简单、调节容易，可用于通用笼型异步电动机	结构简单、调速精度高，可用于通用笼型异步电动机	不需要速度传感器、力矩的响应好、速度控制范围广、结构较简单	力矩控制性能良好、力矩的响应好、调速精度高、速度控制范围广	不需要速度传感器、力矩的响应好、速度控制范围广、结构较简单

续表

控制方式		U/F 控制		矢量控制		直接转矩控制
比较项目		开环	闭环	无速度传感器	带速度传感器	
特点	缺点	低速力矩难保证，不能进行力矩控制，调速范围小	低速力矩难保证，不能力矩控制，调速范围小，要增加速度传感器	需设定电动机的参数，需要有自动测试功能	需设定电动机的参数，需要有自动测试功能，需有高精度速度传感器	需设定电动机的参数，需要有自动测试功能
主要应用场合		一般的风机、泵类节能调速或一台变频器带多台电动机场合	用于保持压力、温度、流量、pH 定值等过程控制场合	一般工业设备、大多数调速场合	要求精确控制力矩和速度的高动态性能应用场合	要求精度控制力矩和速度的高动态性能应用场合，如起重机、电梯、轧机等

6.6.2　变频器防护结构的选择

变频器的防护结构要与其安装环境相适应，这就要考虑环境温度、湿度、粉尘、酸碱度、腐蚀性气体等因素，这与变频器能否长期、安全、可靠运行关系重大。常见的防护结构有以下几种类型：

（1）开放型。它从正面保护人体不能触摸到变频器内部的带电部分，适用于安装在电控柜内或电气室内的屏、盘、架上，尤其是多台变频器集中使用较好，但它对安装环境要求较高。

（2）封闭型。这种防护结构的变频器四周都有外罩，可在建筑物内的墙上壁挂式安装，它适用于大多数的室内安装环境。

（3）密封型。它适用于工业现场环境条件较差的场合。

（4）密闭型。它具有防尘、防水的防护结构，适用于工业现场环境条件差，有水淋、粉尘及一定腐蚀性气体的场合。

6.6.3　变频器容量的选择

变频器容量的选择是一个重要且复杂的问题，要考虑变频器容量与电动机容量的匹配，容量偏小会影响电动机有效力矩的输出，影响系统的正常运行，甚至损坏装置；而容量偏大则电流的谐波分量会增大，也增加了设备投资。变频器的容量一般可以从额定电流、电动机的额定功率和额定视在功率 3 个角度来表示。不管是哪一种表示方法，归根到底还是对变频器额定电流的选择，应结合实际情况，根据电动机有可能向变频器吸收的电流来决定。所以变频器的额定电流是反映变频器负载能力的关键量，负载电流不超过变频器的额定电流是选择变频器容量的基本原则。

6.7　变频器的抗干扰措施

为防止干扰，可采用硬件抗干扰和软件抗干扰等措施。其中，硬件抗干扰是应用措施系统最基本和最重要的抗干扰措施，一般从抗和防两方面入手来抑制干扰，其总原则是抑制和消除干扰源、切断干扰对系统的耦合通道、降低系统干扰信号的敏感性。具体措施在工程上可采用隔离、滤波、屏蔽、接地等方法。

（1）变频系统的供电电源与其他设备的供电电源相互独立，或在变频器和其他用电设备的输入侧安装隔离变压器，切断谐波电流。

（2）在变频器输入侧与输出侧串接合适的电抗器，或安装谐波滤波器，滤波器的组成必须是 LC 型，吸收谐波和增大电源或负载的阻抗，达到抑制谐波的目的。

（3）电动机和变频器之间电缆应穿钢管敷设或用铠装电缆，并与其他弱电信号在不同的电缆沟分别敷设，避免辐射干扰。

（4）信号线采用屏蔽线，且布线时与变频器主回路控制线错开一定距离（至少 20cm 以上），切断辐射干扰。

（5）对于电磁辐射方式传播的干扰信号，主要通过由高频电容构成的滤波器来吸收削弱，它能吸收掉频率很高的、具有辐射能量的谐波成分。

（6）变频器使用专用接地线，且用粗短线接地；邻近其他电器设的地线必须与变频器配线分开，并使用短线。

6.8 变频器的保护功能、故障分析及处理

变频器本身具有相当丰富的保护功能和异常故障显示功能，保证变频器在工作不正常或发生故障时，及时地做出处理，以确保系统的安全。若保护功能动作时，变频器立即跳闸，LED 显示故障代码，或者将故障信息存储在程序的某个参数内，使电动机处于自由运转状态到停止。在消除故障原因或控制电路端子 RST 输入复位之前，变频器始终维持跳闸状态，以便维修检查。

6.8.1 变频器保护功能

1. 过电流保护和失速防止功能

变频器中过电流保护的对象主要指带有突变性质的电流的峰值超过了过电流检测值（约额定电流的 200%），由于逆变器件的过载能力较差，所以变频器的过电流保护是至关重要的一环。该保护功能一般在失速防止功能（也称防止跳闸功能）无法消除过电流时动作，使变频器跳闸，停止输出。

在大多数的拖动系统中，由于负载的变动，短时间的过电流是不可避免的。为了避免频繁的跳闸给生产带来的不便，一般的变频器都设置了失速防止功能，即用户根据电动机的额定电流和负载的情况，给定一个电流限定值 I_{set}（通常该电流给定为额定电流的 150%）。如果过电流发生在加减速过程中，但电流超过限定值时，变频器暂停加减速（即维持输出频率不变），待过电流消失之后再加减速，如果过电流发生在恒速运行时，变频器会适当降低其输出频率，待过电流消失之后再使输出频率返回到原来的值。

2. 过电压保护

产生过电压的原因，大致可以分为两类：

（1）减速制动的过程中，由于电动机处于再生制动状态，若减速时间太短或制动电阻及制动单元有问题，因再生能量来不及释放，引起变频器主电路直流电压升高而产生过

电压。

（2）由于电源系统的浪涌电压引起的过电压。

对于减速过程中出现的过电压，也可以采用暂缓减速的方法防止变频器跳闸。可以由用户给定一个电压的限值 U_{set}，在减速过程中若出现直流电压 $U_d > U_{set}$ 时，则暂停减速。对于电源过电压的情况，变频器规定：电源电压的上限一般不能超过电源电压的 10%，如果超过该值，变频器将会跳闸。

3. 欠电压保护和瞬间停电再启动功能

当电网电压过低时，会引起主电路直流电压下降，从而使变频器的输出电压过低并造成电动机输出转矩不足和过热现象，该保护功能动作，使变频器停止输出。另外，电压若降到不能维持变频器控制电路的工作，则全部保护功能自动复位。当电源出现瞬间停电时，主电路直流电压也将下降，并可能出现欠电压现象。为了使系统在出现这种情况时，仍能继续正常工作而不停车，现在大多数变频器都提供了瞬间停电再启动功能，这个功能可以根据下面几种情况进行不同的处理：

（1）停电时间小于 t_d 时，该保护功能不被激活，变频器继续运行。

（2）停电时间 $t_d < t_0 < t_c$ 时，该保护功能动作，按瞬间停电再启动处理。

关于 t_d、t_c 的大小，不同厂家的变频器有不同的设置。

4. 过载保护

过载的基本反映是：电动机的运行电流虽然超过了额定值，但超过的幅度不大，一般也不形成较大的冲击电流，电动机能够旋转。通常采用热继电器对电动机进行过载保护，热继电器具有反时限特性，即电动机的过载电流越大，电动机的温升就会越快，容许电动机持续运行时间越短，热继电器的跳闸也越快。采用微处理器作为变频器的主控单元，可以很方便地实现热继电器的反时限特性。通过检测变频器的输出电流，并和存储单元中的保护特性进行比较，当变频器的输出电流大于过载保护电流时，微处理器将按照反时限特性进行计算，算出允许电流持续的时间 t。如果在此时间内过载情况消失，则变频器依然正常工作，但若超过该时间过载电流仍然存在，则变频器将跳闸，停止输出。使用变频器的该功能，只适用于一台变频器带一台电动机，如果一台变频器带有多台电动机，则由于电动机的容量比变频器小得多，变频器将无法对电动机的过载进行保护，通常要在每台电动机上再加装一个热继电器。

5. 其他保护功能

除了上述常见的几种保护功能外，不同厂家的变频器通常具有以下一些保护功能：

（1）过热保护。变频器正常工作时，其主回路的电流很大，为了帮助变频器散热，变频器内部均装有风扇。如果风扇发生故障，散热片就会过热，此时装在散热片上的热敏继电器将动作，使变频器停止工作或输出报警信号。

另外，由于逆变模块是变频器内的主要发热元件，因此一般在逆变模块的散热板上也配置了过热保护，一旦过热就给予过热保护。

（2）制动电路异常保护。当变频器检测到制动单元出现异常，就会给出报警信号或停止工作。

（3）变频器内部工作错误保护。由于变频器所处的环境恶劣，使得变频器的 CPU 或 EEPROM 受外界干扰严重而运行异常，或是检测部分发生错误，变频器也将停止工作。

（4）外部报警输入功能。该功能是为了使变频器能够和周边设备备配合构成可靠的系统而设置的，周边设备的故障报警信号输入到变频器相关的控制端子，一旦周边设备备出现故障时，变频器接收到报警信号将停止工作。

6.8.2 变频器的故障分析及处理

变频器常见的故障类型主要有：过电流、短路、接地、过电压、欠电压、电源缺相、过热、过载、CPU 异常、通信异常等。变频器具有较完善的自诊断、保护及报警功能，当发生这些故障时，变频器会立即报警或自动停机保护，并显示故障代码或故障类型，大多数情况可以根据其显示的信息迅速找到故障原因并排除故障。但也有一些故障用常规的手段难以检测，需要从多方面分析，逐一排除才能找到故障点。故障检查或维修时，应注意必须先切断电源，切忌停机后立即进行检查。因变频器额定运行时，其直流侧滤波电容储存了大量的电能，停机后必须等待电解电容的电压放电降低后，方可开柜进行检查。

市场上不同型号规格的变频器各有特点，但其故障的类别和分析处理方法有一定的共性，具体如下：

1. 过电流故障

变频器在加减速及运行工程中出现过电流跳闸现象，一般用 OC 显示其过电流故障。故障分析及处理：

（1）检查负载侧是否短路或接地。

（2）检查工作机械是否卡住，减小负载。

（3）检查逆变管是否完好。

（4）适当延长加减速时间。

（5）适当减小转矩提升量。

（6）变频器内部故障或谐波干扰大等。

2. 过电压故障

变频器显示 OV 表示其出现过电压故障。故障分析及处理：

（1）检查电源电压是否过高。

（2）适当延长减速时间。

（3）检查放电支路或新增外接制动电阻或制动单元。

3. 欠电压故障

变频器显示 LV 表示其出现欠电压故障。故障分析及处理：

（1）检查电源电压过低、缺相。

（2）检查主回路断路器、接触器、整流回路是否完好。

（3）同一电源系统中是否有大启动电流的负载启动。

4. 过载故障

变频器显示 OL 表示其出现过载故障。故障分析及处理：

（1）过负载或变频器容量过小。

（2）热继电器保护设定值太小。

（3）转矩提升量设定太小。

（4）变频器内部故障等。

5．过热故障

变频器显示 OH 表示其出现过热故障。故障分析及处理：

（1）过负载或环境温度太高，散热片堵塞。

（2）冷却风扇工作不正常，更换冷却风扇。

（3）变频器内部故障。

6．电动机不旋转或旋转异常

故障分析及处理：

（1）运行方法的设定有错误，正确选择键盘给定或外接给定方式。

（2）频率指令太低，频率指令低于最低输出频率设定值时候，变频器不能运行，变更频率指令使之大于最低频率。

（3）选择了禁止反转或正转，调整相应的功能参数。

（4）减小负载或延长加速时间。另外，也可以考虑加大电动机的功率。

6.9　变 频 器 的 应 用

6.9.1　变频器在节能方面的应用

风机、泵类负载采用变频调速后，节电率可达到 20%～60%，这是因为风机、泵类负载的实际消耗功率基本与转速的三次方成比例。以节能为目的的变频器的应用，在最近几十年来发展非常迅速，据有关方面统计，我国已经进行变频改造的风机、泵类负载的容量占总容量的 5%以上，还有很大的改造空间。由于风机、泵类负载在采用变频调速后可以节省大量的电能，所需的投资在较短的时间内就可以收回，因此在这一领域的应用最广泛。目前，应用较成功的有恒压供水、各类风机、中央空调和液压泵的变频调速。

6.9.2　变频器在精度自控系统中的应用

由于控制技术的发展，变频器除了具有基本的调速控制之外，更具有了多种算术运算和智能控制功能，其输出精度高达 0.1%～0.01%。它还设置有完善的检测、保护环节，因此在自动化系统中得到了广泛的应用。例如在印刷、电梯、纺织、机床等行业进行速度控制。

6.10　西门子 MM420 变频器的应用举例

6.10.1　MM420 变频器的方框图及操作面板

1．MM420 变频器方框图

MM420 变频器方框图如图 6-6 所示。

2．MM420 变频器 BOP 操作面板

变频器的按键很少，操作简单易学。由主要的 8 个按键，以及显示区和一个多位的电子发光管显示组成。操作面板如图 6-7 所示，功能表如表 6-2 所示。

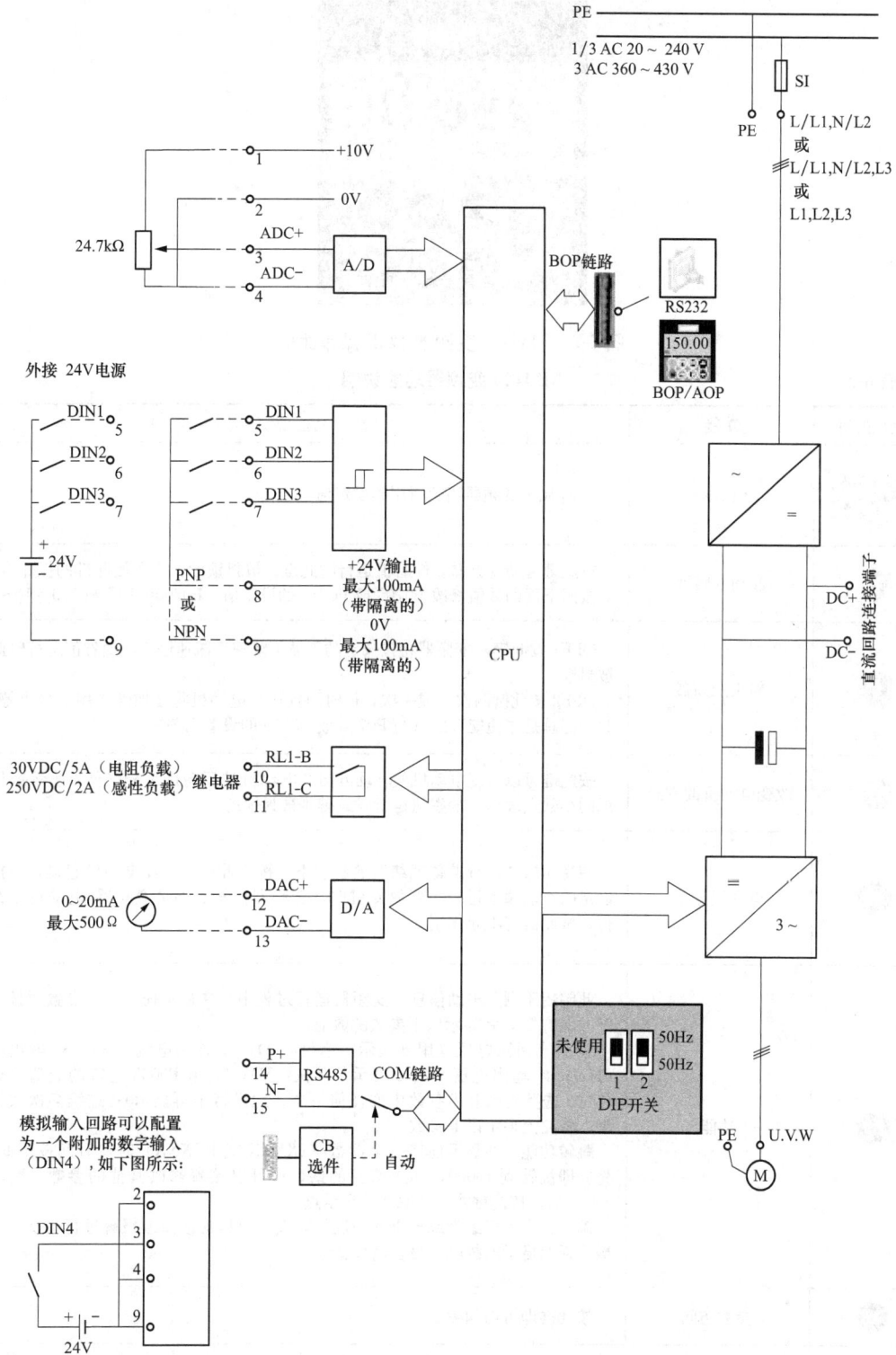

图 6-6　MM420 变频器方框图

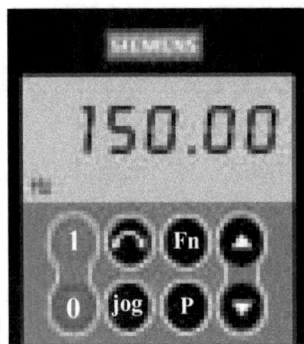

图 6-7　MM420 变频器 BOP 操作面板

表 6-2 MM420 变频器功能说明

显示/按钮	功能	功能说明
r 0000	状态显示	LCD 显示变频器当前所用的设定值
1	起动变频器	按此键起动变频器。缺省值运行时此键是被封锁的。为了使此键的操作有效，应按照下面的数值修改 P0700 或 P0719 的设定值：P0700＝1 或 P0719＝10～16
0	停止变频器	OFF1 按此键，变频器将按选定的斜坡下降速率减速停车。缺省值运行时此键被封锁 OFF2 按此键两次（或一次，但时间较长）电动机将在惯性作用下自由停车。此功能总是"使能"的（与 P0700 或 P0719 的设置无关）
（方向键）	改变电动机的方向	按此键可以改变电动机的转动方向。电动机的反向用负号（－）表示或用闪烁的小数点表示。缺省值运行时此键是被封锁的
jog	电动机点动	在变频器"运行准备就绪"的状态下，按下此键，将使电动机起动，并按预设定的点动频率运行。释放此键时，变频器停车。如果变频器/电动机正在运行，按此键将不起作用
Fn	功能	此键用于浏览辅助信息。变频器运行过程中，在显示任何一个参数时按下此键并保持 2s，将显示以下参数的数值： 1. 直流回路电压（用 d 表示，单位：V）；2. 输出电流（A）；3. 输出频率（Hz）；4. 输出电压（用 o 表示，单位：V）；5. 由 P0005 选定的数值（如果 P0005 选择显示上述参数中的任何一个，这里将不再显示）；连续多次按下此键，将轮流显示以上参数 跳转功能：在显示任何一个参数（rXXXX 或 PXXXX）时短时间按下此键，将立即跳转到 r0000，如果需要的话，您可以接着修改其他的参数。跳转到 r0000 后，按此键将返回原来的显示点 确认：在出现故障或报警的情况下，按键可以对故障或报警进行确认，并将操作板上显示的故障或报警信号复位
P	参数访问	按此键即可访问参数
▲	增加数值	按此键即可增加面板上显示的参数数值
▼	减少数值	按此键即可减少面板上显示的参数数值

3. 基本操作流程

基本操作流程图如图 6-8 所示。

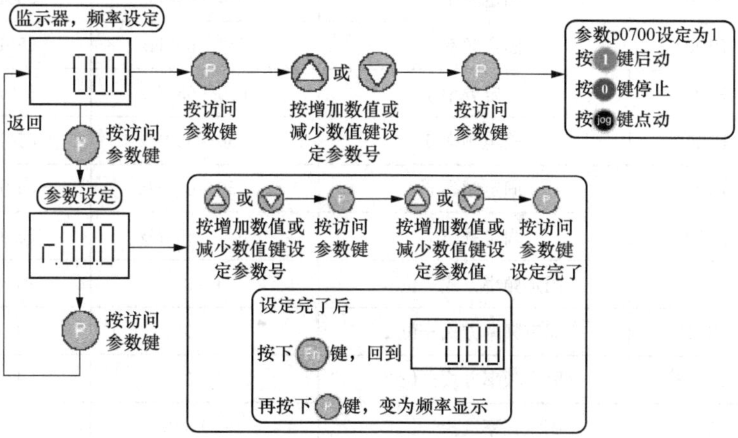

图 6-8　基本操作流程图

4. 变频器实验参数设定

表 6-3 为变频器实验参数设定表。

表 6-3　　　　　　　　　　　　　变频器实验参数设定

参数	显示	名称	设定范围	最小设定	出厂设定
0000	r0000	驱动装置的显示			
0003	P0003	用户访问级	0～4	0	1
0010	P0010	调试参数过滤器	0 1 29 30	0	0
0100	P0100	使用地区：欧洲/北美	0～2	0	0
0304	P0304	电动机额定电压	10～2000	10	230
0305	P0305	电动机额定电流	0.01～10000.00	0.01	3.25
0307	P0307	电动机额定功率	00.1～2000.00	0.01	0.75
0310	P0310	电动机额定频率	12～650Hz	12Hz	50Hz
0311	P0311	电动机额定速度	0～40000	0	40000
0700	P0700	选择命令源	0～6	0	2
0701	P0701	数字输入1的功能	0～17 25 29 33 99	0	1
0702	P0702	数字输入2的功能	0～17 25 29 33 99	0	12
0703	P0703	数字输入3的功能	0～17 25 29 33 99	0	9
0719	P0719	命令和频率设定值的选择	0 正转，1 反转		0
1000	P1000	频率设定值的选择	1～6 10～66	0	2
1001	P1001	固定频率1	−650～650Hz	−650Hz	0.00Hz

续表

参数	显示	名称	设定范围	最小设定	出厂设定
1002	P1002	固定频率2	−650～650Hz	−650Hz	5.00Hz
1003	P1003	固定频率3	−650～650Hz	−650Hz	10.00Hz
1004	P1004	固定频率4	−650～650Hz	−650Hz	15.00Hz
1005	P1005	固定频率5	−650～650Hz	−650Hz	20.00Hz
1006	P1006	固定频率6	−650～650Hz	−650Hz	25.00Hz
1007	P1007	固定频率7	−650～650Hz	−650Hz	30.00Hz
1016	P1016	固定频率方式—位0	1～3	1	1
1017	P1017	固定频率方式—位1	1～3	1	1
1018	P1018	固定频率方式—位2	1～3	1	1
1020	P1020	固定频率选择—位0	0.0～4000.0	0.0	0.0
1021	P1021	固定频率选择—位1	0.0～4000.0	0.0	0.0
1022	P1022	固定频率选择—位2	0.0～4000.0	0.0	0.0
1058	P1058	正向点动频率	0.00～650.00Hz	0.00Hz	5.00Hz
1059	P1059	反向点动频率	0.00～650.00Hz	0.00Hz	5.00Hz
1060	P1060	点动的斜坡上升时间	0.00～650.00s	0.00s	10.00s
1061	P1061	点动的斜坡下降时间	0.00～650.00s	0.00s	10.00s
1080	P1080	最低频率	0.00～650Hz	0.00Hz	0.00Hz
1081	P1082	最高频率	0.00～650Hz	0.00Hz	50.00Hz
1091	P1091	跳转频率1	0.00～650Hz	0.00Hz	0.00Hz
1092	P1092	跳转频率2	0.00～650Hz	0.00Hz	0.00Hz
1093	P1093	跳转频率3	0.00～650Hz	0.00Hz	0.00Hz
1094	P1094	跳转频率4	0.00～650Hz	0.00Hz	0.00Hz
1101	P1101	跳转频率的频带宽度	0.00～10.00Hz	0.00Hz	2.00Hz
1120	P1120	斜坡上升时间	0.00～650.00s	0.00s	10.00s
1121	P1121	斜坡下降时间	0.00～650.00s	0.00s	10.00s
1230	P1230	直流制动的持续时间	0～250s	0s	0s

6.10.2　应用举例

例1：恢复出厂设置

设置参数 P0010＝30，P0970＝1。完成整个复位过程大概需要几秒钟，当显示屏出现 P----时，证明系统正在进行复位，此时请不要进行参数设置，待显示屏出现最后一次设置的参数编号（即 P0970）时恢复出厂设置成功。

例2：BOP 操作面板控制变频器运行

BOP 操作面板控制变频器运行的接线如图 6-9 所示。利用面板上的按钮，完成如下几个功能：

（1）启动变频器。

（2）停止变频器，可以两种方式：①按照设定的停车斜坡；②自由停车。

（3）电动机反转。

（4）电动机点动。

（5）参数设定。

1. 参数设定

在缺省状态下，面板上的操作按钮 🔘、🔘、🔘 被锁住。要使用该功能，需要把参数 P0700 设置为 1，并将 P1000 的参数设为 1。

2. 操作演示

（1）🔘 为启动按钮。按下此按钮，可以启动变频器。

（2）🔘 为停止按钮。按下此按钮，变频器将按确定好的停车斜坡减速停车。

（3）🔘 为反转按钮。按下此按钮可以改变电动机方向。

（4）🔘 为点动按钮。在变频器无输出的情况下，按此按钮，电动机按预定的点动频率运行。

（5）🔘 为增加数值按钮。按此按钮可以增加变频器输出频率。

（6）🔘 为减少数值按钮。按此按钮可以减小变频器输出频率。

3. 注意事项

若变频器出现"A0922：负载消失"报警，该报警是由于电动机功率小的原因造成的，为了能正常完成实验可以将参数 P2179 设为"0"（需要首先把 P0003 设为"3"）。后面实验与此相同。

例 3：变频器点动运行

要求：设计变频器参数设置，实现下述功能：数字输入 1 为点动正转，数字输入 2 为点动反转，正向点动频率为 20Hz，反向点动频率为 25Hz，点动的斜坡上升时间为 5s，点动的斜坡下降时间为 2s。

（1）按照图 6-10 进行实验接线。

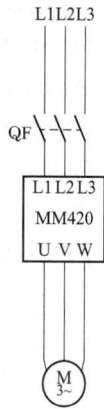

图 6-9　BOP 操作面板控制变频器运行

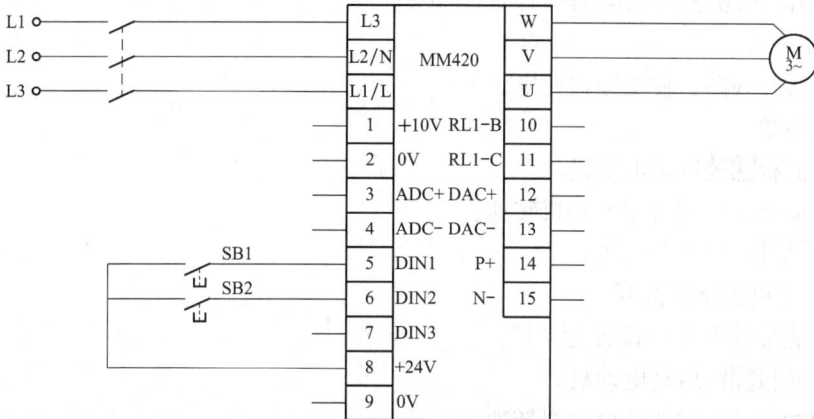

图 6-10　变频器点动运行

（2）参数设定。

1）P0010 参数为 "30"，P0970 参数设为 "1" ——变频器复位到工厂设定值。

2）P0003 参数为 "2" ——扩展用户的参数访问范围。

3）P0700 参数为 "2" ——由端子排输入。

4）P0701 参数为 "10" ——正向点动。

5）P0702 参数为 "11" ——反向点动。

6）P1058 参数为 "20" ——正向点动频率。

7）P1059 参数为 "25" ——反向点动频率。

8）P1060 参数为 "5" ——点动的斜坡上升时间。

9）P1061 参数为 "2" ——点动的斜坡下降时间。

（3）操作演示。分别按下按钮 SB1 和 SB2，观察电动机的正向点动与反向点动。

例 4：限定频率

1）通电后面板显示 "0.00"，按 Ⓟ 键进入参数切换模式。

2）按增加或减少键切换到 P1080，按 Ⓟ 键将其设定值变更为 "0"，即设定电动机运行的最低频率（Hz）。

3）按增加或减少键切换到 P1082，按 Ⓟ 键将其设定值变更为 "50"，即设定电动机运行的最高频率（Hz）。

现象：当设定值低于 P1080 的数值时，输出频率将设定为 P1080；当设定值高于 P1082 的数值时，输出频率将限定为 P1082 的数值。这里设定的数值对顺时针方向和反时针方向转动都有效。

例 5：面板控制调速

1）通电后面板显示 "0.00"，按 Ⓟ 键进入参数切换模式。

2）按增加或减少键切换到 P0700，按 Ⓟ 键将其设定值变更为 "1"，即选择基本面板操作模式。

3）按增加或减少键切换到 P1000，按 Ⓟ 键将其设定值变更为 "1"，即选择 BOP 面板的增加和减少键来控制频率。

（4）使用面板 Ⓘ/Ⓞ 控制电动机启动/停止。

（5）操作练习。

1）连接实验线路，使变频器通电。

2）设置参数。

3）按下面板 Ⓘ 键启动电动机。

4）按增加或减少键改变电动机转速。

5）按下 Ⓞ 键，停止电动机。

例 6：电动机正反转控制

1）将功能参数 P0700 设置为 "1"。

2）按下面板 Ⓘ 键启动电动机。

3）按增加或减少键改变电动机转速。

4）观察电动机运行方向。

5）按下◎键，停止电动机。

6）选择◎按键。

7）按下面板◎键启动电动机。

8）按增加或减少键改变电动机转速。

9）观察电动机运行方向。

10）按下◎键，停止电动机。

现象：在面板控制模式下，电动机可以进行启动、停止和正反转及调速运行设置。

例 7：模拟监视输出

1）将 P0775 设置为 1。

2）将 P0771 设置为 21。

现象：当电动机运行时，在端子 12、13 输出处可观测出直流电压信号 0～5V（12、13 端子输出模拟电流信号 0～20mA，在该两端子上已并联一个 250Ω 电阻，可以输出 0～5V 的模拟信号）。

例 8：端子操作

浏览变频器控制端子板，对应原理图了解端子编号和意义。控制端子 13 个，分为 4 组：

1）端子控制 5、6、7、8、9。

2）模拟量速度调节频率输入端子 1、2、3、4（1/2W，4.7K，DC、0～10V）。

3）模拟量输出端子 12、13。

4）输出继电器 10、11。

1. 电位器输入调速

(1) 按 P 键，将功能参数 P0700 设置为 2，即选择接线端子输入有效。

(2) 将功能参数 P1000 设置为 2，即选择模拟频率值控制转速。

(3) 将功能参数 P0701（5 端子功能）设置为 1。

(4) 将功能参数 P0702（5 端子功能）设置为 2，此时 5 端子为正转/停止功能，6 端子为反转/停止功能。

(5) 操作练习 1（电动机正转）。

1）连接实验线路，变频器通电。

2）打开实验板 5 开关，启动电动机，电动机正转。

3）调节旋钮（1/2W 4.7K）DC、0-10V 改变电动机转速。

4）断开实验板 5 开关，停止电动机。

(6) 操作练习 2（电动机反转）。

1）连接实验线路，变频器通电。

2）打开实验板 6 开关，启动电动机，电动机正转。

3）调节旋钮（1/2W 4.7K）DC、0～10V 改变电动机转速。

4）断开实验板 6 开关，停止电动机。

现象：通过外部开关 5、6 可以进行正向/反向启动、停止电动机、旋钮调速等操作。

2. 端子控制多段速度选择调速

(1) 按 P 键，选择 P0700 将设置为 2 由端子排输入。

(2) 按 P 键，选择 P1000 将设置为 3 固定频率设定。

（3）再将 P0701（5 端子功能）参数设置为 17（出厂为 1）。

（4）再将 P0702（6 端子功能）参数设置为 17（出厂为 12）。

（5）再将 P0703（7 端子功能）参数设置为 17（出厂为 9）。

（6）再将 P1001（5 端子功能）参数设置为 30Hz 或 −30Hz（出厂为 0.00Hz）。

（7）再将 P1002（6 端子功能）参数设置为 20Hz 或 −20Hz（出厂为 5.00Hz）。

（8）再将 P1004（7 端子功能）参数设置为 10Hz 或 −10Hz（出厂为 15.00Hz）。

（9）操作练习。

1）连接实验线路，变频器通电。

2）接通 5 端子，电动机以参数 P1001 所设置的频率正转运行；断开 5 端子，待电动机完全停止后，接通 6 端子，电动机以参数 P1002 所设置的频率正转运行；断开 6 端子，待电动机完全停止后，接通 7 端子，电动机以参数 P1004 所设置的频率正转运行。

（10）再将 P1001（5 端子功能）参数设置为 −30Hz（出厂为 0.00Hz）。

（11）再将 P1002（6 端子功能）参数设置为 −20Hz（出厂为 5.00Hz）。

（12）再将 P1004（7 端子功能）参数设置为 −10Hz（出厂为 15.00Hz）。

（13）操作练习。

1）连接实验线路，变频器通电。

2）接通 5 端子，电动机以参数 P1001 所设置的频率反转运行；断开 5 端子，待电动机完全停止后，接通 6 端子，电动机以参数 P1002 所设置的频率反转运行；断开 6 端子，待电动机完全停止后，接通 7 端子，电动机以参数 P1004 所设置的频率反转运行。

现象：通过外部开关可以进行默认、高速、中速、低速 4 种旋转速度控制以及正反转控制。

例 9：启停速度选择

1. 减速停止

（1）运行模式和操作模式的确认。

（2）按 P 键进入参数设置，选择 P1121 参数，设置为 5.0，即设定减速时间为 5.0s（出厂为 10.0s）。

（3）操作练习。

1）选择 P0700 将设置为 2 由端子排输入。设置 P1001 为 30Hz。

2）接通 5 开关，启动电动机。

3）频率运行至 30Hz 后，断开 5 开关，观察电动机停止时间。

现象：电动机 5s 内减速停止。

（4）按 P 键进入参数设置，选择 P1121 参数，设置为 1.0，即设定减速时间为 1.0s（出厂为 10.0s）。

（5）操作练习：

1）选择 P0700 将设置为 2 由端子排输入。设置 P1001 为 30Hz。

2）接通 5 开关，启动电动机。

3）频率运行至 30Hz 后，断开 5 开关，观察电动机停止时间。

现象：电动机 1s 内减速停止。

2. 加速启动

（1）运行模式和操作模式的确认。

（2）按 P 键进入参数设置，选择 P1120 参数，设置为 5.0，即设定加速时间为 5.0s（出厂 10.0s）。

（3）操作练习。

1）选择 P0700 将设置为 2 由端子排输入。设置 P1001 为 30Hz。

2）接通 5 开关，启动电动机。

3）观察电动机从 0Hz 运行到目标频率 30Hz 的加速时间。

现象：电动机在 5s 内加速到目标频率 30Hz。

（4）按 P 键进入参数设置，选择 P1120 参数，设置为 1.0，即设定加速时间为 1.0s（出厂为 10.0s）。

（5）操作练习。

1）选择 P0700 将设置为 2 由端子排输入。设置 P1001 为 30Hz。

2）接通 5 开关，启动电动机。

3）观察电动机从 0Hz 运行到目标频率 30Hz 的加速时间。

现象：电动机在 1s 内加速到目标频率 30Hz。

3. 快速启动停止（参数 P1120，P1121）

（1）将 P1120 参数设置为 0.1（出厂为 5.0s）。

（2）将 P1121 参数设置为 0.1（出厂为 5.0s）。

（3）操作练习。

1）接通 5 开关，启动电动机。

2）断开 5 开关，停止电动机。

现象：电动机快速启动和停止。

注意：实际使用此参数时要根据机械惯性大小设定，防止电动机启停时过电流。

例 10：多段速度选择

浏览变频器控制端子板，对应原理图了解端子编号和意义。多功能控制端子调速开关共有 3 个，分别是 5、6、7 端子。

1. 多功能端子 8 段调速实验

多功能端子 8 段调速实验如表 6-4 所示。

（1）按 P 键，选中参数 P0700，设置为 2，即选择端子排输入有效。

（2）再按 P 键，选中 P1000，设置为 3，即固定频率设定。

（3）再将 P0701（5 端子功能）参数设置为 17（出厂为 1）。

（4）再将 P0702（6 端子功能）参数设置为 17（出厂为 12）。

（5）再将 P0703（7 端子功能）参数设置为 17（出厂为 9）。

（6）再将 P1001（5 端子功能）参数设置为 15Hz（出厂为 0.00Hz）。

（7）再将 P1002（6 端子功能）参数设置为 −15Hz（出厂为 5.00Hz）。

（8）再将 P1003（5、6 端子功能）参数设置为 30Hz（出厂为 10.00Hz）。

（9）再将 P1004（7 端子功能）参数设置为 −30Hz（出厂为 15.00Hz）。

（10）再将 P1005（5、7 端子功能）参数设置为 45Hz（出厂为 20.00Hz）。

（11）再将 P1006（6、7 端子功能）参数设置为－45Hz（出厂为 25.00Hz）。

（12）再将 P1007（5、6、7 端子功能）参数设置为 10Hz（出厂为 30.00Hz）。

（13）操作练习。

1）接通 5 开关，启动电动机，观察电动机的运行频率。

2）接通 6 开关，启动电动机，观察电动机的运行频率。

3）接通 5、6 开关，启动电动机，观察电动机的运行频率。

4）接通 7 开关，启动电动机，观察电动机的运行频率。

5）接通 5、7 开关，启动电动机，观察电动机的运行频率。

6）接通 6、7 开关，启动电动机，观察电动机的运行频率。

7）接通 5、6、7 开关，启动电动机，观察电动机的运行频率。

表 6-4   多功能端子 8 段调速实验

参数	模式		DIN2	DIN1
	OFF	不激活	不激活	不激活
P1001	（固定频率 1）FF1	不激活	不激活	激活
P1002	（固定频率 2）FF2	不激活	激活	不激活
P1003	（固定频率 3）FF3	不激活	激活	激活
P1004	（固定频率 4）FF4	激活	不激活	不激活
P1005	（固定频率 5）FF5	激活	不激活	激活
P1006	（固定频率 6）FF6	激活	激活	不激活
P1007	（固定频率 7）FF7	激活	激活	激活

2. 梯形曲线加速/减速指令设定实验

（1）在多功能端子 8 段调速实验的基础上。

（2）将 P1120 设置为 3，P1121 设置为 3。

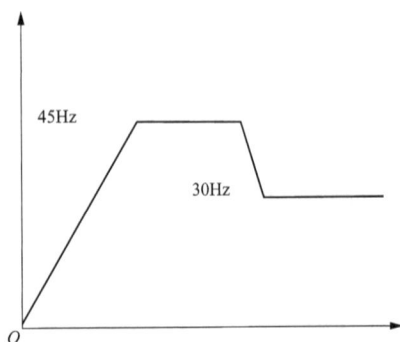

图 6-11 梯形曲线加减速图示

（3）操作练习。

1）启动电动机后，将 5，7 为 ON，电动机在 3 秒内达到设定最高速度 45H。

2）在上面的基础上将 5，6 设置为 ON 电动机在 3 秒内达到设定速度 30Hz。梯形曲线加减速图像示例如图 6-11 图所示。

例 11：直流制动

直流制动功能选择（参数 P1233）

（1）将 P1233 设置为 10 秒（出厂为 0 秒）。

（2）操作练习。

1）接通 5 开关，启动电动机。

2）电动机达到目标频率后，断开 5 开关，观察电动机。

现象：5 开关断开时，电动机立即制动停止，感觉电动机轴或联轴器有较大的制动力矩。10 秒后，再旋转电动机轴或联轴器，制动力矩消失。

注意：选择制动停止，有利于快速停止，准确定位。

例 12：变频器跳转频率实验

变频器转频率如图 6-12 所示。

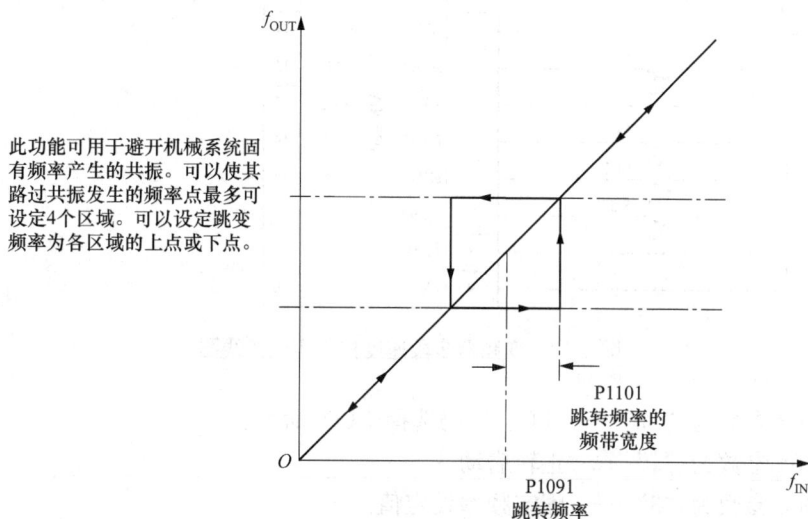

图 6-12　变频器跳转频率图示

操作练习：

(1) 将 P1233 设置为 0，取消制动。

(2) 将 P1091 设置为 10Hz；P1101 设置为 2Hz。即跳转频率范围为 8～12Hz。

(3) 将 P1001 频率设置为 9Hz。

(4) 接通 5 开关，观察电动机的运行频率。

⚘ 注 意

在加速启动时，设定范围内的运行频率仍然有效。

现象：启动后，电动机以 8Hz 频率运行，即电动机在跳转频率 8～12Hz 范围内不可能连续稳定运行，而是跳越过去。

例 13：变频器多段速度控制实验

要求：用变频器完成一个可以输出 0、10、15、20、25、30、40、50Hz 的多段频率输出的实验。

1. 实验接线

变频器多段速度控制实验接线如图 6-13 所示。

2. 参数设定

(1) P0010 参数为"30"，P0970 参数设为"1"——变频器复位到工厂设定值。

(2) P0003 参数为"2"——扩展用户的参数访问范围。

(3) P0700 参数为"2"——由模入端子/数字输入控制变频器。

(4) P0701 参数为"17"——BC、D 码选择+ON 命令。

(5) P0702 参数为"17"——BC、D 码选择+ON 命令。

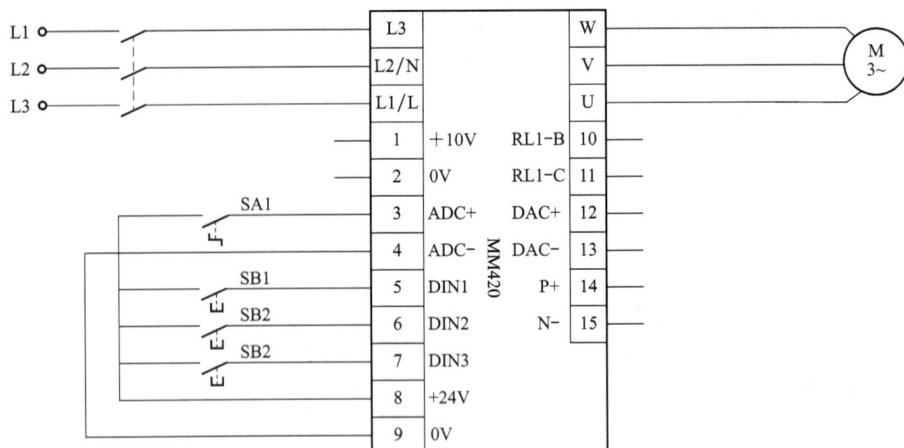

图 6-13　变频器多段速度控制实验接线图

（6）P0703 参数为 "17" ——BC、D 码选择＋ON 命令。

（7）P0704 参数为 "1" ——正转启动。

（8）P1000 参数为 "3" ——固定频率设定值。

（9）P1001 参数为 "10" ——固定频率 1 为 10Hz。

（10）P1002 参数为 "15" ——固定频率 2 为 15Hz。

（11）P1003 参数为 "20" ——固定频率 3 为 20Hz。

（12）P1004 参数为 "25" ——固定频率 4 为 25Hz。

（13）P1005 参数为 "30" ——固定频率 5 为 30Hz。

（14）P1006 参数为 "40" ——固定频率 6 为 40Hz。

（15）P1007 参数为 "50" ——固定频率 7 为 50Hz。

3. 操作演示

按下启动/停止键 SA1，按下 SB1、SB2、SB3 的不同组合，对应变频器输出频率对应关系如表 6-5 所示。

表 6-5　　　　　　　　　　　　　变频器多段速度控制实验

SB1	SB2	SB3	输出频率（Hz）
0	0	0	0
0	0	1	10
0	1	0	15
0	1	1	20
1	0	0	25
1	0	1	30
1	1	0	40
1	1	1	50

测 试 题

1. 一台使用多年的 250kW 电动机拖动鼓风机，经变频改造运行二个月后常出现过电流跳闸，其故障的原因可能是（　　）。

A. 变频器选配不当

B. 变频器参数设置不当

C. 变频供电的高频谐波使电动机绝缘加速老化

D. 负载有时过重

2. 电网电压正常，电动机减速时变频器过电压报警，此故障原因与（　　）无关。

A. 减速时间太短
B. 制动电阻过大

C. 输出滤波电抗器问题
D. 外电路中有补偿电容投入

3. 变频器启停方式有：面板控制、外部端子控制、通信端口控制。当与 PLC 配合组成远程网络时，主要采用（　　）方式。

A. 面板控制
B. 外部端子控制

C. 通信端口控制
D. 脉冲控制

4. 西门子 MM420 变频器快速调试（P0010＝1）时，主要进行（　　）修改。

A. 显示参数　　　　B. 电动机参数　　　　C. 频率参数　　　　D. 全部参数

5. 通过 RS485 等接口可将变频器作为从站连接到网络系统中，成为现场总线控制系统的设备。网络主站一般由（　　）等承担。

A. CNC 或 PLC
B. 变频器或 PLC

C. PLC 或变频器
D. 外部计算机或变频器

6. 电动机停车要精确定位，防止爬行时，变频器应采用（　　）的方式。

A. 能耗制动加直流制动
B. 能耗制动

C. 直流制动
D. 回馈制动

7. 西门子 MM400 系列变频器把全部参数分成 10 大类，每类又分（　　）个层级。

A. 4　　　　　　　　B. 3　　　　　　　　C. 2　　　　　　　　D. 5

8. 西门子 MM420 变频器 P3900＝2 表示（　　）。

A. 结束快速调试，不进行电动机计算

B. 结束快速调试，进行电动机计算和复位为工厂值

C. 结束快速调试，进行电动机计算和 I/O 复位

D. 结束快速调试，进行电动机计算，但不进行 I/O 复位

9. 在变频网络控制系统中，根据是否拥有数据交换控制权分为网络主站和网络从站，（　　）为网络从站，变频器的网络控制需要利用通信接口工作。

A. CNC　　　　　B. 变频器　　　　　C. PLC　　　　　　D. 外部计算机

10. 西门子 MM420 变频器 P0003、P0004 分别用于设置（　　）。

A. 访问参数等级、访问参数层级
B. 显示参数、访问参数层级

C. 访问参数等级、显示参数
D. 选择参数分类、访问参数等级

11. 正弦波脉冲宽度调制英文缩写是（　　）。

A. PWM　　　　B. PAM　　　　C. SPWM　　　　D. SPAM

12. 变频器轻载低频运行，启动时过电流报警，此故障的原因可能是（　　）。

A. U/F 比设置过高　　　　　　　　B. 电动机故障

C. 电动机参数设置不当　　　　　　D. 电动机容量小

13. 变频器常见的频率给定方式主要有模拟信号给定、操作器键盘给定、控制输入端给定及通信方式给定等，来自 PLC 控制系统时不采用（　　）方式。

A. 键盘给定　　　　　　　　　　　B. 控制输入端给定

C. 模拟信号给定　　　　　　　　　D. 通信方式给定

14. 西门子 MM420 变频器的主电路电源端子（　　）需经交流接触器和保护用断路器和三相电源连接，但不宜采用主电路的通、断来控制变频器的运行于停止。

A. A、B、C　　　B. L1、L2、L3　　　C. U、V、W　　　D. R、S、T

15. 变频器连接同步电动机或连接几台电动机时，变频器必须在（　　）特性下工作。

A. 免测速矢量控制　　　　　　　　B. 转差率控制

C. 矢量控制　　　　　　　　　　　D. U/F 控制

16. 变频器过载故障的原因可能是（　　）。

A. 加速时间设置太短、电网电压太高

B. 加速时间设置太短、电网电压太低

C. 加速时间设置太长、电网电压太高

D. 加速时间设置太长、电网电压太低

17. 电动机停车要精确定位，防止爬行时，变频器应采用（　　）的方式。

A. 能耗制动加直流制动　　　　　　B. 能耗制动

C. 直流制动　　　　　　　　　　　D. 回馈制动

18. 频率给定方式有面板给定、外部开关量给定、外部模拟量给定、通信方式给定等。变频器通信口的主要作用是（　　）。

A. 启停命令信号、频率给定信号输入

B. 频率给定信号、电动机参数修改

C. 频率给定信号、显示参数

D. 所有参数设定

19. P0003＝1，表示的访问级别是（　　）。

A. 用户定义的参数表　　　　　　　B. 扩展级

C. 专家级　　　　　　　　　　　　D. 标准级

20. 变频器网络控制的主要内容是（　　）。

A. 启停控制、转向控制、显示控制

B. 启停控制、转向控制、电动机参数控制

C. 频率控制、显示控制

D. 频率控制、启停控制、转向控制

21. 恒转矩负载变频调速的主要问题是调速范围能否满足要求。典型的恒转矩负载有（　　）。

A. 起重机、车床　　　　　　　　　B. 带式输送机、车床

C. 带式输送机、起重机 D. 薄膜卷取机、车床

22. 无论采用的交—直—交变频器是电压型还是电流型，控制部分在结构上均由（　　）三部分组成。

A. 电压控制、频率控制以及两者协调控制

B. 电压控制、电流控制以及两者协调控制

C. 电压控制、频率控制以及电流控制

D. 电流控制、频率控制以及两者协调控制

23. 将变频器与 PLC 等上位机配合使用时，应注意（　　）。

A. 使用共同地线、最好接入噪声滤波器、电线各自分开

B. 不使用共同地线、最好接入噪声滤波器、电线汇总一起布置

C. 不使用共同地线、最好接入噪声滤波器、电线各自分开

D. 不使用共同地线、最好不接入噪声滤波器、电线汇总一起布置

24. 负载不变情况下，变频器出现过电流故障，原因可能是（　　）。

A. 负载过重 B. 电源电压不稳

C. 转矩提升功能设置不当 D. 斜波时间设置过长

25. 变频器运行时过载报警，电动机不过热，此故障可能的原因是（　　）。

A. 变频器过载整定值不合理、电动机过载

B. 电源三相不平衡、变频器过载整定值不合理

C. 电动机过载、变频器过载整定值不合理

D. 电网电压过高、电源三相不平衡

26. 设置变频器的电动机参数时，要与电动机铭牌数据（　　）。

A. 完全一致 B. 基本一致

C. 可以不一致 D. 根据控制要求变更

27. 西门子 MM420 变频器参数 P0004＝3 表示要访问的参数类别是（　　）。

A. 电动机数据 B. 电动机控制

C. 命令和数字 I/O D. 变频器

28. 变频器一上电就过电流故障报警并跳闸，此故障原因不可能是（　　）。

A. 变频器主电路有短路故障 B. 电动机有短路故障

C. 安装时有短路问题 D. 电动机参数设置问题

29. 变频器连接同步电动机或连接几台电动机时，变频器必须在（　　）特性下工作。

A. 恒磁通调速 B. 调压调速 C. 恒功率调速 D. 变阻调速

30. 变频器停车过程中出现过电压故障，原因可能是（　　）。

A. 斜波时间设置过短 B. 转矩提升功能设置不当

C. 散热不良 D. 电源电压不稳

31. 变频调速时，电动机出现过热，（　　）的方法不能改进过热问题。

A. 尽可能不要低频运行 B. 换用变频电动机

C. 改进散热条件 D. 提高电源电压

32. MM420 变频器执行下列设置：P0010＝1，P0970＝1，其设置的功能是（　　）。

A. 恢复出厂值 B. 参数清零

C. 恢复以前设置   D. 参数设置重新开始

33. 变频电动机与通用感应电动机相比其特点是（   ）。

A. 低频工作时电动机的损耗小   B. 低频工作时电动机的损耗大

C. 频率范围大   D. 效率高

34. 风机、泵类负载转矩是（   ）。

A. 恒转矩负载   B. 恒功率负载

C. 都不是   D. 二次方律负载

35. 变频器种类很多，其中按滤波方式可分为电压型和（   ）型。

A. 电感   B. 电阻   C. 电流   D. 电容

36. 控制电缆的布线应尽可能远离供电电源线，（   ）。

A. 用平行电缆且单独的走线槽   B. 用屏蔽电缆且汇入走线槽

C. 用屏蔽电缆且单独的走线槽   D. 用双绞线且汇入走线槽

37. 用于（   ）变频调速的控制装置统称为变频器。

A. 感应电动机   B. 同步发电机

C. 交流伺服电动机   D. 直流电动机

38. 交—交变频装置通常只适用于（   ）拖动系统。

A. 低速大功率   B. 高速大功率   C. 低速小功率   D. 高速小功率

39. 交—直—交变频器主电路中的滤波电抗器的功能是（   ）。

A. 将充电电流限定在允许范围内

B. 当负载变化时是直流电压保持平稳

C. 滤波全波整流后的电压纹波

D. 当负载变化时使直流电流保持平稳

40. 变频器输入端安装交流电抗器的作用有（   ）。

A. 改善电流波形、限流   B. 减小干扰、限流

C. 保护器件、改善电流波形、减小干扰   D. 限流、与电源匹配

41. 基本频率是变频器对电动机进行恒功率控制和恒转矩控制的分界线，应按（   ）设定。

A. 电动机额定电压时允许的最小频率

B. 上限工作频率

C. 电动机的允许最高频率

D. 电动机的额定电压时允许的最高频率

42. （   ）是变频器对电动机进行恒功率控制和恒转矩控制的分界线，应按电动机的额定功率设定。

A. 基本频率   B. 最高频率   C. 最低频率   D. 上限频率

43. 在变频器的几种控制方式中，其动态性能比较的结论是（   ）。

A. 转差型矢量控制系统由于无速度检测器的矢量控制系统

B. U/F 控制优于转差频率控制

C. 转差频率控制由于矢量控制

D. 无速度检测的矢量控制系统由于转差型矢量控制系统

44. 交—交变频装置输出频率受限制，最高频率不超过电网频率的（　　），所以通常只适用于低速大功率的控制系统。

A. 1/2　　　　　　　B. 3/4　　　　　　　C. 1/5　　　　　　　D. 2/3

45. 变频器在基频以下调速时，调频时需同时调节（　　），以保持电磁转矩基本不变。

A. 定子电源电压　　　　　　　　　　B. 定子电源电流

C. 转子阻抗　　　　　　　　　　　　D. 转子电流

46. 在变频器的输出侧切勿安装（　　）。

A. 移向电容　　　B. 交流电抗器　　　C. 噪声滤波器　　　D. 转子电流

47. 变频器中的直流制动是根据客服低速爬行现象而设置的，拖动负载惯性越大，（　　）设定值越高。

A. 直流制动电压　　　　　　　　　　B. 直流制动时间

C. 直流制动电流　　　　　　　　　　D. 制动起始频率

48. 变频器有时出现轻载时过电流保护，原因可能是（　　）。

A. 变频器选配不当　　　　　　　　　B. U/F 比值过小

C. 变频器电路故障　　　　　　　　　D. U/F 比值过大

49. 变频器输出侧技术数据中（　　）使用户选择变频器容量的主要依据。

A. 额定输出电流　　　　　　　　　　B. 额定输出电压

C. 输出频率范围　　　　　　　　　　D. 配用电动机容量

50. （　　）方式是适用于变频器停机状态对电动机有正转或反转现象的小惯性负载，对于高速大惯性负载则不适合。

A. 先制动再启动　　　　　　　　　　B. 从启动频率启动

C. 转速再启动　　　　　　　　　　　D. 先启动在制动

51. 变频调速时电压补偿过大会出现（　　）情况。

A. 负载轻时，电流过大　　　　　　　B. 负载轻时，电流过小

C. 电动机转矩过小，难以启动　　　　D. 负载重时，不能带负载

52. 风机、泵类负载运行时，叶轮受的阻力大致与（　　）的平方成比例。

A. 叶轮转矩　　　B. 频率　　　　　　C. 叶轮转速　　　　D. 电压

53. 变频器的干扰有：电源干扰、地线干扰、串扰、公共阻抗干扰等。尽量缩短电源线和地线是竭力避免（　　）。

A. 电源干扰　　　B. 地线干扰　　　　C. 串扰　　　　　　D. 公共阻抗干扰

54. 在通用变频器主电路中的电源整流器件较多采用（　　）。

A. 快恢复二极管　　　　　　　　　　B. 普通整流二极管

C. 肖基特二极管　　　　　　　　　　D. 普通晶闸管

55. 目前，在中小型变频器中普遍采用的电力电子器件是（　　）。

A. SCR　　　　　　B. GTO　　　　　　C. MOSFET　　　　D. IGBT

56. 西门子 MM440 变频器可通过 USS 串行接口来控制其启动、停止命令信号源及（　　）。

A. 频率输出大小　　　　　　　　　　B. 电动机参数

C. 直流制动电流　　　　　　　　　　D. 制动起始频率

57. 西门子 MM420 变频器的主电路电源端子（　　）需经交流接触器和保护用断路器与三相电源连接。但不宜采用主电路的通、断进行变频器的运行与停止操作。

A. X、Y、Z　　　　B. U、V、W　　　　C. L1、L2、L3　　　　D. A、B、C、

58. 具有矢量控制功能的西门子变频器型号是（　　）。

A. MM410　　　　B. MM420　　　　C. MM430　　　　D. MM440

59. FR-A700 系列是三菱（　　）变频器。

A. 多功能高性能　　　　　　　　B. 经济型高性能

C. 水泵和风机专用型　　　　　　D. 节能型轻负载

60. 在 SPWM 逆变器中主电路开关器件多采用（　　）。

A. IGBT　　　　B. 普通晶闸管　　　　C. GTO　　　　D. MCT

61. 富士紧凑型变频器是（　　）。

A. E115 系列　　　　　　　　　B. FRENIC-Mini 系列

C. G11 系列　　　　　　　　　　D. VG7-UD 系列

62. 变频器是通过改变交流电动机定子电压、频率等参数来（　　）的装置。

A. 调节电动机转速　　　　　　　B. 调节电动机转矩

C. 调节电动机功率　　　　　　　D. 调节电动机性能

63. 变频器停车过程中出现过电压故障，原因可能是（　　）。

A. 斜波时间设置过短　　　　　　B. 转矩提升功能设置不当

C. 散热不良　　　　　　　　　　D. 电源电压不稳

64. 变频启动方式比软启动器的启动转矩（　　）。

A. 大　　　　B. 小　　　　C. 一样　　　　D. 小很多

65. 变频器的调压调频过程是通过控制（　　）进行的。

A. 载波　　　　B. 调制波　　　　C. 输入电压　　　　D. 输入电流

66. 变频器连接同步电动机或连接几台电动机时，变频器必须在（　　）特性下工作。

A. 免测速矢量控制　　　　　　　B. 转差率控制

C. 矢量控制　　　　　　　　　　D. U/F 控制

67. 在 U/F 控制方式下，当输出频率比较低时，会出现输出转矩不足的情况，要求变频器具有（　　）功能。

A. 转矩补偿　　　　B. 转差补偿　　　　C. 频率偏置　　　　D. 段速控制

68. 电动机在变频调速过程中，为了保持（　　），必须保持 U/F=常数。

A. 定子电流恒定　　　　　　　　B. Φ_m 磁通恒定

C. 输出功率恒定　　　　　　　　D. 转子电流恒定

69. 恒功率负载变频调速的主要问题是如何减小传动系统的容量。常见的恒功率负载有（　　）。

A. 起重机、车床　　　　　　　　B. 带式输送机、车床

C. 带式输送机、起重机　　　　　D. 薄膜卷取机、车床

70. 西门子 MM420 变频器可外接开关量，输入端⑤—⑦端作为多段速给定端，可预置（　　）个不同的给定频率值。

A. 3　　　　B. 8　　　　C. 7　　　　D. 2

71. 变频器的节能运行方式只能用于（　　）控制方式。

A. U/F 开环　　　　　B. 矢量　　　　　　C. 直接转矩　　　　D. CVCF

72. 逆变电路中续流二极管 VD 的作用是（　　）。

A. 续流　　　　　　　B. 逆变　　　　　　C. 整流　　　　　　D. 以上都不是

73. P0700 参数为"2"时，表示频率由（　　）。

A. 面板输入　　　　　B. 通信输入　　　　C. 端子排输入　　　D. 以上都不是

74. 风机、泵类负载采用变频调速后，节电率可达到将变频器与 PLC 等上位机配合使用时，应注意（　　）。

A. 20%～60%　　　　B. 5%　　　　　　　C. 50%～70%　　　D. 90%

75. U/F 控制方式是变频器的基本控制方式，对于风机和泵类负载转矩补偿应选择在额定电压和基本频率下进行（　　）。

A. 线性补偿　　　　　B. 分段补偿　　　　C. 平方率补偿　　　D. 以上均可

第7章 职业道德与安全文明生产

7.1 职 业 道 德

7.1.1 职业道德概述

1. 职业道德的定义

职业道德是指从事一定职业劳动的人们，在特定的工作和劳动中以其内心信念和特殊社会手段来维系的，以善恶进行评价的心理意识，是行为原则和行为规范的总和。它是人们在从事职业的过程中形成的一种内在的、非强制性的约束机制。

2. 职业道德的特征

（1）范围上的有限性。

（2）内容上的稳定性和连续性。

（3）形式上的多样性。

3. 职业道德建设

职业道德建设要以"为人民服务"为核心，以"集体主义"为原则。

7.1.2 职业道德的内容

1. 文明礼貌

文明礼貌，是公民社会公共生活的一条重要的道德规范，是人与人在社会交往中所必须遵循的言语行为准则。它主要表现在待人谦恭和气，谈吐文明有礼，举止端庄大方等方面。文明礼貌反映着一个人的精神面貌、文化涵养和文化素质，是一个人心灵美、语言美和行为美的和谐统一。文明礼貌的基本内容和具体要求：仪表端庄、举止得体、语言规范、待人热情。发型要时尚得体、美观大方、符合身份；发卡式样庄重大方，以少为宜；女士要求化淡妆，保持清新自然；着装得体，佩戴饰品原则上应符合身份，以少为宜，不戴展示财力的珠宝首饰；语感自然，不呆板，要用尊称，不用忌语；语速适中，不快不慢；要主动服务，细致周到，微笑大方，不厌其烦，亲切友好，宾至如归。

2. 爱岗敬业

（1）爱岗敬业的含义：爱岗就是热爱自己的工作岗位，热爱本职工作；敬业就是用一种恭敬严肃的态度对待自己的工作。

（2）爱岗敬业的具体要求：树立职业理想与道德、强化职业责任、提高职业技能。

3. 诚实守信

（1）诚实守信是为人之本、从业之要。

（2）诚实守信的具体要求：忠诚所属企业—诚实劳动、关心企业发展、遵守合同和契约；维护企业信誉—树立产品质量意识；重视服务质量，树立服务意识；保守企业秘密。

4. 办事公道

办事公道是正确处理各种关系的准则。

办事公道的含义是指我们在办事情、处理问题时，要站在公正的立场上，对当事双方公平合理、不偏不倚，不论对谁都是按照一个标准办事。

办事公道的具体要求：坚持真理、公私分明、公平公正、光明磊落。

5. 勤劳节俭

勤劳节俭是中华民族传统美德，是生存的必要条件，是事业成功的催化剂，是企业在市场竞争中常战常胜的秘诀，是维持社会可持续发展的法宝。勤劳节俭有利于社会的可持续发展，有利于增产增收，因为勤劳促进效率的提高，节俭降低生产的成本。

6. 遵纪守法

遵纪守法的内容有学法，知法，守法，用法，遵守企业纪律和规范。

职业纪律是在特写的职业活动范围内从事某种职业的人们必须共同遵守的行为准则。它包括劳动纪律、组织纪律、财经纪律、群众纪律、保密纪律、宣传纪律、外事纪律等基本纪律要求以及各行各业的特殊纪律要求。职业纪律的特点是具有明确的规定性和一定的强制性。

职业纪律的特征：

（1）职业性。职业纪律的职业属性明显，以职业活动和职业性质的特色为根据，结合用人单位工作具体特点，以劳动者职业行为为调整对象，对劳动者产生约束力。

（2）安全性。职业纪律的重要价值目标在于实现劳动安全，对劳动者劳动生产过程的安全展开，起到重要的保证作用。

（3）自律性。劳动者在长期的职业实践为维持和保护自己的安全和健康，出于自身利益的考虑，也要求有一套能保证正常生产劳动的规则和程序，因此，职业纪律又是劳动者以自觉自愿遵守的规则。

（4）制约性。劳动者违反职业纪律要受到制裁。一般而言，违纪行为不仅要受到用人单位行政处分或经济惩罚，触犯刑律的会受到刑事处罚。

职业纪律的作用：执行职业纪律可以维护正常的安全生产和工作程序，保证社会主义劳动生产顺利有序的进行，促进经济发展；促使劳动者安全规范地行使自己的劳动权利，提高劳动效率，进而提高单位的工作绩效；提升单位科学管理水平，促进企业内部管理的制度化；有利于企业文化的形成，提高其精神文明建设水平。

7. 团结互助

团结互助的主要内容为平等尊重、顾全大局、互相学习、加强协作。

（1）平等尊重是指在社会生活和人们的职业活动中，都应一视同仁、平等相待、互相尊重、互相信任、加强交流、平等对话。

（2）顾全大局是指在处理个人和集体利益的关系上，要树立全局观念，不计较个人利益，自觉服从整体利益的需要。

（3）互相学习就是要求人们之间追赶先进、互相学习、取长补短、互相促进，更好地实现组织的共同利益和目标。

（4）加强协作是指在职业活动中，为了协调从业人员之间的关系，完成职业工作任务，彼此之间互相帮助、互相支持、密切配合、搞好协作。

8. 开拓创新

创新是指人们为了发展的需要，运用已知的信息，不断突破常规，发现或产生某种新颖、独特的有价值的新事物、新思想的活动，大胆试、大胆闯，敢于提出新问题。开拓创新是企业生存和发展之本，是企业进步的灵魂，创新是企业发展的动力。优质高效需要开拓创新，事业发展依靠开拓创新。

7.1.3　职业道德与企业的发展

1. 职业道德是企业文化的重要组成部分

企业文化是一个企业的经营之道，是企业精神、企业价值观、企业目标、企业作风、企业礼俗、员工科学文化素质、职业道德、企业环境、企业规章制度以及企业形象等的总和，是在一定环境中，全体职工在长期的劳动和生活过程中创造出来的物质成果和精神成果的表现。

企业文化具有导向功能、约束功能、凝聚功能、激励功能、调适功能。

2. 职业道德在企业文化中占重要地位

(1) 企业环境需要由职工来维护和爱护。

(2) 职工没有严格遵守规章制度的觉悟，企业的规章制度形同虚设。

(3) 职工是实现企业价值观、经营之道和企业发展战略目标的主体。

(4) 企业作风和企业礼仪是职工职业道德的表现。

(5) 职业道德对职工提高科学文化素质和职业技能具有推动作用。

(6) 企业形象是企业文化的综合表现。

3. 职业道德是增强企业凝聚力的手段

(1) 职业道德是协调职工同事关系的法宝。

(2) 职业道德有利于协调职工与领导之间的关系。

(3) 职业道德有利于协调职工与企业之间的关系。

4. 职业道德可以提高企业的竞争力

(1) 职业道德有利于企业提高产品和服务的质量。

(2) 职业道德可以降低产品成本，提高劳动生产率和经济效益。

(3) 职业道德可以促进技术进步。

(4) 职业道德有利于企业摆脱困境，实现企业阶段性的发展目标。

(5) 职业道德有利于树立良好企业形象，创造企业著名品牌。

7.1.4　职业道德对于职工的发展有何意义

(1) 职业道德是事业成功的保证。

(2) 职业道德是人们事业成功的必要条件。

(3) 职业道德品质反映着人们的整体道德素质。

(4) 提高职业道德水平是使自身人格升华的重要途径。

7.1.5　培养职业道德修养

1. 职业道德修养的含义

职业道德修养是指从事各种活动的人员，按照职业道德基本原则和规范，在职业活动中所进行的自我教育、自我锻炼、自我改造和自我完善，使自己形成良好的职业道德品质和达到一定的职业道德境界。

2. 职业道德修养的途径

确立正确的人生观是职业道德修养的前提；职业道德修养要从培养自己良好的行为习惯着手；学习先进人物的优秀品质，不断激励自己；不断地同旧思想、旧意识以及社会上的不良现象作斗争。

3. 职业道德修养的方法

学习职业道德规范、掌握职业道德知识；努力学习现代科学文化知识和专业技能，提高文化素养；经常进行自我反思，增强自律性；提高精神境界，努力做到"慎独"。

7.2　安全用电常识

7.2.1　人体触电

触电一般指人体触及带电体，由于电流通过人体而造成的伤害，其分电击和电伤两种情况。电击就是通常所说的触电，是指电流通过人体内部，破坏心脏、肺和神经系统的正常工作，可危及生命。触电死亡的绝大部分是电击造成的。电伤是指由电流的热效应、化学效应、机械效应以及电流本身作用所造成的人体外伤包括皮肤金属化、电烙印、电弧烧伤。

1. 电流伤害人体的因素

（1）通过人体电流的大小。

（2）电流通过人体时间的长短。

（3）电流通过人体的部位。

（4）通过人体电流的频率。

（5）触电者的身体状况。

电流通过人体脑部和心脏时最危险，一般认为 $40\sim60Hz$ 的交流电对人体最危险。以工频电流为例，当 1mA 左右的电流通过人体时，会产生麻刺等不舒服的感觉；$10\sim30mA$ 的电流通过人体，会产生麻痹、剧痛、痉挛、血压升高、呼吸困难等症状，但通常不致有生命危险；电流达到 50mA 以上，就会引起心室颤动而有生命危险；100mA 以上的电流，足以致人于死地。

通过人体电流的大小与触电电压和人体电阻有关。一般在干燥环境中，人体电阻大约在 $2k\Omega$ 左右；皮肤出汗时，约为 $1k\Omega$ 左右；皮肤有伤口时，约为 800Ω 左右。

2. 安全电压

安全电压是指为了防止触电事故而由特定电源供电所采用的电压系列。安全电压应满足以下 3 个条件：

（1）标称电压不超过交流 50V、直流 120V。

（2）由安全隔离变压器供电。

（3）安全电压电路与供电电路及大地隔离。

我国规定的安全电压额定值的等级为 42、36、24、12、6V。当电气设备采用的电压超过安全电压时，必须按规定采取防止直接接触带电体的保护措施。

7.2.2　雷电

1. 雷电的产生

雷电一般产生于对流发展旺盛的积雨云中，因此常伴有强烈的阵风和暴雨，有时还伴有冰雹和龙卷风。积雨云顶部一般较高，可达 20km，云的上部常有冰晶。冰晶的凇附，水滴的破碎以及空气对流等过程，使云中产生电荷。云中电荷的分布较复杂，但总体而言，云的上部以正电荷为主，下部以负电荷为主。因此，云的上、下部之间形成一个电位差。当电位差达到一定程度后，就会产生放电，这就是我们常见的闪电现象。

2. 雷电的危害

雷电的危害一般分为两类：一是雷直接击在建筑物上发生热效应作用和电动力作用；二是雷电的二次作用，即雷电流产生的静电感应和电磁感应。雷电的具体危害表现如下：

（1）雷电流高压效应会产生高达数万伏甚至数十万伏的冲击电压，如此巨大的电压瞬间冲击电气设备，足以击穿绝缘使设备发生短路，导致燃烧、爆炸等直接灾害。

（2）雷电流高热效应会放出几十至上千安的强大电流，并产生大量热能，在雷击点的热量会很高，可导致金属熔化，引发火灾和爆炸。

（3）雷电流机械效应主要表现为被雷击物体发生爆炸、扭曲、崩溃、撕裂等现象导致财产损失和人员伤亡。

（4）雷电流静电感应可使被击物导体感生出与雷电性质相反的大量电荷，当雷电消失来不及流散时，即会产生很高电压发生放电现象从而导致火灾。

（5）雷电流电磁感应会在雷击点周围产生强大的交变电磁场，其感生出的电流可引起变电器局部过热而导致火灾。

（6）雷电波的侵入和防雷装置上的高电压对建筑物的反击作用也会引起配电装置或电气线路断路而燃烧导致火灾。

3. 预防雷电的方法

建筑物上装设避雷装置，在雷雨时，人不要靠近高压变电室、高压电线和孤立的高楼、烟囱、电杆、大树、旗杆等，更不要站在空旷的高地上或在大树下躲雨。不能用有金属立柱的雨伞。在高山顶上不要开手机，不要触摸和接近避雷装置的接地导线。在室内应离开照明线、电话线、电视线等线路，以防雷电侵入被其伤害。雷雨天不要去江、河、湖边游泳、划船、垂钓等。雷雨天关掉室内的电视机等电器，以避免产生导电。专家最后强调，如遇雷雨天气，市民最好躲入一栋装有金属门窗或设有避雷针的建筑物内。一辆金属车身的汽车也是较好的避雷场所，一旦这些建筑物或汽车被雷击中，它们的金属构架或避雷装置或金属本身会将闪电电流导入地下。当发生雷击时，旅伴应立即将病人送往医院。如果当时呼吸、心跳已经停止，应立即就地做口对口人工呼吸和胸外心脏按压，积极进行现场抢救。

7.2.3　安全用具

安全用具是为防止触电、坠落、灼伤、煤气中毒等事故，保障工作人员安全而使用的各种专用工具。电气安全用具大体可分为两大类，即基本安全用具和辅助安全用具。基本安全用具指绝缘强度大，能长时间承受电气设备的工作电压，能直接用来操作带电设备的工具，如绝缘棒、绝缘夹钳等。辅助安全用具，其绝缘强度小，不足以承受电气设备的工作电压，只是用来加强基本安全用具的保安作用，如绝缘台、绝缘垫、绝缘手套、绝缘靴（鞋）等。

7.2.4　预防触电的措施

1. 绝缘措施

良好的绝缘是保证电气设备和线路正常运行的必要条件。常用的导线分为绝缘导线和裸导线两大类。没有绝缘导包皮的导线叫做裸导线，裸导线没有外皮，有利于散热，导线主要由铝、铜、钢等制成。裸导线分为裸单线和裸绞线多股绞合线两种。裸纹线按材料分为铝绞线、钢芯铝绞线、铜绞线。钢芯铝绞线为了增加抗拉力，它的接线芯的件分为硬裸导线和软裸导线。硬裸导线一般用于野外的高压线架设；软裸导线一般用于户内外架空、明设、穿管固定敷设的照明及电气设备电路。裸导线因为没有绝缘外皮，在人员稠密区使用会引发事故，在有条件的城市，已经逐步将架空的高压线使用绝缘线，或转入地下电缆。为防止导电体与外界接触造成漏电、短路、触电等事故发生在导线外围均匀而密封地包裹一层不导电材料的导线称为绝缘导线，绝缘层由树脂、塑料、硅橡胶等形成。绝缘导线多用于室内布线和房屋附近的室外布线。

2. 屏护措施

凡是金属材料制作的屏护装置，应妥善接地或接零。

3. 间距措施

在带电体与地面间、带电体与其他设备间，应保持一定的安全间距。间距大小取决于电压的高低、设备类型、安装方式等因素。

4. 保护功能

自动断电保护、漏电保护、过电流保护、过电压或欠电压保护、短路保护、接零保护等。

5. 组织措施

（1）在电气设备的设计、制造、安装、调试、运行和维护以及专用保护装置的配置等环节中，要严格遵守国家规定的标准和法规，如《电业安全工作规程》《电力工业技术管理法规》等。

（2）加强安全教育，普及安全用电知识。

（3）建立健全安全规章制度。

6. 技术措施

（1）对建筑物和电工设备采取一定的保护措施。例如电工设备的工作接地、保护接地和保护接零。接地就是将电气设备的某一部分通过接地装置同大地连接起来。保护接地是指将电气设备不带电的金属外壳与接地之间做可靠的电气连接。保护接零指在电源中性点直接接地的低压电力系统中，将用电设备的金属外壳与供电系统中的零线或专用零线直接做电气连接。重复接地在中性点接地系统中，除采用保护接零外，还要采用重复接地，就是将零线相隔一定距离多处进行接地。不管采用保护接地还是保护接零，必须注意：在同一系统中不允许对一部分设备采取接地，对另一部分采取接零，为确保安全，零干线必须连接牢固，断路器和熔断器不许装在零干线上。另外保护措施还有带电导体的遮拦、挂安全色标等。

（2）对工作人员的防护措施。例如，在不停电情况下进行工作时，须使用安全工具，保持一定的安全距离和保证人体不触电的安全电压。

（3）对高压电设备及附近的工作人员采取的保护措施。例如采用接地、屏蔽等措施，防止静电感应和高压电场对人体的影响。

（4）对生产中的各种设备产生的静电的防护措施。

7. 用电安全十大禁令

严禁私拉乱接电线。严禁指派无证电工管电。严禁金属外壳无接地（或接零）装置的用电设备投入运行。严禁在高压电线下修建楼房和堆放易燃易爆物品。严禁私设电网。严禁带电修理电气设备。严禁带电移动电气设备。严禁随意停、送电。严禁用铝线、铁线、普通铜线代替保险丝，保险丝规格应与电气设备的容量相匹配。严禁随意换大或调小。严禁现场抢救触电者打强心针，抢救触电者应首先迅速拉断电源，然后进行正确的人工呼吸。

7.2.5 工厂供电

不同类型的工厂，其供电系统组成各不相同。大型工厂及某些电源进线电压为 35kV 及以上的中型工厂，一般经过两次降压，也就是电源进厂以后，先经总降压变电站，将 35kV 及以上的电源电压降为 6～10kV 的配电电压，然后通过高压配电线路将电能送到各个车间变电站，也有的经高压配电所再送到车间变电站最后经配电变压器降为一般低压用电设备所需的电压。一般中型工厂的电源进线电压是 6～10kV。电能先经高压配电站集中再由高压配电线路将电能分送到各车间变电站或由高压配电线路直接供给高压用电设备。车间变电站内装设有电力变压器将 6～10kV 的高压降为一般低压用电设备所需的电压（如 220/380V）然后由低压配电线路将电能分送给各用电设备使用。对于小型工厂，由于所需容量一般不大于 1000kVA，因而通常只设一个降压变电站，将 6～10kV 电压降为低压用电设备所需的电压。当工厂所需容量不大于 160kVA 时，一般采用低压电源进线，因此工厂只需设一个低压配电间。对工厂供电系统的基本要求是：安全、灵活、可靠、经济。

7.2.6 电磁污染

1. 电磁污染

电磁污染是指天然和人为的各种电磁波的干扰及有害的电磁辐射。由于广播、电视、微波技术的发展，射频设备功率成倍增加，地面上的电磁辐射大幅度增加，已达到直接威胁人体健康的程度。电场和磁场的交互变化产生电磁波，电磁波向空中发射或汇汛的现象，叫电磁辐射。过量的电磁辐射就造成了电磁污染。

电磁污染所造成的危害是不容低估的。在现代家庭中，电磁波在为人们造福的同时，也随着"电子烟雾"的作用，直接或间接地危害人体健康，据美国权威的华盛顿技术评定处报告，家用电器和各种接线产生的电磁波对人体组织细胞有害。例如长时间使用电热毯睡觉的女性，可使月经周期发生明显改变；孕妇若频繁使用电炉，可增加出生后小儿癌症的发病率。近 10 年来，关于电磁波对人体损害的报告接连不断，据美国科罗拉多州大学研究人员调查，电磁污染较严重的丹佛地区儿童死于白血病者是其他地区的两倍以上；瑞典学者托梅尼奥在研究中发现，生活在电磁污染严重地区的儿童，患神经系统肿瘤的人数大量增加。

2. 电磁波的分类

影响人类生活环境的电磁污染可分天然电磁污染和人为电磁污染两大类。

天然的电磁污染是由某些自然现象引起的。最常见的是雷电，雷电除了可能对电气设备、飞机、建筑物等直接造成危害外，还会在广泛的区域产生从几千赫兹到几百兆赫兹的极宽频率范围内的严重电磁干扰。火山喷发、地震和太阳黑子活动引起的磁爆等都会产生电磁干扰。天然的电磁污染对短波通信的干扰极为严重。

人为的电磁污染包括有：

（1）脉冲放电。例如切断大电流电路时产生的火花放电，其瞬变电流很大，会产生很强的电磁。它在本质上与雷电相同，只是影响区域较小。

（2）工频交变电磁场。例如在大功率电动机、变压器以及输电线等附近的电磁场，它并不以电磁波的形式向外辐射，但在近场区会产生严重电磁干扰。

（3）射频电磁辐射。例如无线电广播、电视、微波通信等各种射频设备的辐射，频率范围宽，影响区域也较大，能危害近场区的工作人员。射频电磁辐射已经成为电磁污染环境的主要因素。

7.3　仪　器　仪　表

7.3.1　毫伏表

毫伏表是一种用来测量正弦电压的交流电压表。主要用于测量毫伏级以下的毫伏，微伏交流电压。例如电视机和收音机的天线输入的电压，中放级的电压等和这个等级的其他电压。使用方法：

（1）测量前应短路调零。打开电源开关，将测试线（也称开路电缆）的红黑夹子夹在一起，将量程旋钮旋到 1mV 量程，指针应指在零位（有的毫伏表可通过面板上的调零电位器进行调零，凡面板无调零电位器的，内部设置的调零电位器已调好）。若指针不指在零位，应检查测试线是否断路或接触不良，应更换测试线。

（2）交流毫伏表灵敏度较高，打开电源后，在较低量程时由于干扰信号（感应信号）的作用，指针会发生偏转，称为自起现象。所以在不测试信号时应将量程旋钮旋到较高量程挡，以防打弯指针。

（3）交流毫伏表接入被测电路时，其地端（黑夹子）应始终接在电路的地上（成为公共接地），以防干扰。

（4）调整信号时，应先将量程旋钮旋到较大量程，改变信号后，再逐渐减小。

（5）交流毫伏表表盘刻度分为 0～1 和 0～3 两种刻度，量程旋钮切换量程分为逢一量程（1mV、10mV、0.1V……）和逢三量程（3mV、30mV、0.3V……），凡逢一的量程直接在 0～1 刻度线上读取数据，凡逢三的量程直接在 0～3 刻度线上读取数据，单位为该量程的单位，无需换算。

（6）使用前应先检查量程旋钮与量程标记是否一致，若错位会产生读数错误。

（7）交流毫伏表只能用来测量正弦交流信号的有效值，若测量非正弦交流信号要经过换算。

（8）注意：不可用万用表的交流电压挡代替交流毫伏表测量交流电压（万用表内阻较低，用于测量 50Hz 左右的工频电压）。

7.3.2　绝缘电阻表

1. 绝缘电阻表构成和用途

绝缘电阻表（又称为摇表、兆欧表）是用来测量被测设备的绝缘电阻和高值电阻的仪表。绝缘电阻表由一个手摇发电机、表头和三个接线柱，即 L（电路端）、E（接地端）和 G（屏蔽端）组成。

常用的手摇式绝缘电阻表，主要由磁电式流比计和手摇直流发电机组成，输出电压有 500、1000、2500、5000V 4 种。随着电子技术的发展，现在也出现用干电池及晶体管直流变换器把电池低压直流转换为高压直流，来代替手摇发电机的绝缘电阻表。

2. 绝缘电阻表的选用原则

（1）额定电压等级的选择。一般情况下，额定电压在 500V 以下的设备，应选用 500V 或 1000V 的绝缘电阻表；额定电压在 500V 以上的设备，选用 1000～2500V 的绝缘电阻表。

（2）电阻量程范围的选择。绝缘电阻表的表盘刻度线上有两个小黑点，两个小黑点之间的区域为准确测量区域。所以在选绝缘电阻表时应使被测设备的绝缘电阻值在准确测量区域内。如①测量电路的绝缘电阻；②测量电动机的绝缘电阻；③测量电缆的绝缘电阻。

3. 绝缘电阻表的使用方法

（1）校表。测量前应将绝缘电阻表进行一次开路和短路试验，检查绝缘电阻表是否良好。将两连接线开路，摇动手柄，指针应指在"∞"处，再把两连接线短接一下，指针应指在"0"处，符合上述条件者即良好，否则不能使用。

（2）保证被测设备或线路断电。被测设备与电路断开，对于大电容设备还要进行放电。

（3）选用电压等级符合要求的绝缘电阻表。

（4）测量绝缘电阻时，一般只用 L 和 E 端，但在测量电缆对地的绝缘电阻或被测设备的漏电流较严重时，就要使用 G 端，并将 G 端接屏蔽层或外壳。电路接好后，可按顺时针方向转动摇把，摇动的速度应由慢而快，当转速达到 120r/min 左右时（ZC-25 型），保持匀速转动 1 min 后读数，并且要边摇边读数，不能停下来读数。

（5）拆线放电。读数完毕，一边慢摇，另一边拆线，然后将被测设备放电。放电方法是将测量时使用的地线从绝缘电阻表上取下来与被测设备短接一下即可。注意不是对表放电。

7.3.3 指针式万用表

1. 指针式万用表的结构

（1）表头。表头是一只高灵敏度的磁电式直流电流表，万用表的主要性能指标基本上取决于表头的性能。表头的灵敏度是指表头指针满刻度偏转时流过表头的直流电流值，这个值越小，表头的灵敏度越高。测电压时的内阻越大，其性能就越好。表头上有四条刻度线，它们的功能如下：第一条（从上到下）标有"R"或"Ω"，指示的是电阻值，转换开关在欧姆挡时，即读此条刻度线。第二条标有"～"和"VA"，指示的是交、直流电压和直流电流值，当转换开关在交、直流电压或直流电流挡，量程在除交流 10V 以外的其他位置时，即读此条刻度线。第三条标有"10V"，指示的是 10V 的交流电压值，当转换开关在交、直流电压挡，量程在交流 10V 时，即读此条刻度线。第四条标有"dB"，指示的是音频电平。

（2）测量电路。测量电路是用来把各种被测量转换到适合表头测量的微小直流电流的电路，它由电阻、半导体元件及电池组成。它能将各种不同的被测量（如电流、电压、电阻等）、不同的量程，经过一系列的处理（如整流、分流、分压等）统一变成一定量限的微小直流电流送入表头进行测量。

（3）转换开关。其作用是用来选择各种不同的测量电路，以满足不同种类和不同量程的测量要求。转换开关一般有两个，分别标有不同的挡位和量程。

2. 符号含义

（1）"～"表示交直流。

（2）"V-2.5kV 4000Ω/V"表示对于交流电压及 2.5kV 的直流电压挡，其灵敏度为 4000Ω/V。

（3）"A-V-Ω"表示可测量电流、电压及电阻。

（4）"45-65-1000Hz"表示使用频率范围为 1000Hz 以下，标准工频范围为 45～65Hz。

（5）"DC2000Ω/V"表示直流挡的灵敏度为 2000Ω/V。

3. 指针式万用表的使用方法

（1）准备工作。

1）熟悉转换开关、旋钮、插孔等的作用，检查表盘符号，"Π"表示水平放置，"⊥"表示垂直使用。

2）了解刻度盘上每条刻度线所对应的被测电量。

3）检查红色和黑色两根表笔所接的位置是否正确，红表笔插入"＋"插孔，黑表笔插入"－"插孔，有些万用表另有交直流 2500V 高压测量端，在测高压时黑表笔不动，将红表笔插入高压插口。

4）机械调零。旋动万用表面板上的机械零位调整螺钉，使指针对准刻度盘左端的"0"位置。

（2）测量直流电压。

1）把转换开关拨到直流电压挡，并选择合适的量程。当被测电压数值范围不清楚时，可先选用较高的测量范围挡，再逐步选用低挡，测量的读数最好选在满刻度的 2/3 处附近。

2）把万用表并接到被测电路上，红表笔接到被测电压的正极，黑表笔接到被测电压的负极，不能接反。

3）根据指针稳定时的位置及所选量程，正确读数。

（3）测量交流电压。

1）把转换开关拨到交流电压挡，选择合适的量程。

2）将万用表两根表笔并接在被测电路的两端，不分正负极。

3）根据指针稳定时的位置及所选量程，正确读数。其读数为交流电压的有效值。

（4）测量直流电流。

1）把转换开关拨到直流电流挡，选择合适的量程。

2）将被测电路断开，万用表串接于被测电路中。注意正、负极性：电流从红表笔流入，从黑表笔流出，不可接反。

3）根据指针稳定时的位置及所选量程，正确读数。

（5）用万用表测量电压或电流时的注意事项。

1）测量时，不能用手触摸表笔的金属部分，以保证安全和测量的准确性。

2）测直流量时要注意被测电量的极性，避免指针反打而损坏表头。

3）测量较高电压或大电流时，不能带电转动转换开关，避免转换开关的触头因转动产生的电弧而被损坏。

4）测量完毕后，将转换开关置于交流电压最高挡或空挡。

（6）测量电阻。

1）把转换开关拨到欧姆挡，合理选择量程。

2）两表笔短接，进行电调零，即转动零欧姆调节旋钮，使指针指到电阻刻度右边的"0"Ω处。

3）将被测电阻脱离电源，用两表笔接触电阻两端，应使指针指示在欧姆刻度 1/3 处。从表头指针显示的读数乘所选量程的倍率数即为所测电阻的阻值。如选用"R×100"挡测量，指针指示 40，则被测电阻值为：40×100 ＝ 4000（Ω）＝ 4（kΩ）。

4）电源开关。使用时将开关置于"ON"位置；使用完毕置于"OFF"位置。

5）转换开关。用以选择功能和量程。根据被测的电量（电压、电流、电阻等）选择相应的功能位；按被测量程的大小选择合适的量程。

6）输入插孔。将黑表笔插入"COM"的插孔。红表笔有如下三种插法，测量电压和电阻时插入"V·Ω"插孔；测量小于 200mA 的电流时插入"mA"插孔；测量大于 200mA 的电流时插入"10A"插孔。

4.用万用表测量电阻时的注意事项

（1）不允许带电测量电阻，否则会烧坏万用表。

（2）万用表内干电池的正极与面板上"－"号插孔相连，干电池的负极与面板上的"＋"号插孔相连。在测量电解电容和三极管等器件的电阻时要注意极性。

（3）每换一次倍率挡，要重新进行电调零。

（4）不允许用万用表电阻挡直接测量高灵敏度表头内阻，以免烧坏表头。

（5）不准用两只手捏住表笔的金属部分测电阻，否则会将人体电阻并接于被测电阻而引起测量误差。

（6）测量完毕，将转换开关置于交流电压最高挡或空挡。

5.仪表保养

万用表是精密仪器，使用者不要随意更改电路。

（1）请注意防水、防尘、防摔。

（2）不宜在高温高湿、易燃易爆和强磁场的环境下存放、使用仪表。

（3）请使用湿布和温和的清洁剂清洁仪表外表，不要使用研磨剂及酒精等烈性溶剂。

（4）如果长时间不使用，应取出电池，防止电池漏液腐蚀仪表。

（5）注意电池使用情况。当欧姆挡不能调零（指针表）或屏幕显示缺电符号（数字表）时，应及时更换电池。

7.3.4　函数发生器

函数发生器是一种多波形的信号源。它可以产生正弦波、方波、三角波、锯齿波甚至任意波形。有的函数发生器还具有调制的功能，可以进行调幅、调频、调相、脉宽调制和 VCO 控制。函数发生器有很宽的频率范围，使用范围很广，它是一种不可缺少的通用信号源。可以用于生产测试、仪器维修和实验室，还广泛使用在其他科技领域，如医学、教育、化学、通信、地球物理学、工业控制、军事和宇航等。

示波器虽然分成好几类，各类又有许多种型号，但是一般的示波器除频带宽度、输入灵敏度等不完全相同外，在使用方法的基本方面都是相同的，用来观察电子电路信号的波形及数值。本章以 SR-8 型双踪示波器为例介绍。

1.面板装置

SR-8 型双踪示波器的面板图如图 7-1 所示。其面板装置按其位置和功能通常可划分为 3 大部分：显示、垂直（y 轴）、水平（x 轴）。现分别介绍这 3 个部分控制装置的作用。

（1）显示部分主要控制件。

1）电源开关。

2）电源指示灯。

3）辉度：调整光点亮度。

4）聚焦：调整光点或波形清晰度。

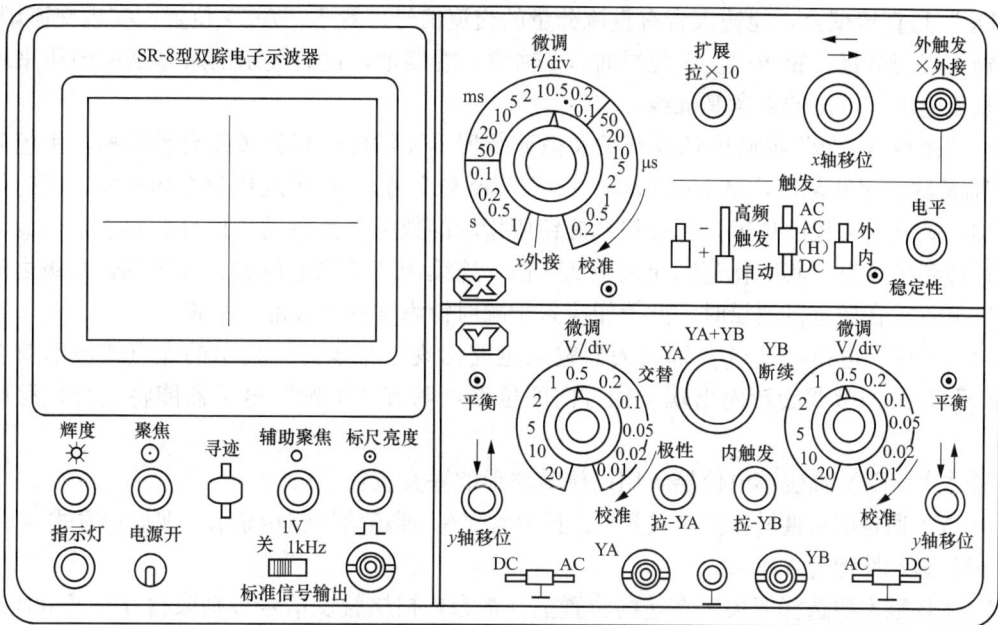

图 7-1　SR-8 型双踪示波器的面板图

5）辅助聚焦：配合聚焦旋钮调节清晰度。

6）标尺亮度：调节坐标片上刻度线亮度。

7）寻迹：当按键向下按时，使偏离荧光屏的光点回到显示区域，而寻到光点位置。

8）标准信号输出 1kHz、1V 方波校准信号由此引出。加到 y 轴输入端，用以校准 y 轴输入灵敏度和 X 轴扫描速度。

（2）Y 轴插件部分。

1）显示方式选择开关。用以转换两个 y 轴前置放大器 YA 与 YB 工作状态的控制件，具有 5 种不同作用的显示方式：

交替显示：当显示方式开关置于"交替"时，电子开关受扫描信号控制转换，每次扫描都轮流接通 YA 或 YB 信号。当被测信号的频率越高，扫描信号频率也越高。电子开关转换速率也越快，不会有闪烁现象。这种工作状态适用于观察两个工作频率较高的信号。

断续显示：当显示方式开关置于"断续"时，电子开关不受扫描信号控制，产生频率固定为 200kHz 方波信号，使电子开关快速交替接通 YA 和 YB。由于开关动作频率高于被测信号频率，因此屏幕上显示的两个通道信号波形是断续的。当被测信号频率较高时，断续现象十分明显，甚至无法观测；当被测信号频率较低时，断续现象被掩盖。因此，这种工作状态适合于观察两个工作频率较低的信号。

YA、YB 显示：显示方式开关置于"YA"或者"YB"时，表示示波器处于单通道工作，此时示波器的工作方式相当于单踪示波器，即只能单独显示"YA"或"YB"通道的信号波形。

YA ＋YB 显示：显示方式开关置于"YA＋YB"时，电子开关不工作，YA 与 YB 两路信号均通过放大器和门电路，示波器将显示出两路信号叠加的波形。

2）"DC—⊥—AC" y 轴输入选择开关，用以选择被测信号接至输入端的耦合方式。置于"DC"是直接耦合,能输入含有直流分量的交流信号;置于"AC"位置,实现交流耦合,只能输入交流分量;置于"⊥"位置时,y 轴输入端接地,这时显示的时基线一般用来作为测试直流电压零电平的参考基准线。

3)"微调 V/div"灵敏度选择开关及微调装置。灵敏度选择开关系套轴结构,黑色旋钮是 Y 轴灵敏度粗调装置,自 10mV/div~20V/div 分 11 挡。红色旋钮为细调装置,顺时针方向增加到满度时为校准位置,可按粗调旋钮所指示的数值,读取被测信号的幅度。当此旋钮反时针转到满度时,其变化范围应大于 2.5 倍,连续调节微调电位器,可实现各档级之间的灵敏度覆盖,在做定量测量时,此旋钮应置于顺时针满度的"校准"位置。

4)"平衡"电位器。当 y 轴放大器输入电路出现不平衡时,显示的光点或波形就会随"V/div"开关的微调旋转而出现 y 轴方向的位移,调节"平衡"电位器能将这种位移减至最小。

5)"↑↓"Y 轴位移电位器,用以调节波形的垂直位置。

6)YA 通道的极性转换按拉式开关。拉出时 YA、通道信号倒相显示,即显示方式(YA+YB)时,显示图像为 YB-YA。

7)YB 触发源选择开关。在按的位置上(常态)扫描触发信号分别取自 YA 及 YB 通道的输入信号,适应于单踪或双踪显示,但不能够对双踪波形作时间比较。当把开关拉出时,扫描的触发信号只取自于 YB 通道的输入信号,因而它适合于双踪显示时对比两个波形的时间和相位差。

8)轴输入插座。采用 BNC 型插座,被测信号由此直接或经探头输入。

(3)x 轴插件部分。

1)"t/div"扫描速度选择开关及微调旋钮。x 轴的光点移动速度由其决定,从 0.2μs~1s 共分 21 挡级。当该开关"微调"电位器顺时针方向旋转到底并接上开关后,即为校准位置,此时"t/div"的指示值,即为扫描速度的实际值。

2)"×10"扫描速度扩展装置。是按拉式开关,在按的状态作正常使用,拉的位置扫描速度增加 10 倍。"t/div"的指示值,也应相应计取。采用"×10"适于观察波形细节。

3)"→←"x 轴位置调节旋钮。系 x 轴光迹的水平位置调节电位器,是套轴结构。外圈旋钮为粗调装置,顺时针方向旋转基线右移,反时针方向旋转则基线左移。置于套轴上的小旋钮为细调装置,适用于经扩展后信号的调节。

4)"外触发、x 外接"插座。采用 BNC 型插座。在使用外触发时,作为连接外触发信号的插座。也可以作为 x 轴放大器外接时信号输入插座。其输入阻抗约为 1MΩ。外接使用时,输入信号的峰值应小于 12V。

5)触发电平调节电位器旋钮。用于选择输入信号波形的触发点。具体地说,就是调节开始扫描的时间,决定扫描在触发信号波形的哪一点上被触发。顺时针方向旋动时,触发点趋向信号波形的正向部分,逆时针方向旋动时,触发点趋向信号波形的负向部分。

6)触发稳定性微调旋钮。用以改变扫描电路的工作状态,一般应处于待触发状态。调整方法是将 y 轴输入耦合方式选择(AC—地—DC)开关置于地档,将 V/div 开关置于最高灵敏度的挡级,在电平旋钮调离自激状态的情况下,用小螺钉旋具将稳定度电位器顺时针方向旋到底,则扫描电路产生自激扫描,此时屏幕上出现扫描线;然后逆时针方向慢慢旋动,使扫描线刚消失。此时扫描电路即处于待触发状态。在这种状态下,用示波器进行测量时,只要调节电平旋钮，即能在屏幕上获得稳定的波形，并能随意调节选择屏幕上波形的起始点位置。少数示波器，当稳定度电位器逆时针方向旋到底时，屏幕上出现扫描线；然后顺时针方向慢慢旋动，使屏幕上扫描线刚消失，此时扫描电路即处于待触发状态。

7）内、外触发源选择开关。置于"内"位置时，扫描触发信号取自 y 轴通道的被测信号；置于"外"位置时，触发信号取自"外触发 x"外接输入端引入的外触发信号。

8）AC、AC（H）、DC 触发耦合方式开关。DC 挡，是直流耦合状态，适合于变化缓慢或频率甚低（如低于 100Hz）的触发信号。AC 挡，是交流耦合状态，由于隔断了触发中的直流分量，因此触发性能不受直流分量影响。AC（H）挡，是低频抑制的交流耦合状态，在观察包含低频分量的高频复合波时，触发信号通过高通滤波器进行耦合，抑制了低频噪声和低频触发信号（2MHz 以下的低频分量），免除因误触发而造成的波形晃动。

9）高频、常态、自动触发方式开关。用以选择不同的触发方式，以适应不同的被测信号与测试目的。高频挡，频率甚高时（如高于 5MHz），且无足够的幅度使触发稳定时，选该挡。此时扫描处于高频触发状态，由示波器自身产生的高频信号（200kHz 信号），对被测信号进行同步。不必经常调整电平旋钮，屏幕上即能显示稳定的波形，操作方便，有利于观察高频信号波形。常态挡，采用来自 y 轴或外接触发源的输入信号进行触发扫描，是常用的触发扫描方式。自动挡，扫描处于自动状态（与高频触发方式相仿），但不必调整电平旋钮，也能观察到稳定的波形，操作方便，有利于观察较低频率的信号。

10）"＋、－"触发极性开关。在"＋"位置时选用触发信号的上升部分，在"－"位置时选用触发信号的下降部分对扫描电路进行触发。

2. 使用前的检查、调整和校准

示波器初次使用前或久藏复用时，有必要进行一次能否工作的简单检查和进行扫描电路稳定度、垂直放大电路直流平衡的调整。示波器在进行电压和时间的定量测试时，还必须进行垂直放大电路增益和水平扫描速度的校准。示波器能否正常工作的检查方法、垂直放大电路增益和水平扫描速度的校准方法，由于各种型号示波器的校准信号的幅度、频率等参数不一样，因而检查、校准方法略有差异。

3. 使用步骤

用示波器能观察各种不同电信号幅度随时间变化的波形曲线，在这个基础上示波器可以应用于测量电压、时间、频率、相位差和调幅度等电参数。下面介绍用示波器观察电信号波形的使用步骤。

（1）选择 y 轴耦合方式。根据被测信号频率的高低，将 y 轴输入耦合方式选择"AC—地—DC"开关置于 AC 或 DC。

（2）选择 y 轴灵敏度。根据被测信号的大约峰—峰值（如果采用衰减探头，应除以衰减倍数；在耦合方式取 DC 挡时，还要考虑叠加的直流电压值），将 y 轴灵敏度选择 V/div 开关（或 y 轴衰减开关）置于适当挡级。实际使用中如不需读测电压值，则可适当调节 y 轴灵敏度微调（或 y 轴增益）旋钮，使屏幕上显现所需要高度的波形。

（3）选择触发（或同步）信号来源与极性。通常将触发（或同步）信号极性开关置于"＋"或"－"挡。

（4）选择扫描速度。根据被测信号周期（或频率）的大约值，将 x 轴扫描速度 t/div（或扫描范围）开关置于适当挡级。实际使用中如不需读测时间值，则可适当调节扫速 t/div

微调（或扫描微调）旋钮，使屏幕上显示测试所需周期数的波形。如果需要观察的是信号的边沿部分，则扫速 t/div 开关应置于最快扫速挡。

（5）输入被测信号。被测信号由探头衰减后（或由同轴电缆不衰减直接输入，但此时的输入阻抗降低、输入电容增大），通过 y 轴输入端输入示波器。

（6）触发（或同步）扫描。缓缓调节触发电平（或同步）旋钮，屏幕上显现稳定的波形，根据观察需要，适当调节电平旋钮，以显示相应起始位置的波形。

如果用双踪示波器观察波形，做单踪显示时，显示方式开关置于 YA 或 YB。被测信号通过 YA 或 YB 输入端输入示波器。y 轴的触发源选择"YB"开关置于按（常态）位置。若示波器做两踪显示时，显示方式开关置于交替挡（适用于观察频率不太低的信号），或断续挡（适用于观察频率不太高的信号），此时 y 轴的触发源选择"YB"开关置"YB"挡。

7.3.5　电工工具

1. 低压验电器

低压验电器又称为电笔，是检测电气设备、电路是否带电的一种常用工具。普通低压验电器的电压测量范围为 60～500V，高于 500V 的电压则不能用普通低压验电器来测量。使用低压验电器时要注意下列几个方面：

（1）使用低压验电器之前，首先要检查其内部有无安全电阻、是否有损坏，有无进水或受潮，并在带电体上检查其是否可以正常发光，检查合格后方可使用。

（2）测量时手指握住低压验电器笔身，食指触及笔身尾部金属体，低压验电器的小窗口应该朝向自己的眼睛，以便于观察。

（3）在较强的光线下或阳光下测试带电体时，应采取适当避光措施，以防观察不到氖管是否发亮，造成误判。

（4）低压验电器可用来区分相线和零线，接触时氖管发亮的是相线（火线），不亮的是零线。它也可用来判断电压的高低，氖管越暗，则表明电压越低；氖管越亮，则表明电压越高。

（5）当用低压验电器触及电动机、变压器等电气设备外壳时，如果氖管发亮，则说该设备相线有漏电现象。

（6）用低压验电器测量三相三线制电路时，如果两根很亮而另一根不亮，说明这一相有接地现象。在三相四线制电路中，发生当单相接地现象时，用低压验电器测量中性线，氖管也会发亮。

（7）用低压验电器测量直流电路时，把低压验电器连接在直流电的正负极之间，氖管里两个电极只有一个发亮，氖管发亮的一端为直流电的负极。

（8）低压验电器笔尖与螺钉旋具形状相似，但其承受的扭矩很小，因此，应尽量避免用其安装或拆卸电气设备，以防受损。

2. 螺钉旋具

螺钉旋具又被俗称为起子或改锥，主要用来紧固或拆卸螺钉。按头部形状的不同，常用螺钉旋具有一字形和十字形两种，使用螺钉旋具时应该注意的几个方面：

（1）螺钉旋具的手柄应该保持干燥、清洁、无破损且绝缘完好。

（2）电工不可使用金属杆直通柄顶的螺钉旋具，在实际使用过程中，不应让螺钉旋具的金属杆部分触及带电体，也可以在其金属杆上套上绝缘塑料管，以免造成触电或短路事故。

（3）不能用锤子或其他工具敲击螺钉旋具的手柄。

3. 钢丝钳

钢丝钳主要用于剪切、绞弯、夹持金属导线，也可用作紧固螺母、切断钢丝。其结构和使用方法。电工应该选用带绝缘手柄的钢丝钳，其绝缘性能为 500V。常用钢丝钳的规格有 150、175mm 和 200mm 三种。

使用钢丝钳时应该注意以下几个方面：

（1）在使用电工钢丝钳以前，首先应该检查绝缘手柄的绝缘是否完好，如果绝缘破损，进行带电作业时会发生触电事故。

（2）用钢丝钳剪切带电导线时，即不能用刀口同时切断相线和零线，也不能同时切断两根相线，而且，两根导线的断点应保持一定距离，以免发生短路事故。

（3）不得把钢丝钳当作锤子敲打使用，也不能在剪切导线或金属丝时，用锤或其他工具敲击钳头部分。另外，钳轴要经常加油，以防生锈。

4. 尖嘴钳

尖嘴钳的头部尖细，适用于在狭小的工作空间操作。主要用于夹持较小物件，也可用于弯绞导线，剪切较细导线和其他金属丝。电工使用的是带绝缘手柄的一种，其绝缘手柄的绝缘性能为 500V。尖嘴钳按其全长分为 130、160、180、200mm 4 种。尖嘴钳在使用时的注意事项，与钢丝钳一致。

5. 电工刀

电工刀主要用于剖削导线的绝缘外层，切割木台缺口和削制木桦等。在使用电工刀进行剖削作业时，应将刀口朝外，剖削导线绝缘时，应使刀面与导线成较小的锐角，以防损伤导线；电工刀使用时应注意避免伤手；使用完毕后，应立即将刀身折进刀柄；因为电工刀刀柄是无绝缘保护的，所以，绝不能在带电导线或电气设备上使用，以免触电。

6. 剥线钳

剥线钳是用于剥除较小直径导线、电缆的绝缘层的专用工具，它的手柄是绝缘的，绝缘性能为 500V。剥线钳的使用方法十分简便，确定要剥削的绝缘长度后，即可把导线放入相应的切口中（直径 0.5～3mm），用手将钳柄握紧，导线的绝缘层即被拉断后自动弹出。

7. 扳手

扳手是一种常用的安装与拆卸工具。扳手通常用碳素结构钢或合金结构钢制造，是利用杠杆原理拧转螺栓、螺钉、螺母和其他螺纹紧持螺栓或螺母的开口或套孔固件的手工工具。扳手通常在柄部的一端或两端制有夹柄部施加外力柄部施加外力，就能拧转螺栓或螺母持螺栓或螺母的开口或套孔。使用时沿螺纹旋转方向在柄部施加外力，就能拧转螺栓或螺母。

手动扳手又叫普通扳手，主要应用于普通生活工作中，它的使用比较简单，主要分为单头呆扳手、双头呆扳手、活扳手、梅花扳手、多用扳手、敲击扳手、套筒扳手、套筒起子、扭力扳手、扭矩扳手、十字扳手、棘轮扳手、钩形扳手、内六角扳手、内四方扳手、手动离合式扭矩扳手、管子扳手、T 型扳手、L 型扳手、三叉扳手、月牙扳手、油桶扳手、轮胎扳手、火花塞扳手、滤清器扳手、组合扳手、其他扳手等。扭矩扳手分为预置式扳手、表盘式扳手、数显式扳手。

手动扳手的使用：①据被紧固的紧固件的特点选用相应的扳手；②旋紧，用手握扳手柄末端，顺时针方向用力旋紧，扳手的手柄越长，使用起来越省力；旋松，逆时针方向旋。

手动扳手特点：操作简单、价格低、劳动强度大。

8. 喷灯

喷灯是利用汽油或煤油做燃料的一种工具，因喷出的火焰具有很高的温度，常用于加热烙铁、烘烤等。火焰温度可达 800～1000℃。常用黄铜制作。

喷灯主要结构：油桶、手柄、打气筒、放气阀、加油螺塞、油量调节阀（油门）、喷嘴、喷管、点火碗。

用途：酒精喷灯是实验中常用的热源。主要用于需加强热的实验、玻璃加工等。酒精喷灯按形状可分为座式喷灯和挂式喷灯两种。初中常用的是座式喷灯。下面介绍座式酒精喷灯的原理、结构、使用及维修。

使用步骤：

（1）使用前——检查：油的类型（不能混装），油量（应少于四分之三）；是否漏气（丝扣）漏油；油桶底部是否变形外凸；气道是否畅通，喷嘴是否堵塞。

（2）使用中——点火：关闭油门，适当打气；点火碗注入煤油点燃，待喷嘴烧热后，逐渐打开油量调节阀（打气时，油桶不能与地面摩擦；火力正常时，不宜多打气。点火时，应在避风处，远离带电设备，喷嘴不能对准易燃物品，人应站在喷灯的一侧，灯与灯之间不能互相点火。）使用过程中要经常检查油量是否过少，灯体是否过热，安全阀是否有效。

（3）使用后——关闭油门，灯嘴慢慢冷却后，旋开放气阀；喷灯擦拭干净，放到安全的地方。

喷灯安全操作规程：

（1）使用前必须检查。检查密封，加油后旋紧密封部位打气加压，检查各部位是否密封，如螺纹部位渗漏，按顺时针方向旋紧即可，旋紧后仍有渗漏现象，不可再投入使用。不准放在火炉上加热。加油不可太满，充气气压不可过高。

（2）燃着后不准倒放，不准加油。需要加油时，必须将火熄灭、冷却后再加油。不准长时间、近距离对着地面、墙壁燃烧。

（3）在人孔、电缆地下室和增音站内及易燃物附近，不准点燃和修理喷灯；在易燃物附近，不准使用喷灯。

（4）在人孔内不准加油；暂停使用时，不准将火焰近距离对着电缆或人孔壁。

（5）在高处使用时，必须用绳索系上。

（6）使用完毕应及时放气，并开关一次油门，以避免油门堵塞。

（7）喷灯是封焊电缆的专用工具，不准用于烧水、烧饭或做他用。

测 试 题

1. 职业素质是（　　）对社会职业了解与适应能力的一种综合体现，其主要表现在职业兴趣、职业能力、职业个性及职业情况等方面。

A. 生产者　　　　　B. 劳动者　　　　　C. 消费者　　　　　D. 个人

2. 职业道德承载着企业（　　），影响深远。

A. 信念　　　　　B. 制度　　　　　C. 规划　　　　　D. 文化

3. 下列选项中属于职业道德作用的是（　　）。

A. 决定企业的经济效益　　　　　B. 增强企业员工的独立性

C. 增强企业的离心力　　　　　　　　D. 增强企业的凝聚力

4. 电气控制线路测绘前要检验被测设备（　　），不能带电作业。

A. 是否工作可靠　　B. 是否安装牢固　　C. 是否有电　　　　D. 是否接地

5. 根据劳动法的有关规定，（　　），劳动者可以随时通知用人单位解除劳动合同。

A. 严重违反劳动纪律或用人单位规章制度的

B. 严重失职、营私舞弊，对用人单位利益造成重大损害的

C. 在试用期间被证明不符合录取条件的

D. 用人单位以暴力、威胁或者非法限制人身自由的手段强迫劳动的

6. 劳动安全卫生管理制度对未成年人给予了特殊的劳动保护。这其中的未成年人是指年满（　　）周岁未满 18 周岁的。

A. 17　　　　　　　B. 16　　　　　　　C. 15　　　　　　　D. 14

7. 下列选项中，关于职业道德与人生事业成功的关系是正确论述是（　　）。

A. 人生事业成功与否与职业道德无关

B. 缺乏职业道德的人更容易获得事业的成功

C. 职业道德水平高的人肯定能够取得事业的成功

D. 职业道德是人生事业成功的重要条件

8. 职业道德是一种（　　）的约束机制。

A. 随意性　　　　　B. 自发性　　　　　C. 非强制性　　　　D. 强制性

9. 下面说法中不正确的是（　　）。

A. 下班后不要穿工作服　　　　　　　B. 不穿奇装异服上班

C. 上班时要按规定穿整洁的工作服　　D. 女职工的工作服越艳丽越好

10. 不符合文明生产要求的做法是（　　）。

A. 爱惜企业的设备、工具和材料

B. 下班的搞好工作现场的环境卫生

C. 工具使用后按规定放置到工具箱中

D. 冒险带电作业

11. 在企业的经营活动中，下列选项中的（　　）不是职业道德功能的表现。

A. 决策能力　　　　B. 规范行为　　　　C. 激励作用　　　　D. 遵纪守法

12. 从业人员在职业交往活动中，符合仪表端庄具体要求的是（　　）。

A. 饰品俏丽　　　　　　　　　　　　B. 适当化妆或戴饰品

C. 发型要突出个性　　　　　　　　　D. 着装华贵

13. 在市场经济条件下，职业道德具有（　　）的社会功能。

A. 鼓励人们自由选择职业　　　　　　B. 遏制牟利最大化

C. 促进人们的行为规范化　　　　　　D. 最大限度地克服人们受利益驱动

14. 下列选项中属于职业道德范畴的是（　　）。

A. 企业经营业绩　　　　　　　　　　B. 企业发展战略

C. 员工的技术水平　　　　　　　　　D. 人们的内心信念

15. 职工对企业诚实守信应该做到的是（　　）。

A. 忠诚所属企业，无论何种情况都始终把企业利益放在第一位

B. 维护企业信誉，树立质量意识和服务意识

C. 保守企业秘密，不对外谈论企业之事

D. 完成本职工作即可，谋划企业发展由有见识的人来做

16. 使用万用表时，把电池装入电池夹内，把两根测试表棒分别插入插座中，（　　）。

A. 红的插入"＋"插孔，黑的插入"－"插孔内

B. 黑的插入"＋"插孔，红的插入"＊"插孔内

C. 红的插入"－"插孔，黑的插入"＋"插孔内

D. 红的插入"＋"插孔，黑的插入"＊"插孔内

17. 常用的裸导线有（　　）、铝绞线和铜芯铝绞线。

A. 钨丝　　　　　　B. 铜绞线　　　　　　C. 钢丝　　　　　　D. 焊锡丝

18. 一般中型工厂的电源进线电压是（　　）。

A. 380kV　　　　　B. 220kV　　　　　　C. 10kV　　　　　　D. 400V

19. 电工的工具种类很多，（　　）。

A. 工作中，能拿到什么工具就用什么工具

B. 要分类保管好

C. 价格低的工具可以多买一些

D. 只要保管好贵重的工具就行了

20. （　　）的工频电流通过人体时，就会有生命危险。

A. 0.1mA　　　　　B. 1mA　　　　　　C. 15mA　　　　　D. 50mA

21. 用毫伏表测出电子电路的信号为（　　）。

A. 有效值　　　　　B. 平均值　　　　　C. 直流值　　　　　D. 交流值

22. 当二极管外加的正向电压超过死区电压时，电流随电压增加而迅速（　　）。

A. 增加　　　　　　B. 减小　　　　　　C. 截止　　　　　　D. 饱和

23. 三极管的 f_e 大于等于（　　）MHz 为高频管。

A. 1　　　　　　　　B. 2　　　　　　　　C. 3　　　　　　　　D. 4

24. 测量直流电流时应注意电流表的（　　）。

A. 量程　　　　　　B. 极性　　　　　　C. 量程及极性　　　D. 误差

25. 测量直流时应选用（　　）电压表。

A. 磁电系　　　　　B. 电磁系　　　　　C. 电动系　　　　　D. 感应系

26. 钢丝钳（电工钳子）一般用在（　　）操作的场合。

A. 低温　　　　　　B. 高温　　　　　　C. 带电　　　　　　D. 不带电

27. 使用扳手拧螺母时应该将螺母放在扳手口的（　　）。

A. 前部　　　　　　B. 后部　　　　　　C. 左边　　　　　　D. 右边

28. 绝缘导线是（　　）的导线。

A. 潮湿　　　　　　B. 干燥　　　　　　C. 有绝缘包皮　　　D. 有氧化层

29. 绝缘导线多用于（　　）和房屋附近的室外布线。

A. 安全电压布线　　B. 架空线　　　　　C. 室外布线　　　　D. 室内布线

30. 雷电的危害主要包括（　　）。

A. 电性质的破坏作用　　　　　　　　　　B. 热性质的破坏作用

C. 机械性质的破坏作用 D. 以上都是

31. 下列不属于基本安全用具的为（ ）。

A. 绝缘棒 B. 绝缘夹钳 C. 验电笔 D. 绝缘手套

32. 生产环境的整洁卫生是（ ）的重要方面。

A. 降低效率 B. 文明生产 C. 挑高效率 D. 增加产量

33. 下列电磁污染形式不属于人为的电磁污染的是（ ）。

A. 脉冲放电 B. 电磁场 C. 射频电磁污染 D. 火山爆发

34. 劳动者的基本义务包括（ ）等。

A. 遵守劳动纪律 B. 获得劳动报酬 C. 休息 D. 休假

35. 劳动者解除劳动合同，应当提前（ ）日以书面形式通知用人单位。

A. 5 B. 10 C. 15 D. 30

36. 用万用表的直流电源挡测直流电源时，将万用表串接在被测电路中，并且（ ）。

A. 黑表笔接电路的高电位端，红表笔接电路的低电压端

B. 红表笔接电路的正电位端，黑表笔接电路的负电压端

C. 红表笔接电路的高电位端，黑表笔接电路的低电压端

D. 红表笔接电路的负电位端，黑表笔接电路的正电压端

37. 文明生产的内部条件主要指生产有节奏、（ ）、物流安排科学合理。

A. 增加产量 B. 均衡生产 C. 加班加点 D. 加强竞争

38. 任何单位和个人不得非法占用变电设施用地、输电线路走廊和（ ）。

A. 电缆通道 B. 电线 C. 电杆 D. 电话

39. 裸导线一般用于（ ）。

A. 室内布线 B. 室外架空线 C. 水下布线 D. 高压布线

40. 市场经济条件下，不符合爱岗敬业要求的是（ ）。

A. 多转行多跳槽 B. 干一行爱一行 C. 强化职业责任 D. 树立职业道德

41. 下面关于严格执行安全操作规程的描述，错误的是（ ）。

A. 每位员工都必须严格执行安全操作规程

B. 单位的领导不需要严格执行安全操作规程

C. 严格执行安全操作规程是维持企业正常生产的根本保证

D. 不同行业安全操作规程的具体内容是不同的

42. 从业人员在职业活动中做到（ ）是符合语言规范的具体要求的。

A. 语速要求，不浪费客人时间 B. 用尊称，不用忌语

C. 眼熟细致，反复介绍 D. 语言严肃，维护自尊

43. 常见的电伤包括（ ）。

A. 以上都是 B. 皮肤金属化 C. 电烙印 D. 电弧烧伤

44. 当流过人体的电流达到（ ）mA 时，就足以使人死亡。

A. 0.1 B. 10 C. 20 D. 100

45. （ ）用来观察电子电路信号的波形及数值。

A. 数字万用表 B. 电子毫伏表 C. 示波器 D. 信号发生器

46. 控制电缆的布线应尽可能远离供电电源线，（ ）。

A. 用平行电缆且单独的走线槽　　　　　B. 用屏蔽电缆且汇入走线槽

C. 用屏蔽电缆且单独走线槽　　　　　　D. 用双绞线且汇入走线槽

47. 喷灯打气加压时，要检查并确认进油烟可靠地（　　　）。

A. 打开或关闭　　　B. 打开一点　　　C. 打开　　　D. 关闭

48. 扳手的手柄越长，使用起来越（　　　）。

A. 便宜　　　　　　B. 方便　　　　　C. 费力　　　D. 省力

49. 千万不要用铜线、铝线、铁线代替（　　　）。

A. 保险丝　　　　　B. 包扎带　　　　C. 导线　　　D. 电话线

50. （　　　）用来提供一定波形及数值的信号。

A. 示波器　　　　　B. 信号发生器　　C. 电子毫伏表　　　D. 数字万用表

51. 用万用表测量电阻值时，应使指针指示在（　　　）。

A. 欧姆刻度最左　　　　　　　　　　　B. 欧姆刻度最右

C. 欧姆刻度中心附近　　　　　　　　　D. 欧姆刻度 1/3 处

52. 喷灯点火时，（　　　）严禁站人。

A. 喷灯前　　　　　B. 喷灯左侧　　　C. 喷灯右侧　　　D. 喷嘴后

53. 扳手的手柄越短，使用起来越（　　　）。

A. 便宜　　　　　　B. 方便　　　　　C. 费力　　　D. 省力

54. 绝缘电阻表的接线端标有（　　　）。

A. 接线 N、导通端 L、绝缘端 G

B. 接地 E、导通端 L、绝缘端 G

C. 接地 E、线路 L、屏蔽 G

D. 接线 N、通电端 G、绝缘端 L

55. 凡工作地点狭窄、工作人员活动困难、周围有大面积接地导体或金属构架，因而存在高度触电危险的环境以及特别的场所，则使用时的安全电压为（　　　）V。

A. 12　　　　　　　B. 24　　　　　　C. 9　　　D. 36

56. 用电设备的金属外壳必须与保护线（　　　）。

A. 可靠连接　　　　B. 可靠隔离　　　C. 远离　　　D. 靠近

57. 市场经济条件下，职业道德最终将对企业起到（　　　）的作用。

A. 决策科学化　　　B. 提高竞争力　　C. 决定经济效益　　D. 决定前途与命运

58. 职业道德通过（　　　），起着增强企业凝聚力的作用。

A. 协调员工之间的关系　　　　　　　　B. 增加职工福利

C. 为员工创造发展空间　　　　　　　　D. 调节企业与社会的关系

59. 正确阐述职业道德与人的事业的关系的选项是（　　　）。

A. 没有职业道德的人不会获得成功

B. 要取得事业的成功，前提是要有职业道德

C. 事业成功的人往往并不需要较高的职业道德

D. 职业道德是人获得事业成功的重要条件

60. 为了促进企业的规范化发展，需要发挥企业文化的（　　　）功能。

A. 娱乐　　　　　　B. 主导　　　　　C. 决策　　　D. 自律

61. 下列选项中属于企业文化功能的是（   ）。

A. 体育锻炼　　　　B. 整合功能　　　　C. 歌舞娱乐　　　　D. 社会交际

62. 企业文化的功能不包括（   ）。

A. 激励功能　　　　B. 导向功能　　　　C. 整合功能　　　　D. 娱乐功能

63. （   ）是企业诚实守信的内在要求。

A. 维护企业信誉　　B. 增加职工福利　　C. 注重经济效益　　D. 开展员工培训

64. 要做到办事公道，在处理公私关系时，要（   ）。

A. 公私不分　　　　B. 假公济私　　　　C. 公平公正　　　　D. 先公后私

65. 下列事项中属于办事公道的是（   ）。

A. 顾全大局，一切听从上级　　　　　　B. 大公无私，拒绝亲戚求助

C. 知人善任，努力培养知己　　　　　　D. 坚持原则，不计个人得失

66. 下列关于勤劳节俭的论述中，正确的选项是（   ）。

A. 勤劳一定能使人致富　　　　　　　　B. 勤劳节俭有利于企业持续发展

C. 新时代需要巧干，不需要勤劳　　　　D. 新时代需要创造，不需要节俭

67. 下列关于勤劳节俭的论述中，不正确的选项是（   ）。

A. 勤劳节俭能够促进经济和社会发展

B. 勤劳是现代市场经济需要的，而节俭则不宜提倡

C. 勤劳和节俭符合可持续发展的要求

D. 勤劳节俭有利于企业增产增效

68. 在商业活动中，不符合待人热情要求的是（   ）。

A. 严肃待客，表情冷漠　　　　　　　　B. 主动服务，细致周到

C. 微笑大方，不厌其烦　　　　　　　　D. 亲切友好，宾至如归

69. 在日常接待工作中，对待不同服务对象，态度应真诚热情、（   ）。

A. 尊卑有别　　　　B. 女士优先　　　　C. 一视同仁　　　　D. 外宾优先

70. 生产经营活动中，要求员工遵纪守法是（   ）。

A. 约束人的体现　　　　　　　　　　　B. 保证经济活动正常进行所决定的

C. 领导者人为的规定　　　　　　　　　D. 追求利益的体现

71. 企业生产经营活动中，要求员工遵纪守法是（   ）。

A. 约束人的体现　　　　　　　　　　　B. 保证经济活动正常进行所决定的

C. 领导者人为的规定　　　　　　　　　D. 追求利益的体现

72. 企业生产经营活动中，促进员工之间平等尊重的措施是（   ）。

A. 互利互惠，平均分配　　　　　　　　B. 加强交流，平等对话

C. 只要合作，不要竞争　　　　　　　　D. 人心叵测，谨慎行事

73. 爱岗敬业作为职业道德的重要内容，是指员工（   ）。

A. 热爱自己喜欢的岗位　　　　　　　　B. 热爱有钱的岗位

C. 强化职业责任　　　　　　　　　　　D. 不应多转行

74. 对待职业和岗位，（   ）并不是爱岗敬业所要求的。

A. 树立职业理想　　　　　　　　　　　B. 干一行爱一行专一行

C. 遵守企业的规章制度　　　　　　　　D. 一职定终身，不改行

75. 企业员工违反职业纪律，企业（   ）。

A. 不能做罚款处罚
B. 因员工受劳动合同保护，不能给予处分
C. 视情节轻重，做出恰当处分
D. 警告往往效果不大

76. 职业纪律是从事这一职业的员工应该共同遵守的行为准则，它包括的内容有（   ）。

A. 交往规则　　　　B. 操作程序　　　　C. 群众观念　　　　D. 外事纪律

77. 职业纪律是企业的行为规范，职业纪律具有（   ）的特点。

A. 明确的规定性　　B. 高度的强制性　　C. 通用性　　　　D. 自愿性

78. 企业创新要求员工努力做到（   ）。

A. 不能墨守成规，但也不能标新立异
B. 大胆地破除现有的结论，自创理论体系
C. 大胆试大胆闯，敢于提出新问题
D. 激发人的灵感，抑制冲动和感情

79. 关于创新的论述，正确的是（   ）。

A. 创新需要标新立异
B. 服务也需要创新
C. 创新是企业进步的灵魂
D. 引进别人的新技术不算创新

80. 关于创新的论述，不正确的是（   ）。

A. 创新就是出新花样
B. 创新就是独立自主
C. 创新是企业进步的灵魂
D. 创新不需要引进外国的新技术

81. 关于创新的正确论述是（   ）。

A. 不墨守成规，但也不可标新立异
B. 企业经不起折腾，大胆地闯早晚会出问题
C. 创新是企业发展的动力
D. 创新需要灵感，但不需要情感

82. 在企业的活动中，（   ）不符合平等尊重的要求。

A. 根据员工技术专长进行分工
B. 对待不同服务对象采取一视同仁的服务态度
C. 师徒之间要平等和互相尊重
D. 取消员工之间的一切差别

83. 下列说法中，不符合语言规范具体要求的是（   ）。

A. 语感自然，不呆板
B. 用尊称，不用忌语
C. 语速适中，不快不慢
D. 多使用幽默语言，调节气氛

第8章 高级维修电工技能操作部分

一、PLC 控制上料爬斗生产线的设计,并进行安装与调试

1. 任务

如图 8-1 所示为上料爬斗示意图,爬斗由 M1 三相异步电动机拖动,将料提升到上限后,自动翻斗卸料,翻斗时撞行程开关 SQ1,随即反向下降,达到下限,撞行程开关 SQ2,停留 20 秒,同时起动皮带运输机由 M2 三相异步电动机拖动向料斗加料,20 秒后,皮带机自行停止,料斗则自动上升……如此不断循环。

2. 要求

(1) 工作方式设置为自动循环。

(2) 有必要的电气保护和联锁环节。

(3) 自动循环时应按上述顺序动作,料斗可以停在任意位置,启动时,可以使料斗随意从上升或下降开始运行。

(4) 爬斗拖动应有制动抱闸。

3. 考核要求

(1) 电路设计。根据任务,设计主电路电路图,列出 PLC 控制 I/O 口(输入/输出)元件地址分配表,根据加工工艺,设计梯形图及 PLC 控制 I/O 口(输入/输出)接线图,根据梯形图,列出指令表。

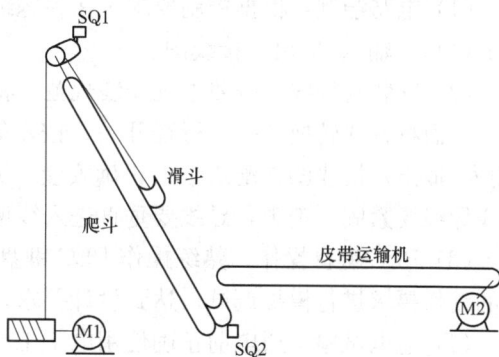

图 8-1 上料爬斗示意图

(2) 安装与接线。①将熔断器、接触器、断路器、转换开关、PLC 装在一块配线板上,而将方式转换开关、行程开关、按钮等装在另一块配线板上;②按 PLC 控制 I/O 口(输入/输出)接线图在模拟配线板上正确安装,元件在配线板上布置合理,安装要准确、紧固,配线导线要紧固、美观,导线要进行线槽,导线要有端子标号,引出端要用接线端子。

(3) PLC 键盘操作。熟练操作 PLC 键盘,能正确地将所编程序输入 PLC;按照被控设备的动作要求进行模拟调试,达到设计要求。

(4) 通电试验。正确使用电工工具及万用表,进行仔细检查,最好通电试验一次成功,并注意人身和设备安全。

(5) 满分 40 分,考试时间 240 分钟。

二、PLC 控制电动机自动正反转的设计、安装与调试

1. 任务

按下启动按钮,KM1 线圈通电,电动机正转;经过 5s 延时,KM1 线圈断电,同时 KM2 线圈通电,电动机反转;再经过 3s 延时,KM2 线圈断电,KM1 线圈通电。这样反复 10 次后电动机停止运行。

2. 要求

(1) 工作方式设置为自动循环。

（2）有必要的电气保护和联锁环节。

3. 笔试部分

（1）正确识读给定的电路图：写出下列图形文字符号的名称。

QS（　　　　　）；FU（　　　　　）；KM1（　　　　　　）。

（2）正确使用工具：简述剥线钳使用注意事项。

答：

（3）正确使用仪表：简述指针式万用表测二极管的方法。

答：

（4）安全文明生产中，什么是安全电压？

答：

4. 操作部分

（1）电路绘制：根据控制要求，在答题纸上正确设计 PLC 梯形图及按规范绘制 PLC 控制 I/O 口（输入/输出）接线图。

（2）安装与接线。按照电气安装规范①将熔断器、接触器、断路器、PLC 装在一块配线板上，而将方式转换开关、行程开关、按钮等装在另一块配线板上；②按 PLC 控制 I/O 口（输入/输出）接线图在配线板上正确安装，元件在配线板上布置合理，安装要准确、紧固，配线导线要紧固、美观，导线要垂直进入线槽，导线要有端子标号，引出端要用接线端子。

（3）PLC 键盘操作。熟练操作 PLC 键盘，能正确地将所编程序输入 PLC；按照被控设备的动作要求进行模拟调试，达到设计要求。

（4）通电试验。通电前正确使用电工工具及万用表，进行仔细检查。

三、PLC 控制机械滑台的设计与模拟调试

1. 设计任务

工作台来回往复运动由直流电动机带动蜗轮驱动工作台，工作台速度和方向由限位开关 SQ1～ SQ4 控制。工作台循环工作过程如图 8-2 所示，文字描述为：工作台启动→向右移动工进→减速至换向→左移快速返回→减速至换向→进入正向工作状态。

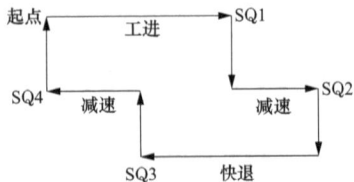

图 8-2　工作台循环工作过程

2. 设计要求

（1）电气原理图设计。工作方式设置为自动循环、点动两种。

（2）PLC 梯形图设计。工作方式设置为自动循环、点动、单周循环和步进 4 种。

（3）电路应具备必要的联锁和保护环节。

（4）自动循环时应按上述循环动作。

3. 考核要求

（1）电路设计。根据任务、加工工艺，设计电气原理图，列出 PLC 控制 I/O 口（输入/输出）元件地址分配表，根据电气原理图设计梯形图及 PLC 控制 I/O 口（输入/输出）接线图，根据梯形图，列出指令表。

（2）程序输入及模拟调试。熟练操作 PLC 键盘，能正确地将所编程序输入 PLC，按照被控设备的动作要求利用按钮开关进行模拟调试，达到设计要求。

（3）工具仪表使用正确。

（4）安全文明操作。

四、PLC 控制小车运动装置的设计，并进行安装与调试

1. 任务

如图 8-3 所示是一种简单的运送、装卸过程。其工作循环过程为：运货小车右行至右限位—到位后小车停止右行，打开漏斗翻门装货—7s 后，漏斗翻门关闭，小车左行至左限位—到位后小车停止左行，底门卸货—5s 后底门关闭，完成一次装卸过程（说明小车底门和漏斗翻门的打开用中间继电器控制）。

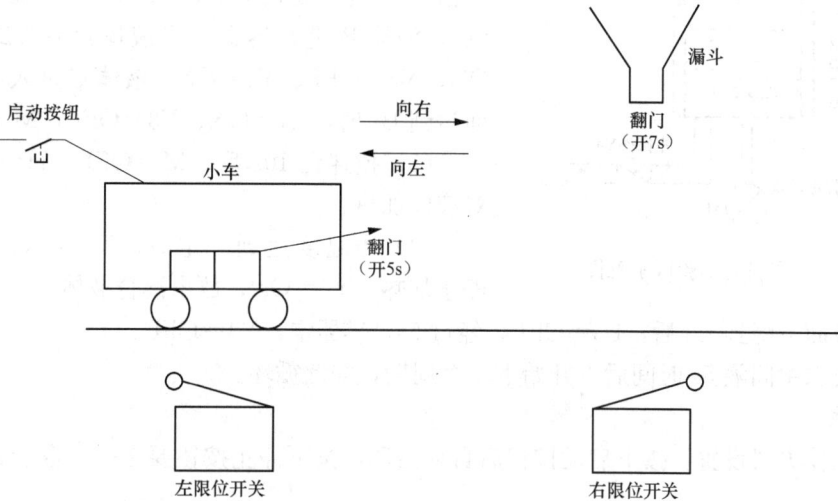

图 8-3　小车运送、装卸过程

2. 要求

（1）工作方式设置为自动循环。

（2）有必要的电气保护和联锁环节。

（3）自动循环时应按上述顺序动作。

3. 考核要求

（1）电路设计。根据任务，设计主电路电路图，列出 PLC 控制 I/O 口（输入/输出）元件地址分配表，根据加工工艺，设计梯形图及 PLC 控制 I/O 口（输入/输出）接线图，根据梯形图，列出指令表。

（2）安装与接线。①将熔断器、接触器、断路器、转换开关、PLC 装在一块配线板上，而将方式转换开关、行程开关、按钮等装在另一块配线板上；②按 PLC 控制 I/O 口（输入/输出）接线图在模拟配线板上正确安装，元件在配线板上布置合理，安装要准确、紧固，配线导线要紧固、美观，导线要进行线槽，导线要有端子标号，引出端要用接线端子。

（3）PLC 键盘操作。熟练操作 PLC 键盘，能正确地将所编程序输入 PLC；按照被控设备的动作要求进行模拟调试，达到设计要求。

（4）通电试验。正确使用电工工具及万用表，进行仔细检查，最好通电试验一次成功，并注意人身和设备安全。

（5）满分 40 分，考试时间 240 分钟。

五、PLC 控制多种液体混合系统的设计、安装与调试

1. 任务

如图 8-4 所示为多种液体混合系统参考图。

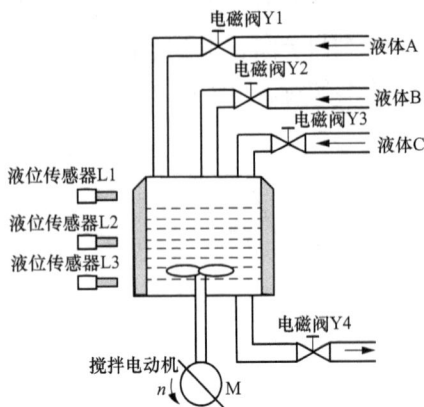

图 8-4 混料罐实验区示意图

（1）初始状态，容量是空的，电磁阀 Y1、Y2、Y3、Y4 为 OFF，L1、L2、L3 为 OFF，搅拌机 M 为 OFF。

（2）启动按钮按下，Y1＝ON，液体 A 进容器，当液体到达 L3 时，L3＝ON、Y1＝OFF、Y2＝ON，液体 B 进行容器；当液体达到 L2 时，L2＝ON、Y2＝OFF、Y3＝ON，液体 C 进入容器；当液面达到 L1 时，L1＝ON、Y3＝OFF，M 开始搅拌。

（3）搅拌到 10s 后，M＝OFF，H＝ON，开始对液体加热。

（4）当温度达到一定时，T＝ON，H＝OFF，停止加热，Y4＝ON，放出混合液体。

（5）液面下降到 L3 后，L3＝OFF，经过 5s，容器空，Y4＝OFF。

（6）要求中间隔 5s 时间后，开始下一个周期，如此循环。

2. 要求

（1）工作方式设置。按下启动按钮后自动循环，按下停止按钮要在一个混合过程结束后才能停止。

（2）有必要的电气保护和互锁环节。

3. 笔试部分

（1）PLC 从规模上分哪三种？

（　　　　　），（　　　　　），（　　　　　）。

（2）正确使用工具：冲击电钻装卸钻头时有什么注意事项？

答：

（3）正确使用仪表：简述指针式万用表电阻挡的使用方法。

答：

（4）安全文明生产中，什么是安全电压？

答：

4. 操作部分

（1）电路绘制。根据控制要求，在答题纸上正确设计 PLC 梯形图及按规范绘制 PLC 控制 I/O 口（输入/输出）接线图。

（2）安装与接线。按照电气安装规范①将熔断器、接触器、断路器、PLC 装在一块配线板上，而将方式转换开关、行程开关、按钮等装在另一块配线板上；②按 PLC 控制 I/O 口（输入/输出）接线图在配线板上正确安装，元件在配线板上布置合理，安装要准确、紧固，配线导线要紧固、美观，导线要垂直进行线槽，导线要有端子标号，引出端要用接线端子。

（3）PLC 键盘操作。熟练操作 PLC 键盘，能正确地将所编程序输入 PLC；按照被控设

备的动作要求进行模拟调试，达到设计要求。

（4）通电试验。通电前正确使用电工工具及万用表，进行仔细检查。

六、用 PLC 改造三相异步电动机双重联锁正反转反接制动的控制电路，并且进行安装调试

考核要求：

（1）电路设计。根据给定的继电控制电路图如图 8-5 所示，列出 PLC 控制 I/O 口（输入/输出）元件地址分配表，设计梯形图及 PLC 控制 I/O 口（输入/输出）接线图，根据梯形图，列出指令表。

（2）安装与接线。①按 PLC 控制 I/O 口（输入/输出）接线图在配线板上正确安装，元件在配线板上布置合理，安装要准确、紧固，配线导线要紧固、美观，导线要垂直进行线槽，导线要有端子标号，引出端要用接线端子；②将熔断器、接触器、断路器、PLC 装在一块配线板上，而将方式转换开关、行程开关、按钮等装在另一块配线板上。

（3）PLC 键盘操作。熟练操作 PLC 键盘，能正确地将所编程序输入 PLC；按照被控设备的动作要求进行模拟调试，达到设计要求。

（4）通电试验。通电前正确使用电工工具及万用表，进行仔细检查。

（5）满分 40 分，考试时间 240 分钟。

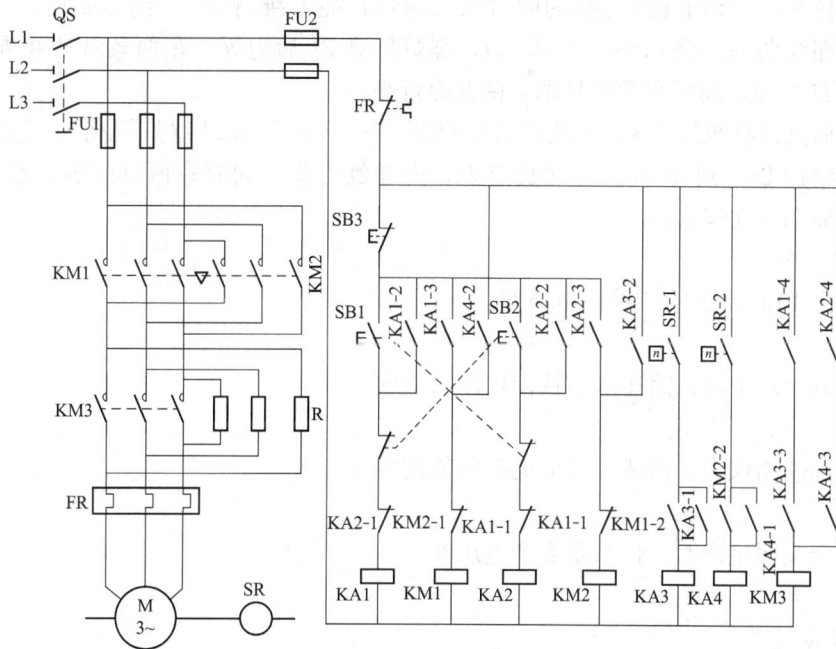

图 8-5　三相异步电动机双重联锁正反转反按制动

七、PLC 控制十字路口交通信号灯设计、安装与调试

1. 任务

在城市十字路口的东、西、南、北方向装设了红、绿、黄三色交通信号灯；为了交通安全，红、绿、黄灯必须按照一定时序轮流发亮。试设计、安装与调试十字路口交通信号灯示控制电路。交通灯示意图和交通灯时序图如图 8-6 所示。

2. 十字路口交通信号灯控制要求

（1）启动：当按下启动按钮时，信号灯系统开始工作。

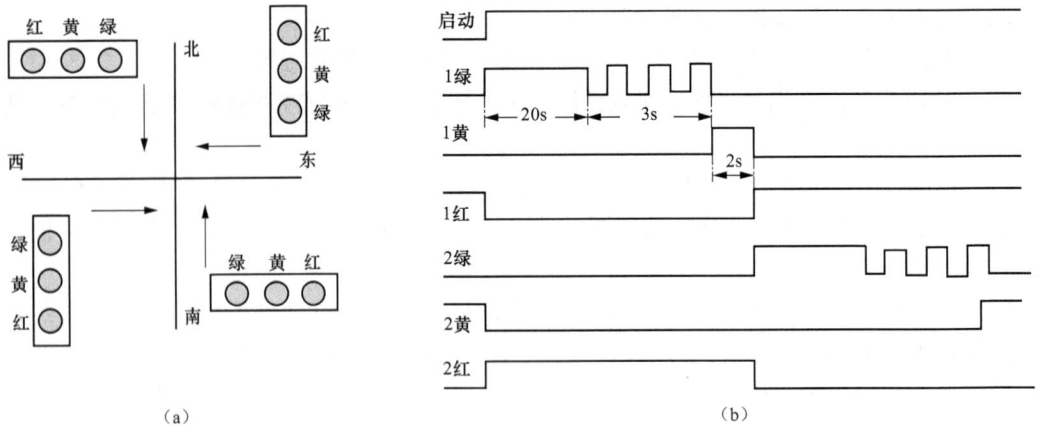

图 8-6　十字路口交通信号灯设计

(a) 交通灯示意图；(b) 交通灯时序图

（2）停止：当需要信号灯系统停止工作时，按下停止按钮即可。

（3）信号灯正常时序。①信号灯系统开始工作时，先南北红灯亮，在东西绿灯亮；②南北红灯亮维持 25s，在南北红灯亮的同时东西绿灯也亮并维持 20s，到 20s 时，东西绿灯闪亮，绿灯闪亮周期 1s（亮 0.5s，熄 0.5s），绿灯闪亮 3s 后熄灭，东西黄灯亮并维持 2s，到 2s 时，东西红灯亮，同时东西红灯熄，南北绿灯亮。

（4）东西红灯亮维持 30s，南北绿灯亮维持 25s，到 25s 南北绿灯闪亮 3s 后熄灭，南北黄灯亮，并维持 2s，到 2s 时，南北黄灯熄，南北红灯亮，同时东西红灯熄，东西绿灯亮，开始第二个周期的动作。

3. 笔试部分

（1）写出 PLC 常见的三种输出类型。

（　　　　　），（　　　　　　），（　　　　　　）。

（2）正确使用工具：简述电烙铁使用注意事项。

答：

（3）正确使用仪表：简述钳形电流表的使用方法。

答：

（4）安全文明生产时，什么是安全电压？

答：

4. 电路绘制

根据控制要求，在答题纸上正确设计 PLC 梯形图及按规范绘制 PLC 控制 I/O（输入/输出）接线图。

5. 安装与接线

（1）按 PLC 控制 I/O 口（输入/输出）接线图在配线板上正确安装，元件在配线板上布置合理，安装要准确、紧固，配线导线要紧固、美观，导线要垂直进行线槽，导线要有端子标号，引出端要用接线端子。

（2）将熔断器、接触器、断路器、PLC 装在一块配线板上，而将方式转换开关、行程开关、按钮等装在另一块配线板上。

6. PLC 键盘操作

熟练操作 PLC 键盘，能正确地将所编程序输入 PLC；按照被控设备的动作要求进行模拟调试，达到设计要求。

7. 通电试验

通电前正确使用电工工具及万用表，进行仔细检查。

八、数字秒表电路测试与维修

具体考核要点：数字秒表电路测试与维修。

考核方式：实际操作＋笔试。

数字秒表电路内部接线如图 8-7 所示。检修数字秒表电路故障，在其电路上，设隐蔽故障三处，其中电路 1 处（如焊接接触不良等），器件两处（如 C1 短路、IC2 损坏等），考场中各工位故障清单提供给考评员。

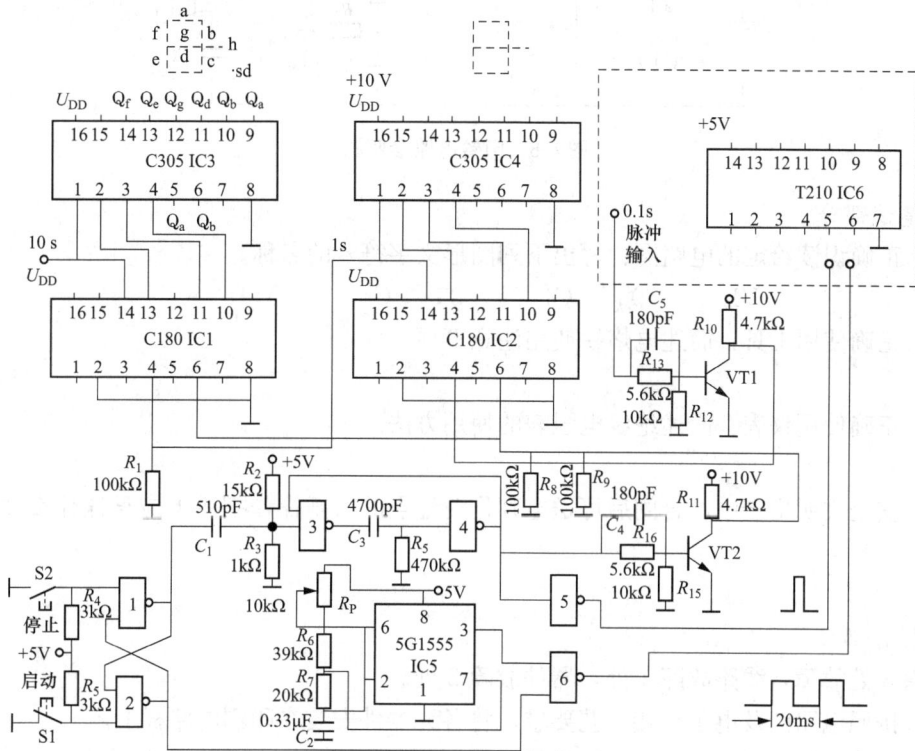

图 8-7　数字秒表电路图

1. 笔试部分

（1）正确使用工具：简述剥线钳的使用方法。

答：

（2）正确使用仪表：简述万用表检测无标志二极管的方法。

答：

（3）安全文明生产时，简述电气安全用具使用注意事项。

答：

2. 操作部分

排除 3 处故障，即线路故障 1 处，器件故障 2 处。

（1）在不带电状态下查找故障点并在原理图上标注。

（2）排除故障，恢复电路功能。

（3）通电运行，实现电路的各项功能。

九、带显示模拟警车铃声门铃电路的安装与调试

带显示模拟警车铃声门铃电路参照图如图 8-5 所示。参照图 8-5，在线路板上焊接，理解电路原理并会测试相关参数。

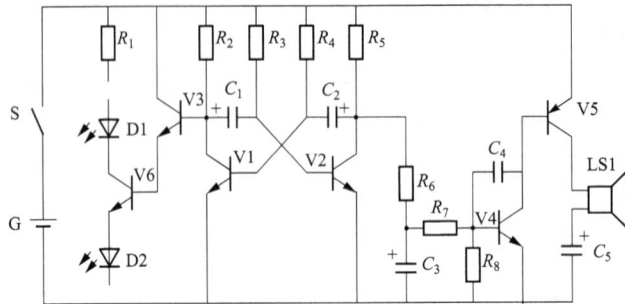

图 8-8　门铃电路参照图

1. 笔试部分

（1）正确识读给定的电路图：写出下列图形文字符号的名称。

V（　　　）；　VL（　　）；　C1（　　　）；　C4（　　　）。

（2）正确使用工具：简述电烙铁使用注意事项。

答：

（3）正确使用仪表：简述绝缘电阻表的使用方法。

答：

（4）安全文明生产中，合闸后可送电到作业地点的刀闸操作把手上应悬挂什么文字的标示牌？

答：

2. 操作部分

排除 3 处故障，线路故障 1 处，器件故障 2 处。

（1）按照电路图及电子焊接工艺要求，将各元器件安装在印刷电路板上。

（2）正确使用工具和仪表，装接质量可靠，装接技术要符合工艺要求。

（3）用示波器测量并其输出波形 U_{c5}。

十、电子线路的检修

检修小型 UPS 自动稳压电源。在 UPS 自动稳压电源电子线路上设隐蔽故障 2 处。由考生单独排除故障，考生向考评员询问故障现象时，故障现象可以告诉考生。

考核要求：

（1）正确使用电工工具、仪器和仪表。

（2）根据故障现象，在电子电路图上分析故障可能产生的原因，确定故障发生的范围。

（3）在考核过程中，带电进行维修时，注意人身和设备的安全。

（4）满分 40 分，考试时间 60 分钟。

十一、交流变频器装调

考试时间：60 分钟

考核方式：实际操作＋笔试

本题分值：30 分

1. 具体考核要求

三相交流异步电动机变频器控制装调。按启动按钮后，电动机变频器运行时序如图 8-9 所示。

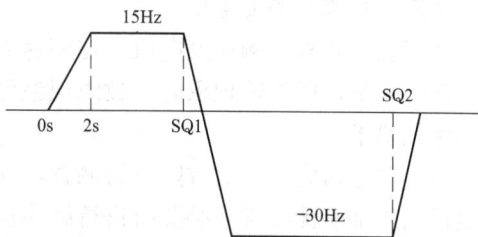

图 8-9　三相交流异步电动机变频器运行时序图

具体要求：

（1）工作方式设置。手动时要求按下手动启动按钮，做一次上述过程。自动时要求按下自动按钮，能够重复循环上述过程。

（2）有必要的电气保护和互锁环节。

2. 笔试部分

（1）正确使用工具：简述剥线钳的使用方法。

答：

（2）正确使用仪表：简述功率表的使用方法。

答：

（3）安全文明生产中，照明灯的电压为什么采用 24V？

答：

（4）电路绘制。根据任务，绘制电路图。

（5）将熔断器、继电器、变频器装在一块配线板上，而将方式转换开关、行程开关、按钮等装在另一块配线板上。

（6）按照接线图在模拟配线板上正确安装，元件在配线板上布置要合理，安装要准确、紧固，配线导线要紧固、美观，导线要有端子标号，引出端要用接线端头。

（7）能正确地设置变频器参数；按照被控设备的动作要求进行模拟操作调试，达到控制要求。

（8）通电实验。通电前正确使用电工工具及万用表，进行仔细检查。

十二、用三极管特性图示仪比较两只三极管的特性曲线

考核要求：

（1）按照三极管特性图示仪使用说明书，调整各按钮，使荧光屏显示出两簇特性曲线，并加以比较，说明两曲线有何区别。

（2）满分 10 分，考核时间 30 分钟。

十三、用双踪示波器测量脉冲周期

考核要求：

（1）用双踪示波器测量和脉冲信号发生器发出的矩形波的周期。

（2）满分 10 分，考核时间 20 分钟。

十四、进行三相异步电动机双重联锁正反转启动能耗制动的控制电路安装与调试的培训指导

考核要求：

（1）准备工作：教具、演示工具准备齐全。

（2）讲课：①主题明确，重点突出；②语言清晰，自然，用词正确；③演示动作正确无误。

（3）满分 10 分，考核时间 25 分钟。

十五、检修测速发电机

按工艺规程检修测速发电机。在测速发电机上设隐蔽故障 1 处。由考生单独排除故障，考生向考评员询问故障现象时，故障现象可以告诉考生。

考核要求：

（1）调查研究。①对故障进行调查，弄清出现故障时的现象；②查阅有关记录；③检查发电机的外部有无异常，必要时进行解体检查。

（2）故障分析。①根据故障现象，分析故障原因；②判明故障部位；③采取有针对性的处理方法进行故障部位的修复。

（3）故障排除。①正确使用工具和仪表；②排除故障中思路清晰；③排除故障中按工艺要求进行。

（4）试验及判断。①根据故障情况进行电气试验，判断是否合格；②试车时测量发电机的电流、振动、转速及温度等是否正常。

（5）满分 40 分，考核时间 120 分钟。

十六、软启动器外围电路的维修

考试时间：60 分钟

考核方式：实际操作＋笔试

试卷抽取方式：由考生随机抽取故障序号

检修启动器装置外围电路故障，在其电气线路上，设置隐蔽故障 3 处，其中主电路 1 处（如电源故障灯），控制回路 2 处（如闭合开关信号等），考场中各工位故障清单提供给考评员。

笔试部分：

（1）正确识读给定的电路图：简述 KM2 的作用。

答：

（2）正确使用工具：简述剥线钳的使用方法。

答：

（3）正确使用仪表：简述功率表的使用方法。

答：

（4）安全文明生产中，照明灯的电压为什么采用 24V？

答：

测试题参考答案

第1章
1～5：AAAAD   6～10：CACBB   11～15：AABBD   16～20：DDACA
21～25：BBBBD   26～30：AABAD   31～35：CADCA   36～40：BADDA
41～45：DBDDD   46～50：CCBBB   51～55：BBBDD   56～60：BACDA
61～65：ABBDA   66～70：BADCC   71～75：AABDB   76～80：DDDBD
81～85：BACCD   86～90：ADAAA   91～95：AADBC   96～100：DBDDC
101～102：AB

第2章
1～5：CBCCA   6～10：DCDAB   11～15：CABAA   16～20：ABBDC
21～25：DDAAC   26～30：DADAC   31～35：ADCCA   36～40：CBBCA
41～45：DBCAD   46～47：DA
1～5：√√×√√   6～10：√××√×   11～15：√√×××   16～19：√×√×

第3章
1～5：ACBAC   6～10：BBAAA   11～15：CDBDB   16～20：CDCBA
21～25：DADCD   26～30：BBDDB   31～35：BCCBC   36～40：ACCBD
41～45：BDDAD   46～50：AACDA   51～55：DAAAB   56～60：CDCDA
61～65：DBBDD   66～70：ADADA   71～75：AADCB   76～80：AADDA
81～85：ABDBA   86～90：CCBAA   91～95：DCDBD   96～100：CCACA
101～105：BCAAD   106～110：BDDBD   111～115：DCCBA

第4章
1～5：DDBAB   6～10：DCCBB   11～15：BADAB   16～20：CACDA
21～25：BDBBC   26～30：BCDAA   31～35：DCCAB   36～40：DBBCC
41～45：CBBBC   46～49：BBBB

第5章
1～5：ADCAB   6～10：DDDAD   11～15：DADAD   16～20：DDABC
21～25：CAABD   26～30：ABABD   31～35：ACABD   36～40：ACBCD
41～45：BAAAA   46～50：ADABB   51～55：CDCDC   56～60：BDBAB
61～65：CDBCC   66～70：DBADA   71～75：CCAAD   76～78：CCB

第6章
1～5：CCCBA   6～10：AAACA   11～15：AAABD   16～20：BAADD
21～25：CACCB   26～30：AADAA   31～35：DAABC   36～40：CAADC
41～45：AAAAA   46～50：AADAA   51～55：ABDBD   56～60：ACBAA

61～65：BAAAA　　66～70：DABDC　　71～75：AAACC

第 7 章

1～5：BDDCD　　6～10：BDCDD　　11～15：ABCDB　　16～20：ABCBC

21～25：AACCB　　26～30：DACDD　　31～35：CBDAD　　36～40：BBADA

41～45：BBADC　　46～50：CDDAB　　51～55：DACCA　　56～60：ABADD

61～65：BDACD　　66～70：BBACB　　71～75：BBCDC　　76～80：DACCD

81～83：CDD

附录 A

X62W 万能铣床电气原理图

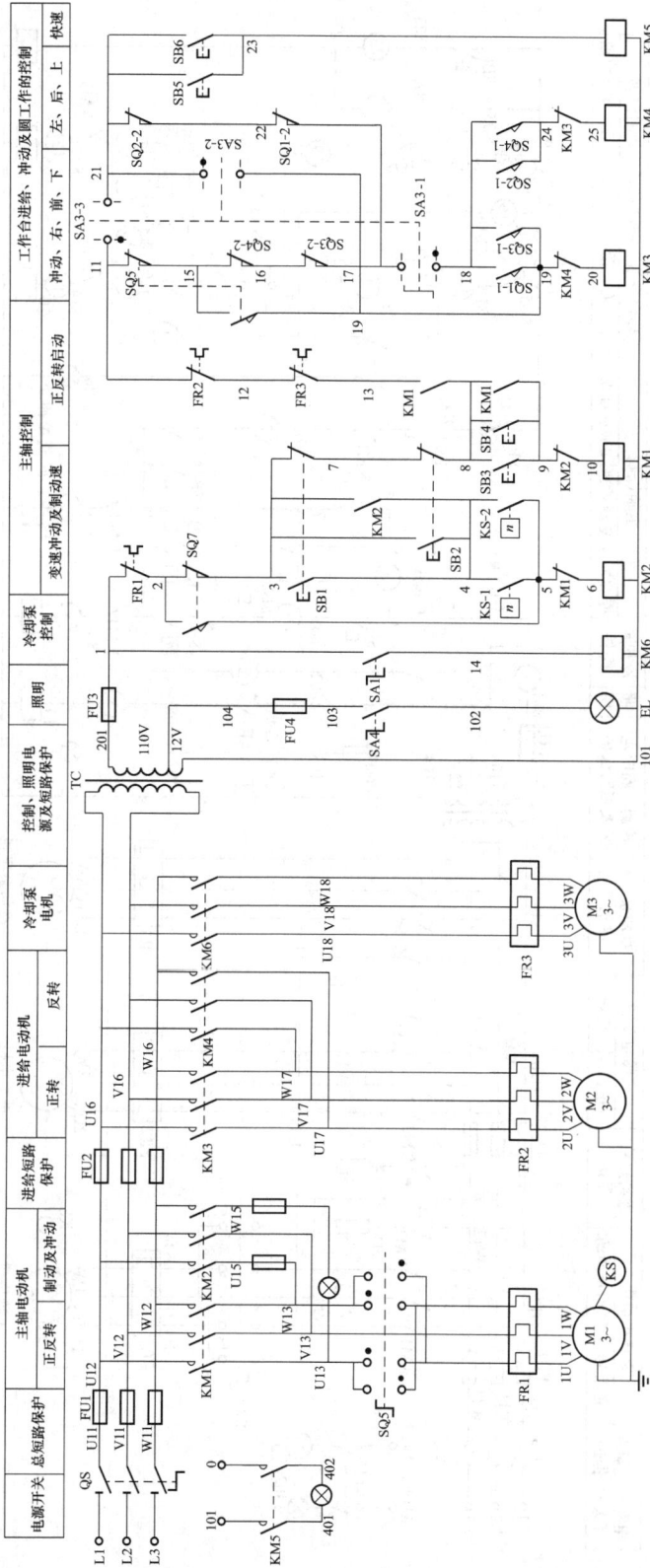

附录B

X62W万能铣床电气故障图

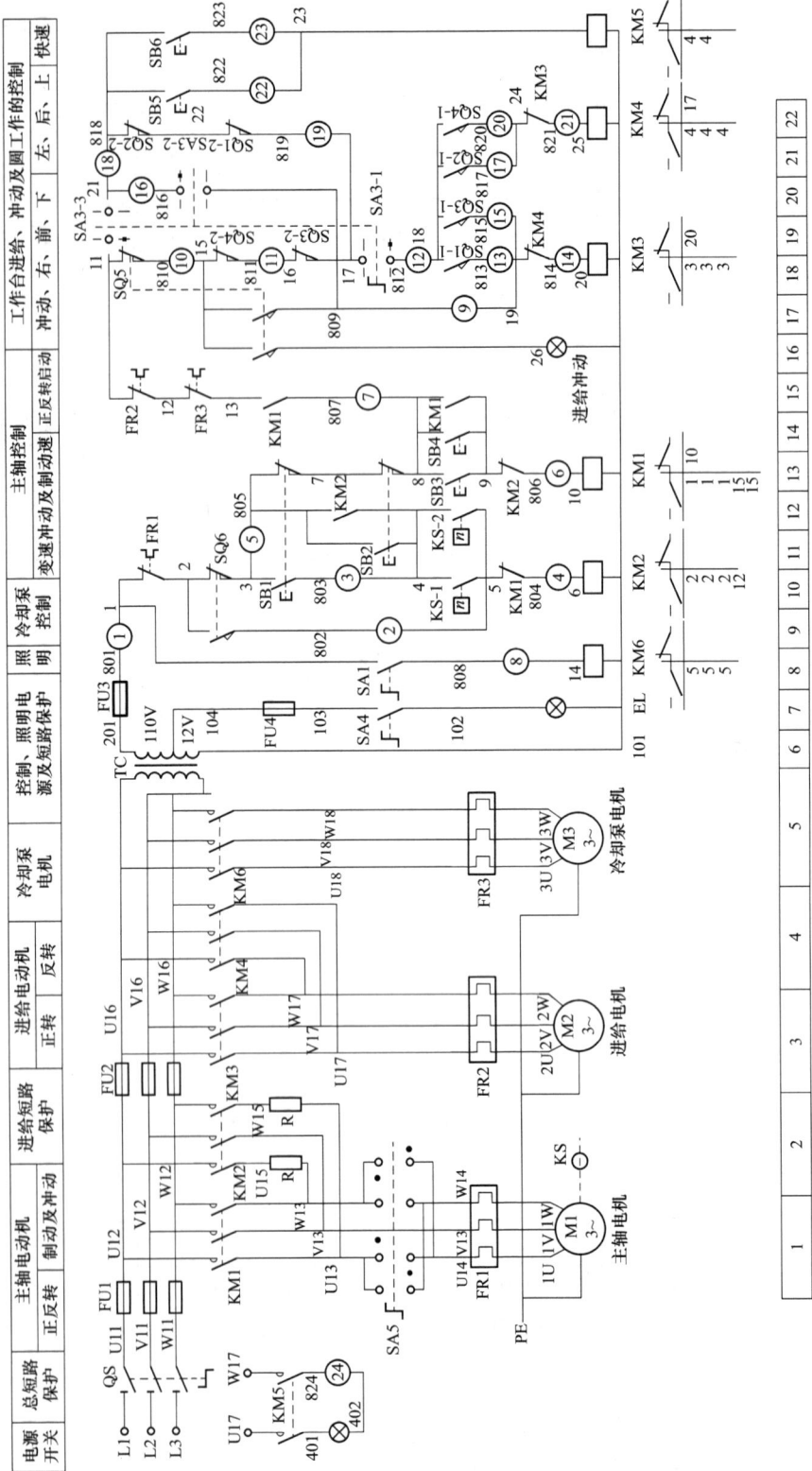

X62W万能铣床电气原理图故障说明

附录 C

T68 卧式镗床电气原理图

附录 D

变频器 3G3JV 操作手册

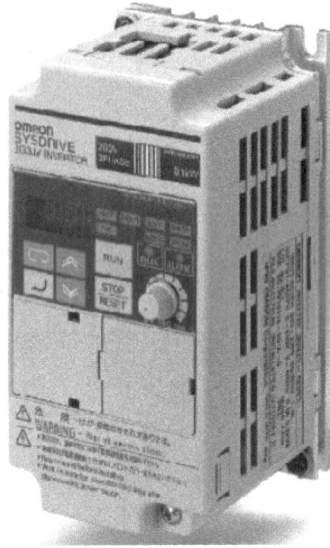

图 D-1　变频器 3G3JV 外观图

一、各接线图

1. 变频器 3G3JV 标准接线图

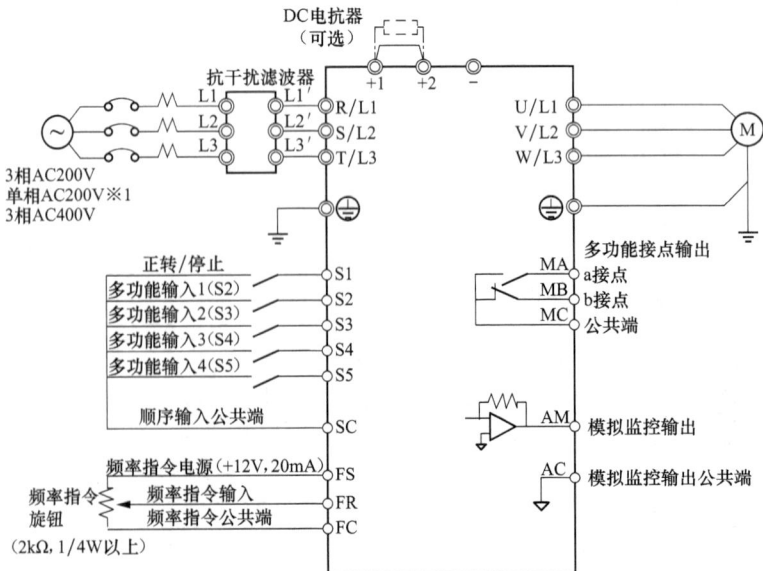

注①3G3JV—AB□，将单相AC200V连接于R/L1,S/L2的2端子上。

注②没有内藏制动晶体管，不能连接制动电阻。

图 D-2　变频器 3G3JV 标准接线图

2. 3 线顺序配线图

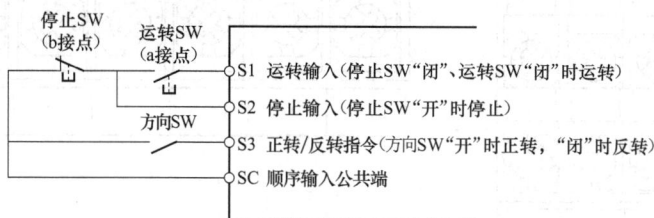

注：3线顺序的输入需要设定参数(n37)。

图 D-3　3 线顺序配线图

二、端子及输入方法

1. 端子台的位置

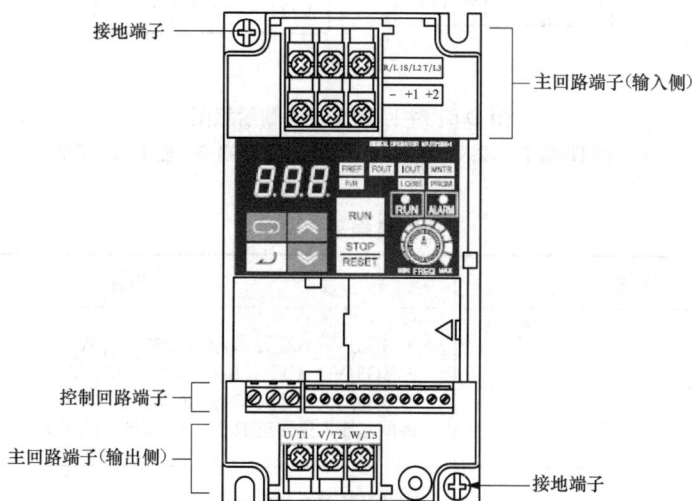

图 D-4　端子台结构图

2. 控制回路端子的配列如图 D-5 所示

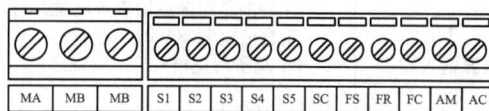

MA	MB	MB	S1	S2	S3	S4	S5	SC	FS	FR	FC	AM	AC

图 D-5　控制回路端子的分配图

3. 主回路端子的配列

(1) 3G3JV—A2001～—A2007
3G3JV—AB001～—AB004

• 3G3JV—A2015～—A2037
3G3JV—AB007/～—AB015
3G3JV—A4002～—A4037

(2) 主回路端子各侧如图 D-6 所示。

（a）

（b）

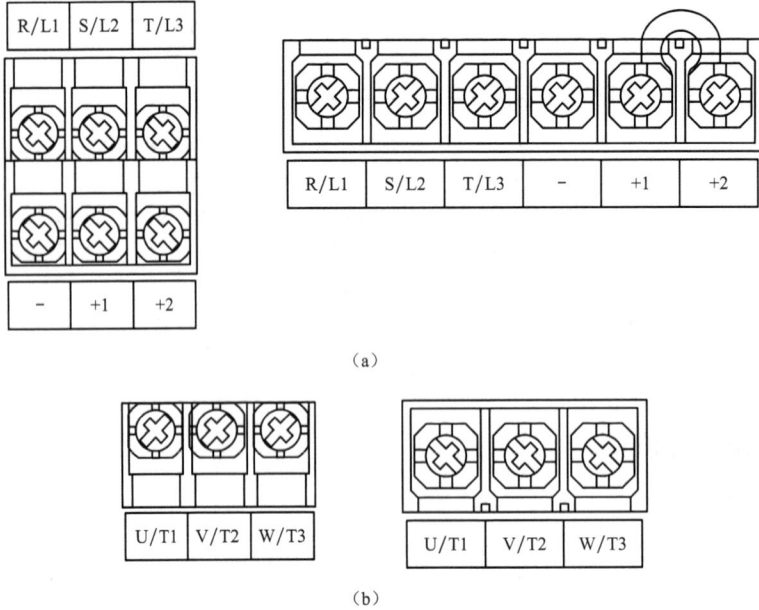

图 D-6 主回路端子各侧示意图

（a）主回路端子—输入侧（上侧）；（b）主回路端子—输出侧（下侧）

表 D-1   **主回路端子的说明**

记号	名称	内容
R/L1	电源输入端子	• 3G3JV—A2□：3 相 AC200～230V • 3G3JV—AB□：单相 AC200～240V • 3G3JV—A4□：3 相 AC380～460V ※单相输入连接至 R/L，S/L2 的 2 端子上
S/L2		
T/L3		
U/T1	马达输出端子	驱动马达的 3 相电源输出。 • 3G3JV—A2□：3 相 AC200～230V • 3G3JV—AB□：3 相 AC200～240V • 3G3JV—A4□：3 相 AC380～460V
V/T2		
W/T3		
+1	+1 ←→ +2 间： 直流电抗器连接端子 +1 ←→ − 间：直流电源输入端子	• 连接抑制高谐波用直流电抗器时，连接在 +1 ←→ +2 端子之间。 • 用直流电源驱动时，在 +1 ←→ − 间输入电流电源。 （+1端子为正极）
+2		
−		
⏚	接地端子	必须按以下方式接地。 • 3G3JV—A2□：第 3 类接地（接地电阻 100Ω 以下） • 3G3JV—AB□：第 3 类接地（接地电阻 100Ω 以下） • 3G3JV—A4□：特别第 3 类接地（接地电阻 10Ω 以下）、对应 EC 指令时，连接与电源中性点。 ※与马达机柜地线直接配线

注 输出侧的最大电压应对应变频器输入电源电压。

表 D-2 控制回路端子的说明

记号		名称	功能	规格
输入	S1	正转/停止	ON 为正转、OFF 为停止	光耦合器 CD＋24V 8mA ※2
	S2	多功能输入 1（S2）	在 n36 设定（反转/停止）	
	S3	多功能输入 2（S3）	在 n37 设定（外部异常：a 接点）	
	S4	多功能输入 3（S4）	在 n38 设定（异常复位）	
	S5	多功能输入 4（S5）	在 n39 设定（多段速指令 1）	
	SC	顺序输入公共端	S1～S5 用公共端	
	FS	频率指令电源	频率指令用 DC 电源	DC＋12V 20mA
	FR	频率指令输入	频率指令用输入端子	DC0～＋10V （输入电阻 20kΩ）
	FC	频率指令公共端	频率指令用公共端	
输出	MA	多功能接点输出（a 接点）	在 n40 设定（运转中）	继电器输出 DC＋30V 1A 以下 AC250V 1A 以下
	MB	多功能接点输出（b 接点）		
	MC	多功能接点输出公共端	MA，MB 用公共端	
	AM	模拟监控器输出	在 n44 设定（输出频率）	DC0～＋10V 2mA 以下
	AC	模拟监控器输出公共端	AM 用公共端	

注 1. 多功能输入及多功能输出可以通过参数设定来选择多种功能，功能栏中记载于（ ）内的功能为出厂时已经设定的功能。

2. 初期设定时设定于 NPN，在 GND 公共端配线，不需要外部电源。

3. 使用外部电源时，在输入侧公共端配线，将 SW7 切换为 PNP，使用 DC24V±10％电源。

4. 输入方法的切换

1. 控制回路端子上部有切换输入方法的开关（SW7，SW8），如图 D-7 所示。（取下前盖及可选条）

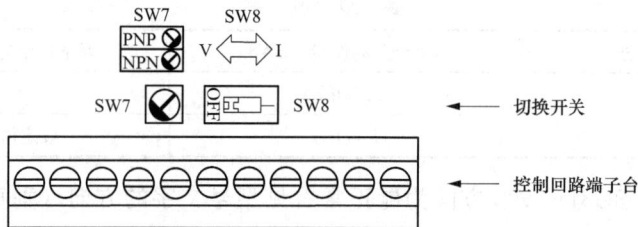

图 D-7 切换开关及端子台位置示意图

2. 顺序输入方法的切换（NPN/PNP 输入）

根据 SW7 的设定，可以切换 NPN 输入/PNP 输入，如图 D-8 所示。

3. 频率指令方法的切换

（1）根据 SW8 的设定，可以切换频率指令的电源输入/电流输入。同时需要设定参数常数如表 D-3 所示。

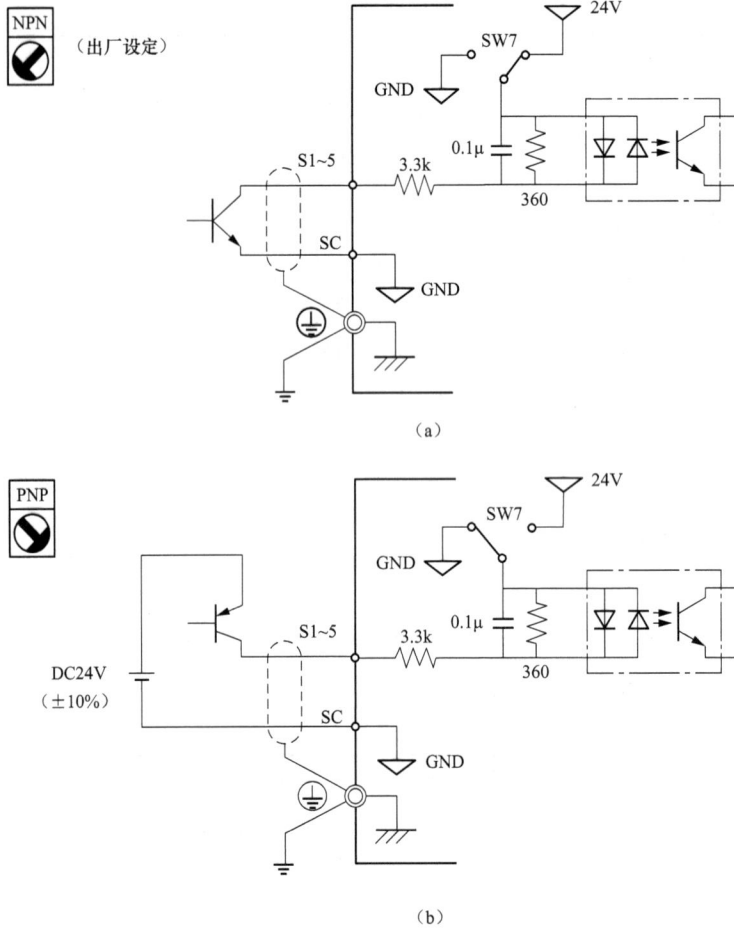

（a）

（b）

图 D-8　切换 NPN 输入/PNP 输入

（a）切换 NPN 输入；（b）切换 PNP 输入

表 D-3 参 数 设 定

频率指令输入方法	切换开关的设定（SW8）	频率指令的选择（常数 n03）
电压输入	V（OFF）	设定值"2"
电流输入	I（ON）	设定值"3"或"4"

（2）安装方向。3G3JV 安装方向为能正常看见型号文字的方向（垂直方向），安装与墙面上。

参 考 文 献

[1]　张雪平. 数字电子技术. 北京：清华大学出版社，2011.

[2]　杨志忠. 数字电子技术. 北京：高等教育出版社，2008.

[3]　阎石. 数字电子技术基本. 北京：清华大学出版社，2011.

[4]　陈明义. 数字电子技术基础. 长沙：中南大学出版社，2008.

[5]　唐红. 数字电子技术实训教程. 北京：化学工业出版社，2010.

[6]　朱晓红. 模拟电子电路. 北京：机械工业出版社，2007.

[7]　龚运新，邹鸿林. 模拟电子技术. 北京：清华大学出版社，2012.

[8]　刘玉章. 模拟电子技术. 北京：机械工业出版社，2012.

[9]　高吉祥. 模拟电子技术. 北京：电子工业出版社，2011.

[10]　胡宴如. 模拟电子技术基础. 北京：高等教育出版社，2006.

[11]　华成英，童诗白. 模拟电子技术基础. 北京：高等教育出版社，2006.

[12]　曹承志. 电机、拖动与控制. 北京：机械工业出版社，2000.

[13]　丁守成. 电机及电气控制实践. 北京：机械工业出版社，2012.

[14]　胡幸鸣. 电机及拖动基础. 北京：机械工业出版社，2012.

[15]　郑立冬. 电机及拖动技术应用. 北京：机械工业出版社，2010.

[16]　曾令全. 电机学. 北京：中国电力出版社，2014.

[17]　戴文进，徐龙权. 电机学. 北京：清华大学出版社，2008.

[18]　李元庆. 电机与变压器. 北京：中国电力出版社，2007.

[19]　李明. 电机与电力拖动. 北京：电子工业出版社，2003.

[20]　唐婷. 电机与电气控制. 北京：北京邮电大学出版社，2014.

[21]　冯晓，刘仲恕. 电机与电器控制. 北京：机械工业出版社，2005.

[22]　冯玉生，李宏. 电力电子变流装置典型应用实例. 北京：机械工业出版社，2008.

[23]　杨卫国. 电力电子技术. 北京：冶金工业出版社，2014.

[24]　高文华. 电力电子技术. 北京：机械工业出版社，2012.

[25]　张友汉. 电力电子技术. 北京：高等教育出版社，2002.

[26]　浣喜明，姚为正. 电力电子技术. 北京：高等教育出版社，2010.

[27]　贺昱曜. 运动控制系统. 西安：西北电子科技大学出版社，2009.

[28]　李宁，陈桂编. 运动控制系统. 北京：高等教育出版社，2004.

[29]　姚舜才，温志明，黄刚. 运动控制系统分析与应用. 北京：国防工业出版社，2008.

[30]　尔桂花，窦曰轩. 运动控制系统. 北京：清华大学出版社，2002.

[31]　宗慧. 机床电气控制. 北京：中国劳动社会保障出版社，2011.

[32]　郁汉琪. 机床电气控制技术. 北京：高等教育出版社，2010.

[33]　劳动和社会保障部教材办公室. 机床电气控制. 北京：中国劳动社会保障出版社，2007.

[34]　机床故障诊断与检修丛书编委会. 铣床常见故障诊断与检修. 北京：机械工业出版社，1998.

[35]　李伟. 机床电器与控制实训. 北京：机械工业出版社，2007.

[36]　高安邦，石磊，胡乃文. 三菱 FX/A/Q 系列 PLC 自学手册. 北京：中国电力出版社，2013.

[37]　王传艳. 三菱 FX2N 系列 PLC 编程及应用. 北京：北京师范大学出版社，2012.

[38]　曹菁. 三菱 PLC、触摸屏和变频器应用技术. 北京：机械工业出版社，2010.

［39］　刘艳梅. 三菱 PLC 基础与系统设计. 北京：机械工业出版社，2012.

［40］　陈苏波. 三菱 PLC 快速入门与实例提高. 北京：人民邮电出版社，2008.

［41］　王建，徐洪亮. 三菱变频器入门与典型应用. 北京：中国电力出版社，2009.

［42］　王万丽，郝庆文，臧永福. 三菱系列 PLC 原理及应用. 北京：人民邮电出版社，2009.

［43］　刘敏，钟苏丽. 可编程控制器技术项目化教程. 北京：机械工业出版社，2011.

［44］　方大千. 变频器、软起动器及 PLC 实用技术问答. 北京：人民邮电出版社，2007.

［45］　李洪雨，耿玉彪，阚丽群. 变频器、软起动器电路设计宝典. 北京：中国电力出版社，2014.

［46］　王建，徐洪亮. 实用变频器技术. 沈阳：辽宁科学技术出版社，2011.

［47］　赵国良. 维修电工（技师　高级技师）. 北京：中国劳动社会保障出版社，2007.

［48］　王建. 维修电工（高级）国家职业资格证书取证问答. 北京：机械工业出版社，2005.

［49］　劳动和社会保障部中国就业培训技术指导中心. 维修电工：基础知识. 北京：中国劳动社会保障出版社，2003.

［50］　宋宏文，刘朝辉. 维修电工操作实训教程. 北京：北京航空航天大学出版社，2011.